玉林市第三批名师工作室著作成果

社会情感学习视域下的劳动教育实践研究

区大柱　陈　淼　黄振生 ◎ 著

西南交通大学出版社
·成　都·

图书在版编目（CIP）数据

社会情感学习视域下的劳动教育实践研究 / 区大柱，陈淼，黄振生著. -- 成都：西南交通大学出版社，2024. 9. -- ISBN 978-7-5774-0096-9

Ⅰ. G40-015

中国国家版本馆 CIP 数据核字第 20243AK845 号

Shehui Qinggan Xuexi Shiyuxia de Laodong Jiaoyu Shijian Yanjiu
社会情感学习视域下的劳动教育实践研究

区大柱　陈　淼　黄振生　著

策 划 编 辑	李晓辉
责 任 编 辑	郭发仔
封 面 设 计	成都三三九广告有限公司
出 版 发 行	西南交通大学出版社
	（四川省成都市金牛区二环路北一段 111 号
	西南交通大学创新大厦 21 楼）
营销部电话	028-87600564　028-87600533
邮 政 编 码	610031
网　　　址	http://www.xnjdcbs.com
印　　　刷	成都勤德印务有限公司
成 品 尺 寸	170 mm × 230 mm
印　　　张	14.5
字　　　数	208 千
版　　　次	2024 年 9 月第 1 版
印　　　次	2024 年 9 月第 1 次
书　　　号	ISBN 978-7-5774-0096-9
定　　　价	75.00 元

图书如有印装质量问题　本社负责退换
版权所有　盗版必究　举报电话：028-87600562

前 言 PREFACE

在当今社会，教育的目标和方式正在经历深刻的变革。其中，劳动教育和 SEL（社会情感学习）理论成为教育领域中的两大热点。劳动教育不仅能够传授技能，而且能通过实际操作培养学生的实践能力、团队合作精神和创新思维。与此同时，SEL 理论强调学生在情感、态度和价值观方面的培养，对于提高学生的综合素养和适应社会能力具有显著意义。

随着全球教育形势的不断发展，我们越来越认识到，教育不仅注重对知识的传授，而且注重培养学生的综合能力，使他们成为有社会责任感、有情感智慧和有创新思维的新时代复合型人才。在这一背景下，劳动教育和 SEL 理论不谋而合，共同指向了一个更加全面、更加人性化的教育方向。

劳动教育在我国具有悠久的历史和深厚的文化底蕴。从古至今，"勤劳"一直是中华民族的传统美德。通过劳动，人们不仅学会了生存技能，还培养了坚韧不拔的意志和团队合作精神。在现代教育中，劳动教育的重要性愈发凸显，不仅能够锻炼学生的动手能力，还能培养他们的创新思维和解决问题的能力。因此，劳动教育在当今教育体系中举足轻重。

与此同时，SEL 理论的兴起为教育领域带来了新的视角。SEL 旨在帮助学生发展自我认知、自我管理、社会认知、人际交往技能等核心能力。这些能力对于学生的全面发展至关重要，不仅影响他们的学业表现，还关乎他们未来的职业发展和生活幸福。SEL 的核心理念在于，通过情感教育来提高学生的综合素养，使他们更好地适应社会、融入社会。

正是基于这样的背景，我们坚持将劳动教育与 SEL 相结合。这两者之间是否存在某种内在联系？如何在劳动教育中融入 SEL 的理念和方法？这些问题不仅具有理论价值，还具有现实意义。通过深入探讨劳动教育与 SEL 的关系，我们或许能找到一种更加全面、更加深入的教育方式，为学生的全面发展提供更有力的支持。

随着教育的不断深入和改革，我们越来越发现，单一的知识传授已经不能满足现代社会对人才的需求。我们需要的是全面发展的人才，是具备创新精神、团队合作能力、批判性思维等多方面能力的复合型人才。将劳动教育与 SEL 相结合，正是为了培养这样的人才而进行的有益尝试。我们相信，通过不断的探索和实践，我们一定能够找到一条更加符合时代发展需求的教育之路。

在探讨劳动教育与 SEL 结合的过程中，我们不仅要关注理论层面的研究，还要关注实践层面的探索。如何在实际教学中融入 SEL 的理念？如何在劳动教育中提高学生的社会情感能力？这些问题需要我们通过实践来寻找答案。同时，我们也要关注不同地区、不同学校、不同学生群体的差异，因地制宜地推进劳动教育与 SEL 的结合。

总之，劳动教育与 SEL 的结合是教育领域的一次重要尝试，旨在培养更加全面、更加有社会责任感的人才。我们相信，在未来的教育实践中，这一理念将得到更加广泛的应用和推广，为学生的全面发展创造新的可能。

作 者

2024 年 4 月

目录 CONTENTS

第一章 劳动教育与 SEL 概述 ……………………………… 001
 第一节 劳动教育的基本要义 …………………………… 002
 第二节 劳动教育的实践价值 …………………………… 012
 第三节 SEL 理论的基本意蕴 …………………………… 024
 第四节 劳动教育与 SEL 的融合 ………………………… 031

第二章 SEL 观照下的劳动教育实践现状分析 …………… 051
 第一节 教育实践中 SEL 资源的开发原理 ……………… 052
 第二节 劳动教育的社会情感缺失与回归 ……………… 065
 第三节 劳动教育观照社会情感学习案例 ……………… 103

第三章 基于 SEL 的劳动教育实践体系创新 ……………… 108
 第一节 "五育"融合教育背景下劳动教育的创新 …… 109
 第二节 引入 SEL 促进智能时代劳动教育转型 ………… 113
 第三节 基于 SEL 的劳动教育方法与评价创新 ………… 132

第四章 SEL 优化劳动教育实践的策略 …………………… 138
 第一节 SEL 突破劳动教育现存困境 …………………… 139
 第二节 SEL 促进教师的专业化发展 …………………… 144
 第三节 SEL 在"五育"融合中实现运用 ……………… 149
 第四节 SEL 融入劳动教育的实践案例 ………………… 159

第五章　基于 SEL 的家校社协同劳动育人实践 …………171

第一节　基于 SEL 的"家校社"协同的重要价值 ………173
第二节　基于 SEL 的"家校社"资源的有效整合 ………181
第三节　基于 SEL 的"家校社"协同的劳动教育 ………186

第六章　SEL 视域下劳动教育实践再优化 ………………192

第一节　SEL 在劳动教育实践的再优化 …………………193
第二节　劳动教育与 SEL 结合的再优化 …………………218

参考文献 ……………………………………………………225

PART ONE

第一章

劳动教育与 SEL 概述

劳动教育与 SEL 社会情感课程在教育领域中各自扮演着不可或缺的角色，它们不仅在教育目标上存在共同追求，而且在教育方法和理念上也表现出显著的互补性。劳动教育侧重于通过实践操作，锤炼学生的劳动技能与劳动精神，旨在塑造他们适应社会劳动需求的能力，进而使其形成健全的人格。而 SEL 则聚焦于培养学生的社会情感技能，帮助他们在不同环境中做出决策，为学生提供情感上的支撑和社交技巧的训练，使他们能够更好地理解并应对社会互动中的种种挑战。从这一层面来看，劳动教育与 SEL 的结合不仅具备高度的契合性与互补性，而且凸显出较大的教育价值。将劳动教育与 SEL 进行深度结合并在实际教学中加以运用，可以有力促进学生的身心全面发展。因此，在教育实践中，应进一步探索劳动教育与 SEL 的融合点，挖掘两者的潜在价值，从而为学生构建一个更加坚实、全面的成长支撑体系。

基于此，本章将围绕劳动教育的基本要义、实践价值，以及 SEL 理论的基本意蕴，深入剖析劳动教育与 SEL 的深度融合问题，为具体教育实践提供坚实的理论支撑和科学的实践指导。

第一节　劳动教育的基本要义

劳动教育在推动学校教育高质量发展中起关键作用，是培养全面发展人才的重要手段，旨在引导学生树立正确的劳动观念，尊重劳动，形成良好劳动习惯，从而培养出身心全面发展的、符合社会需求的优秀人才。通过日常生活、生产和服务性劳动，学生能够提高生活能力、劳动技能和社会责任感，体验劳动的乐趣和价值，并学会珍惜劳动成果。劳动教育强调实践性和创新性，旨在培养学生的实践能力、创新精神、团队合作精神和社会责任感，同时需要与时俱进，适应劳动形态的发展变化。劳动教育不仅为学生个人成长和全面发展奠定坚实的基础，而且为他们适应未来社会、为国家发展作贡献提供了有力支持。因此，掌握劳动教育的基本要义对于发挥其独特的育人价值至关重要。

一、劳动教育的性质和基本理念

劳动教育作为有规划、有目的地引领学生参与各类劳动，侧重常规文化知识之外的教育，旨在通过劳动实践培养学生的劳动观念、劳动精神和社会责任感。作为新时代教育的重要组成部分，劳动教育强调思想性、社会性和实践性，要求学生从真实的生产生活中学习劳动知识和技能，其核心在于利用其育人功能，培养学生对劳动的热爱以及对劳动人民的深厚感情。劳动教育的基本理念在于深化学生对于劳动价值的认知，推崇勤劳为本的社会风尚。它鼓励学生亲身参与劳动实践，将理论知识与实际操作相结合，实现知行合一。同时，劳动教育承袭了传统的劳动美德，并结合当代社会的特色，将传统与现代相融合，使劳动教育更具时代意义。这一教育形式不仅关注劳动技能的培养，而且重视劳动对学生全面发展的促进作用，为其社会适应能力奠定坚实的基础。

（一）劳动教育的性质

劳动，作为人类独有的社会实践活动，既创造物质财富，又孕育精神财富。劳动教育的核心在于利用其育人功能，培养学生对劳动的热爱以及对劳动人民的深厚感情。现阶段，除常规文化知识教育之外，劳动教育的实施还应有规划、有目的地引领学生参与各类劳动，如日常生活劳动、生产劳动以及服务性劳动。这样的实践活动旨在让学生亲身体验，锻炼身心，塑造正确的劳动价值观和优良的劳动品质。劳动教育响应新时代党的教育方针，是构成中国特色社会主义教育制度的关键要素，也是促进学生全面发展的教育体系中不可或缺的一环，在大、中、小学教育中均占有重要地位。在探寻劳动教育的性质的过程中，我们必须细致地剖析其组成因素的相互关联与动态平衡，以确保对劳动教育思想性、社会性和实践性的全面把握。

首先，思想性是劳动教育的灵魂，体现了劳动教育的价值导向和理论支撑。劳动教育所蕴含的深刻思想性，要求在教育过程中始终贯彻马克思主义劳动观念，强调劳动的价值创造属性，以及劳动者作为国家主体的地位。它推崇通过诚实劳动实现个人梦想和美好生活，反对不劳而获和贪图享乐的思想，要求我们在教育过程中，不仅传授劳动技能，而且要培养学生形成正确的劳动观念和劳动精神，让学生深入理解劳动的意义和价值。其次，劳动教育还具备显著的社会性特征。社会性是劳动教育的基石，强调劳动教育与社会现实的紧密联系。劳动教育并非孤立的，必须与社会实践相结合，让学生在真实的社会环境中体验劳动，了解社会，培养社会责任感。学校教育应加强与社会实践的联系。利用劳动作为个人与社会的桥梁，帮助学生深入了解社会，并增强其社会责任感。[①]同时，劳动教育也注重学生间协作能力的培养，以及对社会主义新型劳动关系的理解。最后，实践性是劳动教育的核心，决定了劳动教育的实施方式和效果。其实践性特点要求劳动教育面向真实的生活和职业环境，鼓励学生在实践中认识和改造世界，让学生在亲身参与中掌握劳动技能，形成劳动习惯，实现知行合一，以提高自身的道德素养、智力水平、身体素质和审美能力。[②]劳动教育性质的三个维度，各自独立而又相互依存，共同呈现现实语境中劳动教育的应然样态。

（二）劳动教育的基本理念

劳动教育的基本理念不仅为教育活动设定了明确的目标和导向，确保教育工作始终围绕劳动的核心价值展开，还能在具体实践中提供指导原则，以提高劳动教育的有效性和针对性。同时，它有助于培养学生正确的劳动观念

---

① 侯红梅，顾建军. 我国小学劳动教育课程的时代意蕴与建构[J]. 课程. 教材. 教法，2020，40（2）：4-11.
② 凌静. 家园共育下开展幼儿劳动教育的策略探究[J]. 山西教育（幼教），2022（3）：32-33.

和社会责任感，促进学生身心、品德、创新和实践能力的全面发展。随着科技进步和产业变革的不断推进，深入探讨劳动教育的基本理念有助于使教育更好地适应时代的需求，提高教育质量，为学生的未来和社会的繁荣稳定奠定坚实的基础。具体而言，劳动教育的基本理念可以概括为以下几个方面。

一是强化劳动观念，弘扬劳动精神。在家庭、学校及社会的各个层面，持续灌输劳动观念、培养劳动精神。在教授学生基础劳动知识和技能的同时，引导他们深刻理解劳动的内在价值，从而塑造出勤俭、奋发、创新以及奉献的劳动精神。

二是强调身心参与，注重手脑并用。把握劳动教育的实践性特点，让学生在真实的个人生活、生产活动以及社会服务场景中，亲身体验劳动的全过程。鼓励他们细致观察、深入思考，并灵活运用所学知识来有效解决实际问题，提高劳动效率和品质。

三是继承优良传统，彰显时代特色。在继续发挥传统劳动和传统工艺在育人方面的重要作用的同时，紧跟科技进步和产业升级的步伐，准确把握新时代劳动工具、技术和形态的新变化。在此基础上，创新劳动教育的内容、途径和方法，使其更具时代性。

四是发挥主体作用，激发创新创造。重视学生在劳动实践中的个人体验和感悟，引导他们深刻感受劳动的艰辛与收获的喜悦，从而增强其成就感、荣誉感和获得感。同时，鼓励学生在学习、借鉴他人经验和技艺的基础上，勇于尝试新方法、新技术，打破常规思维，实现创新突破。[1]

二、劳动教育的目标、内容及要求

劳动教育的目标聚焦于培养学生正确的劳动观念，使他们掌握必备的劳动能力，培育积极的劳动精神，并养成良好的劳动习惯和品质。根据教育部

---

[1] 中华人民共和国教育部. 教育部关于印发《大中小学劳动教育指导纲要（试行）》的通知[EB/OL]（2020-07-09）[2024-6-28]. http://www.moe.gov.cn/srcsite/A26/jcj_kcjcgh/202007/t20200715_472808.html.

制定并发布的《义务教育劳动课程标准（2022年版）》，劳动教育内容覆盖日常生活劳动、生产劳动与服务性劳动，通过实践活动，旨在增强学生的生活自理能力、社会责任感，并珍惜劳动成果。[①]针对不同学段和院校类型，劳动教育要求被纵向和横向划分，以更好地契合学生的身心发展规律和不同院校的育人需求。无论处于哪个阶段或层次，劳动教育均致力于树立正确的劳动观念、掌握劳动技能、培育劳动精神以及形成优良的劳动习惯，为学生未来的全面发展和社会进步奠定坚实基础。在新时代背景下，明确劳动教育的目标、内容及要求显得尤为重要，这不仅是贯彻国家教育方针、促进学生全面成长的必要举措，还是应对社会变革、培养新时代人才、传承和弘扬劳动精神的关键所在，对提高国民素质、促进学生身心健康、实现国家的长远发展具有深远意义。

（一）总体目标

新时代劳动教育要求教育者在实践中精准把握社会主义建设者和接班人的劳动精神特质、价值取向及技能培养需求，全面提高学生的劳动素质。为实现这一目标，教育实践应聚焦以下几个关键方面。

一是树立合理的劳动观念。深刻理解劳动作为推动人类进步和社会发展的核心动力，领悟劳动对于个人成长、价值创造及财富积累的重要性，崇尚劳动，尊敬每一位辛勤的劳动者，从内心深处认同劳动的神圣性、崇高性。

二是掌握必要的劳动技能。学习并掌握基础性的劳动知识和实操技能，熟练使用各类劳动工具，强化自身的体能、智能和创造力，培养出色完成劳动任务所需的设计能力、实际操作能力以及团队协作精神。

三是培养向上的劳动精神。领会通过奋斗实现幸福的真谛，承袭中华民族的传统美德，如勤俭节约、恪尽职守等，同时大力弘扬当代社会勇于创新、不断进取的精神。

---

① 中华人民共和国教育部. 义务教育劳动课程标准（2022年版）[EB/OL]（2022-04-08）[2024-08-05]. http://www.moe.gov.cn/srcsite/A26/s8001/202204/W020220420582367012450.pdf.

四是形成良好的劳动习惯与品德。养成主动参与劳动的习惯，以认真、负责、安全、规范的态度对待每一项劳动任务，塑造诚实守信、吃苦耐劳的优秀品质。在日常生活中珍惜劳动果实，养成理性消费的习惯，坚决抵制浪费行为。

这些目标共同构成了劳动教育的总体目标，旨在为学生未来的全面发展和社会进步奠定坚实的基础。劳动教育的总体目标旨在通过施加有目的、有计划的教育，让学生深刻理解和体验劳动的价值，认识到劳动是人类生存和发展的基础，从而树立正确的劳动观念，尊重劳动和劳动者。

（二）主要内容

劳动教育的内容深刻且广泛，涵盖日常生活劳动、生产劳动以及服务性劳动的相关知识与技能，以及这些劳动背后所承载的价值观念。其核心目的在于全面培养学生的劳动素养和综合能力，确保他们能够在未来社会中扮演积极、负责的角色。

首先，日常生活劳动教育应以个人生活事务管理为基础，融入新时代的校园爱国卫生活动，着重培养学生的生活自理能力和良好的卫生习惯，进而树立自我管理和自立的观念。

其次，生产劳动教育，是培养学生实践能力的重要环节。生产劳动教育的核心在于让学生亲身参与工农业生产的实际过程，直接体验物质财富的创造过程。通过从简单到复杂、从基础到创新的劳动过程，让学生学会使用各种工具，掌握相关技术。在此过程中，学生将深刻感受到劳动创造的价值，重视产品的质量，领悟到平凡劳动中蕴含的伟大意义。

最后，服务性劳动教育，侧重培养学生的社会责任感和公益精神。服务性劳动教育引导学生运用所学知识和技能为社会和他人提供服务，通过在实际服务岗位上的实践，培养学生的服务意识，提高其服务技能。同时，通过参与公益活动和志愿服务，进一步强化学生的社会责任感。

综上，劳动教育旨在全面培养学生的劳动素养和综合能力，帮助他们树立正确的劳动观念，掌握必要的劳动技能，培养高度的社会责任感。通过这种教育，我们将培养出既有能力又有担当的新一代青年，为社会的发展注入源源不断的新生力量。

（三）学段要求

将劳动教育要求按照学生的纵向学段划分，旨在确保劳动教育能够循序渐进地展开，使每一个学段的教育要求都建立在前一阶段的基础上，并进行深化和发展。这种策略充分考虑了学生的身心发展特点，使得劳动教育的内容与学生的学习能力和兴趣相契合，从而更有效地促进学生的身心全面发展。有针对性的劳动教育，不仅能够提升学生的劳动技能，还能培养他们形成正确的劳动观念、良好的劳动习惯以及社会责任感，为他们日后成为社会的有用之才奠定坚实的基础。

1. 小学阶段劳动教育要求

（1）低年级

重点以个人日常生活技能为核心，推进劳动教育。主要目标是培养学生的劳动意识和安全意识，让他们理解劳动的重要性，并从中体验劳动的乐趣，学会珍惜劳动成果。具体要求包括：

第一，指导学生整理个人物品、进行清洁，并完成简单的家务，培养他们独立处理事务的能力。

第二，鼓励学生参与班级集体活动，如维护教室卫生，增强他们的团队协作精神。

第三，引导学生进行简单的手工创作，并照顾动植物，使他们尊重生命，热爱自然。

（2）中高年级

逐步深化劳动教育，这一阶段的劳动教育内容以学校和家庭的劳动任务为主。[1]目标是让学生认识到劳动的价值，尊重所有劳动者，并逐步培养其热爱劳动和生活的态度。具体要求为：

---

[1] 陈林，卢德生. 小学劳动教育的路径及保障[J]. 教学与管理，2019（17）：11-13.

第一，指导学生参与更为复杂的家务活动，如家居清洁和整理，甚至尝试制作简单的家常菜，以提高他们的生活技能和自理能力。

第二，鼓励学生参与学校环境的维护和美化，以及社区的环保和公共卫生服务，培养他们的公共服务意识。

第三，让学生通过种植、养殖和手工制作等活动，初步体验生产劳动，并学会与他人合作。同时，通过这些活动，让他们更加珍惜劳动成果，了解生活用品和食品的来之不易。

2. 初中阶段劳动教育要求

在初中阶段，劳动教育应综合涵盖家政技能、校内外的生产性劳动以及服务性劳动。这一阶段的目标是开展基础的职业引导，让学生理解劳动对于创造美好生活的意义，并培养他们负责、耐劳的劳动态度，强化安全防范意识，提高其社会责任感和公共服务意识。具体要求如下：

第一，鼓励学生承担诸如家庭清洁、烹饪以及家居装饰等家务活动，提高他们的生活自理能力，增强他们的家庭责任感。

第二，定期组织学生对校园特定区域进行清洁和美化，同时参与如帮助残障人士、敬老爱幼等社会服务活动，培养他们的社会公德心和对学校、社区的责任感。

第三，引导学生体验包括金属加工、木工制作、电路维修、陶瓷和布艺等多种劳动技能，并尝试对传统工艺有所了解和实践。此外，让学生学会简单的家用设备修理，并参与种植、养殖等生产活动，以获得初步的职业技能和实践经验，帮助学生树立对未来职业生涯的规划意识。

3. 高中阶段劳动教育要求

在普通高中教育阶段，劳动教育的重点在于丰富学生的职业经验，引导他们深入参与服务性与生产性劳动，深刻领会劳动的价值创造过程。此阶段的劳动教育旨在锻炼学生的意志，培养他们的劳动自主意识和为他人、为社会服务的情怀。具体要求如下：

第一，鼓励学生持续进行日常生活劳动实践，如家务劳动等，提高他们的生活自理能力，并巩固良好的劳动习惯。[①]

第二，引导学生选择适合自己的服务性岗位，通过实际工作体验，获得真实的职业感受，激发他们的职业兴趣。同时，鼓励学生积极参与大型活动志愿服务、社区改造、环保行动等公益性活动，增强他们的社会责任感和奉献意识。

第三，结合劳动教育与通用技术课程，让学生从工业、农业、现代服务业以及中华优秀传统文化等多个领域，自主选择至少一项生产劳动进行深入实践。在这一过程中，学生将完整经历从计划到实施的各个环节，从而提高他们的创新物化能力，并培养他们刻苦耐劳、精益求精的工作品质。这些实践活动可以帮助学生更清晰地规划自己的职业生涯。

4. 职业院校劳动教育要求

在职业院校中，劳动教育的核心在于结合各自专业的独特性，强化学生的职业荣誉与责任感，大力提高他们的职业技能。同时，这一阶段的教育也致力于塑造学生积极向上的劳动精神和认真负责的工作态度。具体要求如下：

第一，鼓励学生持续进行日常生活劳动，强化自我管理，提高他们独立生活的能力。

第二，定期组织校内外公益服务活动，让学生运用所学专业技能为社会和他人提供有益的服务，同时维护校园秩序与环境的整洁。这些活动旨在培养学生的社会公德心和深厚的爱国情怀。

第三，借助实习和实训的机会，让学生参与真实的生产和服务性劳动。这不仅有助于增强学生的职业认同和劳动自豪感，还可以提高他们的创新和实践能力。在这一过程中，我们强调工匠精神的培育，鼓励学生追求卓越、不断完善自我。[②]同时，希望学生能理解"三百六十行，行行出状元"的真

---

① 钟飞燕. 新时代学校劳动教育研究[D]. 吉林大学，2021：112.
② 王丽媛. 高职教育中培养学生工匠精神的必要性与可行性研究[J]. 职教论坛，2014，（22）：66-69.

谛，认识到每一种职业都有其独特的价值，无论从事何种工作，都有可能取得一番成就。

5. 普通高等学校劳动教育要求

在普通高等学校中，劳动教育应着重加强马克思主义劳动观念的培养，结合学科特色，围绕创新创业主题，融入生产劳动和服务性劳动实践，帮助学生积累职业经验，提高创造性劳动能力，并树立诚实守信的合法劳动观念。具体要求为：

第一，要求学生系统掌握通用的劳动科学知识，深入理解马克思主义劳动观和社会主义劳动关系的内涵，从而树立正确的择业、就业和创业观念，培养学生愿意去艰苦地区和行业工作的奋斗精神。

第二，鼓励学生巩固并保持良好的日常生活劳动习惯，如自觉维护宿舍卫生，独立处理个人事务，并积极参与勤工助学活动，以提高个人的自立自强能力。

第三，强调服务性劳动的重要性，鼓励学生自觉参与校园各类场所的卫生保洁、绿化美化和管理服务等工作。同时，结合各类社会实践活动，如"三支一扶"、学生志愿服务西部计划等，开展服务性劳动，以增强公共服务意识，并培养在重大疫情、灾害等危机面前主动担当的奉献精神。

第四，重视生产劳动的锻炼价值，鼓励学生积极投身于实习实训、专业服务和创新创业活动中。[①]在此过程中，注重新知识、新技术、新工艺和新方法的运用，提高在生产实践中发现问题及创造性解决问题的能力，努力在动手实践的过程中创造出具有实际价值的劳动成果。

综上，劳动教育旨在全面构建学生的劳动素养和综合能力体系，通过精心设计的课程内容和实践环节，引导学生树立正确的劳动观念，让他们深刻理解劳动的价值与意义。通过这样的教育方式，我们将培养出既具备专

---

① 曲霞, 刘向兵. 新时代学校劳动教育的内涵辨析与体系建构[J]. 中国高教研究, 2019（2）: 73-77.

业能力又拥有担当精神的新一代青年，使他们成为推动社会持续发展的中坚力量。

第二节 劳动教育的实践价值

劳动教育的实践价值不可忽视，劳动教育对于促进学生全面发展具有举足轻重的作用。通过亲身参与劳动活动，学生不仅能够锻炼动手能力和培育团队协作精神，还能在这个过程中强健体魄、锤炼意志。此外，劳动教育还能有效引导学生树立正确的劳动价值观，培养勤劳、节俭、自律等优秀品质，进一步提高他们的就业竞争力。在新时代的教育改革浪潮中，劳动教育被赋予了新的使命，即培养学生的实践能力和创新精神。这不仅符合社会对人才培养的新要求，也是满足未来社会多样化劳动需求的关键。因此，我们务必充分重视劳动教育的实践价值，将其深度融入教育教学的各个环节，为培养具有创新精神和实践能力的复合型人才奠定坚实的基础。

一、劳动在人类实践活动中的重要价值

劳动构成了人类生存与发展的基石，推动了社会的进步与繁荣，是人类获取生活资料、满足基本生存需求的基本手段。它确保人类的生存和繁衍，是我们理解人类生存与发展基础的关键。探讨劳动的价值有助于纠正现代社会中对劳动者价值的误解，提高劳动者的社会地位和自信心，对于深入理解人类生存与发展的基础、推动社会进步、提高劳动者地位、构建和谐社会以及实现人的全面发展具有重要意义。

不论是在东方文化还是西方文化，都曾存在对劳动及劳动者轻视的现象。例如，在某些文化中，有人认为"尊贵者无须劳动，而劳动者并不尊贵"。西

方有学者也主张文明是由贵族阶层推动的,将劳动视为"必要的恶",甚至是"文化的天敌",并提出"所有知识的进步都源自闲暇","劳动的必要性自然限制了教育的发展"。[1]

然而,与当时社会中存在的轻视劳动的文化观念形成鲜明对比的是,马克思与恩格斯在劳动的发展历史中,找到了理解整个社会历史的钥匙,也为我们阐明了劳动在人类实践活动中的重要价值。他们指出,人类"自由自主的活动"首先是劳动,这是人类面对自然与社会、获取原材料、创造生存与生产资料的基础。[2]简而言之,人们首先需要满足基本的生活需求,如食物、衣物和住所,这些都必须通过劳动来实现。之后,人们才可能追求政治、宗教和哲学等更高层次的活动。劳动是推动社会进步的根本动力。

此论断有以下几个依据。首先,劳动是人类生存的基础条件。它改变了人与自然的关系,使自然成为人类获取原材料的来源,更重要的是,通过制造和使用工具,人类能够将自然材料转化为生活与生产资料,从而维持生存。其中,制造和使用工具是劳动的首要意义。其次,劳动赋予人类与动物不同的本质力量。人的劳动是具有目的性的行为。例如,在建造一堵墙之前,劳动者已经对这堵墙有了清晰的概念和行动步骤。人们之所以热衷于劳动,是因为它受到一系列目标的激励。劳动的自觉目的性表明,人类不是被动地适应自然,而是主动地改造自然,从而体现自己的本质力量,即"人类特有的劳动形式"。最后,劳动催生了社会关系。人类的劳动并不是孤立的个体行为,而需要彼此之间的分工与合作。劳动者在劳动过程中形成了一定的社会关系,特别是对物的占有、支配和使用等,形成了经济关系和生产资料的所有制形式。人类的劳动总是在一定的社会关系中实现的;同时,劳动也促进了更为紧密的合作或竞争关系的形成,成为个人与社会相互作用的重要纽带。

---

[1] 赫钦斯罗伯特.学习型社会[M].林曾,李德雄,蒋亚丽,译.北京:社会科学文献出版社,2017:141.

[2] 马克思,恩格斯.马克思恩格斯全集(第25卷)[M].中共中央马克思恩格斯列宁斯大林著作编译局,译.北京:人民出版社,2001:136.

劳动是所有价值的源泉,不仅创造了物质财富,还创造了精神财富。正如恩格斯《在马克思墓前的讲话》中所指出的那样,直接的物质生活资料的生产构成了一个民族或时代经济发展的基础。人们的国家制度、法律观念、艺术乃至宗教观念都是从这一基础发展而来的。[①]因此,必须从这一基础来解释它们,而不是像过去那样颠倒过来。整个观念世界是在劳动的基础上发展起来的,是现实生活的反映。

二、劳动在社会主义建设中的存在价值

社会主义劳动教育的本质与功能,其根本源于劳动及劳动者在社会主义制度中的核心地位。马克思与恩格斯从实际人性角度解读社会与政治现象,特别强调物质生产对政治的决定性影响。他们将劳动的异化看作人类的异化,将劳动的解放视为人类的解放,将私有财产视为异化劳动的产物,将政治与阶级斗争看作劳动与资本的对立,同时视无产阶级的解放为人类解放的先决条件。因此,探讨劳动在社会主义建设中的存在价值,对于推动社会生产力的发展、增强劳动者的主体地位、促进社会的公平正义、弘扬社会主义核心价值观、构建和谐社会关系以及实现人的全面发展都具有重要意义。

劳动在不同的社会制度下展现不同的社会特质。在奴隶、封建及资本主义制度下,劳动者的劳动表现为奴隶劳动、农奴劳动及雇佣劳动,均为受剥削性质。在旧的社会制度下,财富的创造者被剥夺了基本权利,他们的劳动与成果未得到应有的尊重。相关的学校教育为统治阶级所控制,无论是东方的"六艺"还是西方的"七艺"均排斥劳动,学习的目的似乎是逃避劳动。尽管近代有些民主教育家如欧文等尝试将劳动纳入教育体系,并得到马克思的高度评价,但这些尝试并未得到广泛实践。

中国共产党领导人民实现了这些教育家的理想,通过社会主义改造建立了基于生产资料公有制的社会主义制度。这一变革从根本上改变了劳动的性

---

① 恩格斯在马克思墓前的讲话[J]. 毛泽东邓小平理论研究,2018(3):2.

质，使旧制度下的雇佣劳动转化为集体、公共劳动，并提高了劳动者的地位，使他们从被压迫的状态中解脱出来，成为国家的主人。我国宪法也明确规定了劳动者的权利和地位。1954 年《中华人民共和国宪法》第十六条明确指出："劳动是中华人民共和国一切有劳动能力的公民的光荣的事情。"而 2018 年修正的《中华人民共和国宪法》第四十二条进一步强调："劳动是一切有劳动能力的公民的光荣职责。"这充分体现了我国劳动者的尊严和国家主人翁地位。

中国特色社会主义教育的任务之一推动全社会特别是青少年学生尊重劳动和劳动人民，使他们成为劳动者具备主人翁意识与参与国家建设的责任担当。在社会主义制度下，劳动者是国家和社会的主人。探讨劳动在社会主义建设中的价值，有助于增强劳动者的主体地位，激发劳动者的积极性和创造性，为社会主义建设提供坚实的人力支持。这种教育具有明确的政治立场和育人方向。加强劳动教育不仅是坚持马克思主义劳动观的必然要求，也是社会主义民主政治的集中体现，更是中国特色社会主义制度的本质规定。

三、劳动素养在教育工作中的重要性

在封建社会，文化与教育往往被视为与劳动相对立，求学是为了摆脱劳动。新中国成立后，我国在 1953 至 1957 年间发布了一系列关于加强劳动教育和合理安排劳动就业的指导方针，特别强调了毕业生应深入生产一线的重要性。例如，1955 年 4 月 12 日，中共中央转发了教育部党组的报告，强调了中小学应加强劳动教育，并建议进行综合技术教育。到了 1957 年，毛泽东同志在《关于正确处理人民的内部矛盾问题》中明确指出，我们的教育方针应该是培养在德育、智育、体育各方面均衡发展的、有社会主义觉悟的有文化的劳动者，这强调了社会主义教育中文化学习与劳动的紧密结合。

1978 年 12 月十一届三中全会后，邓小平同志在 1978 年 4 月的全国教育大会上重申了毛泽东同志的教育理念，提出了人才培养的质量标准，即培养有社会主义觉悟的有文化的劳动者。随后，"有文化的劳动者"这一概念逐渐演变为"社会主义建设者和接班人"。尽管我国的义务教育法和教育法经过多次修订，内容和措辞有所调整，但培养"德智体美全面发展的社会主义建设者和接班人"这一初心始终未变。社会主义建设者涵盖了所有对社会主义发展有积极贡献的个人和组织，其主体和核心力量依然是劳动者。同时，接班人首先必须是建设者，那些追求享乐、不劳而获的人不能成为可靠的接班人。在我国这样的社会主义国家，教育的根本任务必然是培养社会主义建设者和接班人。党的二十大报告也强调了青年应该坚定不移地跟随党的步伐，立志成为有理想、敢担当、能吃苦、肯奋斗的新时代优秀青年。

无论是对个体发展还是社会整体发展而言，对年轻一代劳动素质的培养都是关键。缺乏全面素质的劳动者，无论是家庭还是国家，其繁荣都难以持久。而其整合性则表现在，它超越了单纯的智力、道德或美学等精神层面的教育，也不同于旨在促进身心和谐的体育教育，而是将个人与社会的发展紧密结合，成为一种德智体美无法替代的综合性教育活动。

四、促进人的全面发展的基本途径

马克思和恩格斯在深入剖析生产过程中人的属性和特征及其发展历史时，提出了体力劳动和脑力劳动的概念，以批判资本主义生产方式。他们指出，在资本主义社会中，"生产过程中的智力与体力劳动相分离，智力转变为资本对劳动的控制权"，导致二者逐渐分离，"甚至走向敌对状态"。大工业的本质特性促使工人不断在生产部门间流动，导致劳动变换、职能更改和工人全面流动。然而，在资本主义社会，"机器劳动严重损害了神经系统，同时抑制了肌肉的多元运动，剥夺了身体和精神上的所有自由活动"。在异化的压迫下，劳动分工变得固定，人的自主能动性被剥夺，直接导致人片面甚至畸形发展。

为此，马克思和恩格斯期望建立一个"替代存在阶级和阶级对立的资本主义旧社会的新联合体，在那里，每个人的自由发展是所有人自由发展的前提"。为了应对资本主义私有制带来的人的片面发展，他们提出通过初步结合体力劳动与脑力劳动，推动工人阶级新一代的持续发展，从而促进人的个性自由和全面发展。他们认为，生产劳动与智育和体育的结合，不仅是提高社会生产的一种方法，更是培养全面发展的人的唯一途径。马克思主义创始人在劳动形态和劳动关系的变革中，以及在社会政治经济制度的变革中寻找人的全面发展的实际路径和实现方式，这与从学校教育的角度探讨学生的全面发展和健康成长的具体方法有所不同。①

在探讨如何通过教育与劳动的有机融合这一劳动教育的基本途径和方法来培养全面发展的人这一议题时，我们应坚定地以马克思主义关于人的全面发展学说为理论基石。为此，我国通过一系列精心设计的措施，将教育与生产劳动、社会实践紧密结合，以期在劳动教育的实践中，全面促进人的身心健康、智力发展、情感丰富以及社会责任感的提升。

我们对旧的劳动形式和劳动关系进行了深刻的改革，目前实行的是以公有制为主体、多种所有制经济并存的基本经济制度。党的十九大报告中重点指出，要"坚持以人民为中心的发展理念"，更好地"推动人的全面发展和全体人民的共同富裕"，以保障各族人民共享发展的成果，这为人的全面发展提供了必要的社会条件。新中国成立以来，我们在教育与劳动相结合、实现人的全面发展方面进行了多方面的实践探索。

这些实践不仅包括在学校文化课教学中将生产劳动和社会实践内容有机地融入教学，还包括对学校教育制度的创新。主要的制度创新包括四种。一是引入劳动课程，规定学生必须完成一定的劳动实践时间，除了系统的文化课学习外，还要参与生产劳动和各种公益活动，以加强学生的劳动训练。自20世纪50年代以来，我国已将劳动纳入教育计划，并作为所有学校的正式课程，这一传统一直延续至今（21世纪初的基础教育课程改革将"劳动与技

---

① 中华人民共和国教育部. 教育部关于印发《大中小学劳动教育指导纲要（试行）》的通知[EB/OL]（2020-07-09）[2024-6-28]. http://www.moe.gov.cn/srcsite/A26/jcj_kcjcgh/202007/t20200715_472808.html.

术"纳入综合实践活动课程中）。二是尝试实施半工半读制度。在全日制学校教育体系之外，我们设立了半工（农）半读学校，将劳动制度与教育制度有效地结合起来，从而实现了科学理论学习与生产劳动、社会实践的紧密结合。该制度于1958年提出，并在1964年逐步形成并得到发展，成为社会主义教育制度的重要组成部分。据教育部1965年下半年的不完全统计，全国共有4000所半工（农）半读学校，学生人数超过80万，许多农村地区还设立了耕读小学。三是倡导并开展勤工俭学活动。1958年1月28日，共青团中央发布了《关于在学生中提倡勤工俭学的决定》。同年2月4日，教育部也发出了相关通知，提出实现半工半读和勤工俭学的目标。这是根据我国脑力劳动和体力劳动相结合的原则，对我国教育制度进行改革的一项重要举措，旨在贯彻培养有社会主义觉悟的、有文化的、身体健康的劳动者的教育方针，并实现学校教育与生产劳动的有效结合。为了加强对勤工俭学的组织和管理，1983年教育部制定了《全国中小学勤工俭学暂行工作条例》，明确规定了勤工俭学的主要任务和基本要求。四是组织学生上山下乡，参与生产劳动。1963年6月，中共中央提出动员城市青年学生上山下乡，加入人民公社生产队、国营农牧林渔场，参与农业生产，并要求各地制订相应的安置计划。这些实践探索既积累了宝贵的经验，也有值得反思的教训，对今天的我们有重要的参考意义。可以肯定的是，体脑结合、手脑并用不仅是社会主义劳动教育的基本方式，也是基于社会主义社会消除体力劳动与脑力劳动差别的需求，是在人才培养方式改革方面应始终坚持的基本原则。针对当前青少年学生严重缺乏体力劳动、轻视普通劳动和劳动者的问题，中共中央、国务院《关于全面加强新时代大中小学劳动教育的意见》提出"以体力劳动为主"，[①]强调让学生深入劳动一线，通过锻炼积累经验、增长智慧，这是对上述基本原则的贯彻落实，旨在切实保障人的全面发展，而并非否定脑力劳动的重要性。这些

---

① 中华人民共和国教育部. 教育部关于印发《大中小学劳动教育指导纲要（试行）》的通知[EB/OL]（2020-07-09）[2024-6-28]. http://www.moe.gov.cn/srcsite/A26/jcj_kcjcgh/202007/t20200715_472808.html.

措施的实施，旨在构建一个以劳动教育为纽带、连接个人成长与社会发展的桥梁，从而推动人的全面发展目标的顺利实现。

如今，在建设高质量教育体系的进程中，劳动教育已稳固地成为其重要组成部分，为中国特色社会主义教育的高质量发展提供了坚实支撑。[①]正因为有了这一关键环节，我们的教育才能在世界百年未有之大变局中保持稳健，如同"独坐钓鱼台，任尔风浪起"。为了精准地理解劳动教育的地位和作用，我们应当关注以下两点。

第一，劳动教育的两个方面——培养有文化的劳动者和体脑结合、教育与劳动相结合——是紧密相连、相辅相成的。缺少任何一个方面，都会偏离中国特色社会主义教育的人才培养宗旨。有些学者可能过分强调劳动教育作为综合教育形式的一面，而忽略了其作为培养全面发展人才重要途径的另一面。然而，从近年来学校教育的实际情况来看，可能更多的是忽视了后者。学校教育普遍面临着"重学习、轻劳动"的困境，而非所谓的"有劳动无教育"。

第二，"人的全面发展学说""体力劳动"和"脑力劳动"等概念，原本属于"经济学范畴的理论"，具有特定的内涵和外延，并非生物学或脑科学概念。教育工作者在运用这些理论指导实践时，应对劳动过程进行适当的设计和调整，以确保达到预期的教育目标，增强学生的劳动意识和能力。同时，也可以对这些基本概念进行教育学的解读和转化，使其成为劳动教育的实用指南。但在此过程中，我们必须尊重这些概念原有的内涵和外延，避免混淆不同概念，如将以吸收、消费为主的"学习"和以生产、创造为主的"劳动"混为一谈。更为关键的是，我们在讨论人的发展和劳动时，必须遵循马克思主义的基本原则，即从现实社会活动着的人出发去分析和观察。这意味着我们不能仅仅停留在抽象或臆想的层面，而要将理论与现实紧密结合，深入分析人的全面发展需求在现代社会中的具体表现。教育学领域常常面临的尴尬

---

① 徐长发. 新时代劳动教育再发展的逻辑[J]. 教育研究，2018，39（11）：12-17.

是原创性不足、过度移植以及改造不当，忽视了对概念背后蕴含的方法论的思考。因此，在将"人的全面发展学说""体力劳动"与"脑力劳动"等概念应用于劳动教育时，我们必须深入挖掘其方法论价值，确保教育实践的科学性和有效性。

五、现代科技背景下实践劳动育人价值

在现代社会，科技进步对社会生产和发展的推动作用日益显著。在此背景下，探讨"以体力劳动为主，注重手脑并用"的理念显得尤为重要。这一理念强调了在科技高度发达的今天，我们仍需重视体力劳动的价值，并注重手脑并用的能力培养。这是理解和把握中国特色社会主义劳动教育地位和作用时，必须深入思考和回答的关键问题。这一理念的提出，旨在引导人们认识到，即便在科技日新月异的今天，基本的劳动技能和手脑协调并用的能力依然是人类社会不可或缺的重要素养。

有学者曾指出，劳动教育应当有意识地结合劳动实践，以促进学生现代科技知识的学习和智慧水平的提升。值得注意的是，这一提升过程应在劳动实践中进行，而非仅仅依赖传统的课堂教学。因为课堂学习数理化的过程与实际的劳动实践存在本质差异。若混淆这两者，加强劳动教育的初衷就可能蜕变为加强文化课学习，甚至沦为应试教育的"刷题"行为。

此外，需要澄清的是，现代科技对劳动世界、人的发展以及整体生活质量的影响具有双重性，既有积极效应，也存在消极影响。同时，我们对某些科技影响的理解可能存在误区。例如，约翰·梅纳德·凯恩在1930年曾预测，百年内人类将解决生产问题，进入"后工作时代"。然而，近百年后的今天，劳动世界的现状并非如此。①

根据国家统计局发布的信息，2024年上半年，全国企业就业人员周平均工作时间为48.6小时，而美国经济政策研究所的数据也表明，现在人们每年

---

① Keynes J. A treatise on money [M]. London: Macmillan, 1930.

的平均工作时间比 1971 年进行的一项实验时长还要多出 158 小时。近期，人工智能对劳动世界的影响成为热议话题。但值得注意的是，人工智能本质上是基于运算的，其处理能力仅限于给定的框架。许多问题和情境，如自然语言处理、需要沟通能力和理解力的工作，以及需要灵活判断力的体力劳动等，都是人工智能无法完全替代的。

有专家指出，完全不依赖人类力量、能自动创造出比自身能力更高的人工智能并不会出现。这一观点提醒我们，面对人工智能的挑战无须恐慌。历史多次证明，技术发展对就业的威胁往往被夸大。从 1991 年至 2017 年，尽管在一些国家或地区制造业就业比重有所下降，但在其他国家或地区却有所上升，总体上保持稳定状态。因此，所谓"生产主义被消费主义取代"的观点其实是一个误区。

在现代社会中，劳动教育的地位并未因现代科技的进步而被休闲教育所取代。相反，科技的持续发展不断地改变人与自然、人与人之间的关系，对劳动世界及劳动教育提出了更为严峻的挑战。一方面，随着科技对自然资源的加工利用，人类的资产更多地依赖于科技的加工而非自然的直接提供，这一过程需要消耗更多的体力和脑力。如今，人类需要重新学习如何与自然和谐共存，因为过度挥霍自然资源将直接威胁生命本身，并可能遭到自然的惩罚。事实上，现代复杂的知识体系和工业体系正在侵蚀其所依赖的自然基础，人类已经在某些方面遭受了大自然的反击。另一方面，从劳动密集型生产向知识密集型生产的转变，并未带来劳动世界的轻松与社会关系的和谐。相反，这种转变往往导致劳动世界的重组、竞争的加剧和劳资关系的紧张。以效率为目标的生产方式变革，以及从产业资本、金融资本向数据资本的转变，都伴随着新型数字劳动的出现和经济收益与工人福利的脱节。

法国经济学家托马斯·皮凯蒂在《21 世纪资本论》[1]中用数据证明，长期来看，资本的回报率总是高于经济增长率，这意味着资本家与劳动者的收

---

[1] 托马斯·皮凯蒂. 21 世纪资本论[M]. 北京：中信出版社，2014.

入差距将随时间推移而扩大。两极分化是资本主义社会的常态，这证明技术扩张对劳动力的侵蚀和财富向少数人集中。在我国，社会主义公有制面临的最大挑战是互联网时代的经济活动基础结构已由私人资本掌控，而非公有制。互联网平台的用户规模和经济体量都达到了宏观经济的水平，并具有自然垄断性质。受私人资本的影响，资本与劳动差距扩大的结构性矛盾并未改变。互联网平台在短短几年内积累的财富超过了传统企业上百年的积累。随着贫富差距的扩大，人们的生存空间被压缩，晋升机会减少。一些年轻人可能不再相信"努力工作就能成功"的说法，而精英阶层的不经意言论也可能引发网络舆情。网络新词如"内卷"和"躺平"的流行反映了扭曲的劳动观念和新时代劳动教育的困境。

习近平总书记指出，虽然资本主义社会的资本和社会主义社会的资本有很多不同，但资本的本质都是追求利润。由于我国一些领域存在资本无序扩张和牟取暴利的问题，因此需要规范资本行为，既防止"资本大鳄"的肆意行为，又发挥资本作为生产要素的功能。[①]这是新时代中国特色社会主义劳动教育制度必须面对的新课题。当然，新时代的劳动教育应注重新知识、新技术、新工艺和新方法的创造与应用，但其内涵远不止于此。

从个体成长的角度看，现代科技，特别是信息技术，正在深刻地改变每个人的学习方式、生活方式和社交方式，对人的素质发展产生深远影响。互联网使得数十亿人能够相互联系，在全球范围内分享知识和经验，覆盖政治、经济、社会、科技、文化等多个领域，带来数字化成长的新模式。流行文化迅速融入青少年的生活，与他们的祖辈相比，其知识面更加广泛，且更富有同情心。知识作为一种重要资源，正以一种更平等的方式惠及更多人群，实现快速且无限增长。

然而，网络时代的孩子更多地依赖间接交流，面对面沟通减少，久坐不动，缺乏参与有益身心发展的活动。他们更多地模仿他人，而缺乏自己独特

---

① 习近平. 正确认识和把握我国发展重大理论和实践问题[J]. 创造, 2022, 30（7）: 1-4.

的经历和体验。近代科学强调变量控制，依赖仪器工具的观察和测量，而非个人的经历和体验。与此同时，许多技术不再是基于生活经验摸索而来，而是建立在科学知识的基础上，在实验室中发明并在生产线上应用。

现今，几乎每个人都生活在一个"终端感知"环境中，对技术的来源和技术应用的生产过程知之甚少。他们所接触和享用的都是成品，如电视、手机、汽车、楼房和食品等。这种与过程脱节的"终端感知"往往肤浅、单一且乏味，导致现实感和意义感的缺失以及心灵的空虚。过度使用科技产品可能对身体、智力、情感和社交等多方面造成伤害，并剥夺了参与其他有益活动的潜在收益。

在网络时代，我们不仅需要关注如何学习和使用网络媒体、科技产品，还需要反思人与网络媒体、科技的关系。网络媒体并非目的，而是实现目的的手段。孩子们不应成为科技产品的消费者，被网络媒体和其他科技产品的默认系统和程序所左右。相反，他们应该更自觉地设定积极向上的"系统默认值"，作出更有益于成长的决策，在摆脱媒介的生活中获得丰富的感知和真实的社交体验。

网络时代劳动教育的价值在于弥补"终端感知"的不足。让学生经历日常生活中食品、制品和产品的制作过程，体会其中的艰辛和不易，感受服务他人和社会的荣耀与乐趣。这种教育能够带来真实的现场感、意义感和成就感，培养责任担当意识和能力。其中包括在必要的体力劳动中付出努力，培养艰苦奋斗的精神。尽管播种、浇水、铲地、收割、采摘和烹饪等活动可能逐渐被现代科技、自动化程序或专业分工取代，但它们在教育上的独特价值并未因此消失。从教育的角度看，这些活动仍然具有重要意义。就像享用农家菜和呼吸乡村空气一样，它们可能变得越来越珍贵，值得每个人去珍惜和体验。

如果将学校教育视为培养普通劳动者、高素质劳动者和创新型人才的过程，那么现代科技教育只是劳动教育的一个组成部分，而非其全部内容，更不是当前中小学劳动教育的重点。如果劳动教育完全演变为课堂上的科技学习，那么中小学劳动课程的独立设置就变得没有必要，加强劳动教育也就变成了加强现代科技学习。

随着科技的持续进步，生产和工作的自动化、智能化水平日益提升，看似脑力劳动的地位和作用得到了空前的凸显。然而，这可能导致对体力劳动的严重忽视，进而引发智力水平的显著降低，其原因在于体力和脑力之间存在着深刻的内在联系。大脑并非孤立地存在于头脑之中，而是向外延伸至身体的各个部分，并与身体共同延伸至外部环境，它们之间存在着紧密的相互依赖和共生关系。当机器取代人力、电脑取代人脑、大数据取代决策时，可能会引发"大众智力退化"的现象。

因此，随着科技的进步和社会的发展，我们更应审慎地看待这种"重脑力轻体力"的危险趋势，应把握体力劳动和脑力劳动的平衡点，让学生在劳动教育中得到全面发展。在未来，社会对劳动品质的要求越来越高，劳动生产过程逐渐趋于多元化、智能化。新时代要求新型劳动者要具备新的劳动观念、较完善的劳动知识和劳动技能，并形成良好的劳动品质和习惯。基于此，在现代科技背景下，加强劳动教育有助于学生更好地理解科技进步对劳动的影响，培养学生的创新精神和实践能力，同时也有助于学生形成正确的劳动价值观和人生观。

第三节　SEL 理论的基本意蕴

新时代对人才的培养提出了更高要求，不仅需要学生具备扎实的专业知识，还需要他们具备良好的社交能力和情绪管理能力。因此，探讨 SEL 理论的基本意蕴显得尤为重要。这不仅是为了顺应时代对人才全面素质的要求，也是为了丰富劳动教育的内涵，使其不仅关注技能培养，还强调学生的情感体验和社会交往能力。SEL 理论的核心在于培养个体的自我觉察、自我管理、人际觉察、关系处理以及决策力等能力，这些能力对于促进学生的全面发展、提高学习效率、建立和谐人际关系以及实现个人价值至关重要。通过将 SEL 教育融入劳动教育，我们能让学生在实践中体验到情感共鸣和社会责任，从而增强教育的实效性。因此，我们应当重视 SEL 理论在劳动教育中的应用，积极探索和实践有效的教育方法和途径。

一、SEL 的基本内涵

SEL，这一理念起源于美国，由被誉为"情商之父"的丹尼尔·戈尔曼和琳达·兰提尔瑞等学者提出。他们共同创建的国际性机构 CASEL（学术、社会和情感学习合作组织）在 1994 年正式提出了 SEL 的概念。根据 CASEL 的定义，SEL 是指孩子和成人通过学习，掌握必要的知识、态度和技能，以理解和管理自身情绪，设定并实现积极目标，察觉他人情绪并展现同情，建立和维护积极的人际关系，以及做出负责任的决策。[1]SEL 课程的核心目标是培育五大关键能力，它们共同构成了个体在社会中成功和幸福的基础。

第一，自我意识，是指能够精准地认知自身的情绪状态、思维活动与价值观念，并对其产生的影响有清晰的认识。这包括对自我优势和不足的准确评估，进而塑造个人的自信心和独立自主性。

第二，自我管理，则是指在多样化的情境中，能够有效地调控个人的情绪、思维及行为表现。同时，这涵盖对同理心的培养，以及学习和实践如何进行情绪调控。

第三，社会意识，强调的是在全球多元文化的背景下，能够站在他人的角度思考问题，有深入的理解，并努力构建自我与社会之间的紧密联系，从而提高个人的社会责任感和公共意识。

---

[1] 张金凤. 美国社会情感学习课程的研究与实践[A]//中国心理学会发展心理专业委员会. 中国心理学会发展心理专业委员会第十三届学术年会摘要集[C]. 东北师范大学教育学部心理学院，东北师范大学教育学部心理学院，2015：1.

第四，人际关系技能，涉及与不同背景的人建立和维持良好的人际交往关系。这包括清晰地表达自我、积极地倾听他人、进行有效的团队合作、妥善应对社交压力、积极化解矛盾和冲突，以及在需要时能够寻求或提供援助，从而高效地解决所面临的问题。

第五，负责任的决策制定，是指在充分考量道德伦理、社会规范与安全要素的基础上，对各项选择可能带来的结果以及对个人和他人幸福感的影响进行深入分析，最终做出具有建设性和责任感的决策。

在美国，大量的研究已经证实了 SEL 学习的积极效果。这些研究表明，从小学到高中期间持续接受 SEL 教育的孩子，在学业、职业和社交方面都表现出了显著的优势。他们更容易取得博士学位，这得益于 SEL 所培养的学习动力、自我管理能力以及解决问题的能力。同时，这些孩子在就业市场上也更具竞争力，因为他们懂得如何与人合作、有效沟通，并能够在压力下保持冷静和理智。

SEL 的学习不仅能够提高孩子的社会情感技能，还能够改变他们对自己和他人的态度。通过 SEL 的学习，孩子们可以学会更加积极地看待自己和他人，更加尊重和理解不同的观点和文化。这种积极的态度不仅有助于他们建立更加健康的人际关系，还能够提高他们的自尊和自信心。在与人交往中，他们更容易结识新朋友，也更能够理解和接纳他人的不同。此外，SEL 的学习还能够有效减少问题行为和情绪困扰。在青少年时期，孩子们面临着诸多压力和挑战，如学业压力、人际关系问题等。这些问题如果处理不当，则很容易引发焦虑、抑郁等情绪问题，甚至导致问题行为的出现。通过 SEL 的学习，孩子们就可以学会有效地管理自己的情绪，正确面对挫折和困难，从而减少问题行为和情绪困扰的发生。更为重要的是，SEL 的学习还能够广泛提高学生的学习成绩。研究表明，SEL 技能与学生的学习成绩之间存在密切的联系。那些掌握了 SEL 技能的学生，在学习上更加专注、有条理，懂得如何制订学习计划、分配时间，以及如何应对学习中的困难和挑战。

除了上述提到的几个方面外，SEL 的学习还具有更深远的意义。首先，它有助于培养学生们的同理心和公民责任感。在 SEL 的学习中，鼓励学生去关注他人的感受和需求，从而培养他们的同理心。同时，他们也能学会如何作为一个负责任的公民去参与社会事务，为社会的和谐发展作贡献。其次，SEL 学习还能够促进学生们的全面发展。在现代社会中，人们不仅需要具备扎实的学科知识，还需要具备良好的人际交往能力、解决问题的能力以及创新思维等。SEL 的学习正是为了培养这些能力设计的，旨在帮助孩子们在认知、情感、社交和道德等多个方面得到全面的发展。最后，值得一提的是，SEL 的学习并不是一蹴而就的，需要教育者、家长和孩子们的共同努力和持续投入。只有通过长期学习和实践，孩子们才能真正掌握这些技能，并将其应用于实际生活中。

二、SEL 核心理念与价值

SEL 的核心理念在于关注学生的内心世界，培养他们自信，以及独立思考、沟通合作和解决问题的能力。这种教育理念强调学生个体在情感、认知、行为和社会性方面的全面发展。通过实施 SEL，教育者希望学生在面对压力、困难和挑战时，能够保持积极的心态，作出明智的决策，并建立良好的人际关系，从而实现个人和集体的共同成长。SEL 的核心理念可以具体细化为五大核心能力，这些能力是构成 SEL 价值体系的基础。

（一）SEL 的核心理念

1. 自我认识

首先，自我认识是 SEL 的起点，要求学生能够识别和再认自己的情绪，了解自己的兴趣和特长，以及保持适度的自信。这种自我认知不仅有助于学生更好地理解自己，还能帮助他们根据自己的特点和优势来规划未来的发展方向。

2. 自我管理

在了解自我的基础上，学生需要进一步学会调节情绪以应对压力，避免冲动行为，保持坚忍以克服困难。同时，他们还需要设定个人生活或学业目标。为了确保目标的实现，学生需要学会监控自己的进展，及时发现问题并进行调整。自我管理能力的提升有助于学生更好地掌控自己的生活和学习，实现更高效的时间管理和更优秀的学业表现。

3. 社会认识

SEL 强调学生能够站在他人的立场考虑问题，即培养同理心。通过与他人产生情感共鸣，学生可以更好地理解他人的需求和感受，进而建立更加和谐的人际关系。此外，了解并欣赏个体和群体的差异与共性也是社会认识的重要组成部分，有助于学生更好地融入集体和社会。

4. 人际交往技能

在合作的基础上建立并维持健康有益的社会关系是 SEL 的又一重要目标。学生需要学会在合作中与他人建立良好的关系，对社会压力有一定的抵抗能力，避免、应对和建设性地解决人际冲突。在需要的时候，学生能够寻求帮助，以共同解决问题和克服困难。

5. 负责任的决策技能

SEL 要求学生在全面考虑各种因素的情况下作出决策，包括社会道德因素、个人伦理因素和安全因素等。学生需要了解不同备选方案所带来的可能后果，并对决策进行评估和反思。这种负责任的决策技能不仅有助于学生的个人成长，还能使其为社会的和谐稳定作贡献。

综上所述，SEL 的核心理念和价值在于通过培养学生的自我认识、自我管理、社会认识、人际交往和负责任的决策等五大核心能力，促进他们在情感、认知、行为和社会性等方面全面发展。这种教育理念的实施不仅有助于提高学生的学业成绩和心理健康水平，还能培养他们的团队协作能力和社会责任感，为未来的成功打下坚实的基础。

(二) SEL 的重要价值

SEL 强调自我认知、情绪管理、社会意识和人际关系技能的培养，这些能力对于个体在复杂多变的社会环境中适应、成长和成功至关重要。通过 SEL 教育，学生不仅能提高自我管理和决策能力，还能建立和谐的人际关系，增强社会责任感，从而更好地实现个人价值并为社会作贡献。SEL 教育不仅是促进学生全面发展的重要途径，也是培养未来社会所需的关键能力。从这一层面来说，SEL 具有使学生得到全面发展的重要价值，具体体现在以下几个方面。

一是提高教育质量。通过引入 SEL，学校可以更加全面地关注学生的需求和发展，从而提高教育质量。当学生在情感和社会技能方面得到支持时，他们更有可能在学习上取得成功。

二是预防问题行为。SEL 可以帮助学生更好地处理情绪和人际关系，从而降低问题行为的发生率。这对于营造和谐的校园环境具有重要意义。

三是培养未来领导者。通过 SEL 的培养，学生可以发展出强大的社交技能和领导能力，这对于他们未来在职业生涯中的成功至关重要。

四是促进社会和谐。当学生学会以同理心去与他人交往时，整个社会的和谐与稳定也会得到保障。SEL 在培养公民的社会责任感和道德观念方面也发挥着重要作用。

（三）SEL 在中国的发展

社会情感学习这一教育理念与实践兴起于 20 世纪 90 年代的美国，强调个体在社会环境中认识并管理情绪、建立积极人际关系以及作出负责任决策的能力。近年来，随着全球教育交流的加深，社会情感学习逐渐受到中国教育界的关注和重视。

在中国，社会情感学习的推广和实践具有深厚的文化基础和社会现实需求。中国的传统文化一直强调情感的修养与表达，以及人际关系中的和谐与平衡。社会情感学习的核心理念与中国传统文化中的"仁爱""和谐"等思想不谋而合，在中国有广泛的接受度。随着社会竞争的加剧，人们越来越认识到情商在个人成长和成功中的重要性，这也为社会情感学习在中国的发展提供了有力的社会支持。

社会情感学习需要紧密联系中国的社会实际和教育实际。首先，在教育理念上，社会情感学习强调培养学生的自我意识、自我管理、社会意识、关系技能和负责任的决策能力。这些能力的培养有助于学生个人的全面发展，也有助于构建和谐的社会环境。在具体实践中，社会情感学习注重将理论与实践相结合，鼓励学生在实际情境中体验和学习。

在课程内容上，社会情感学习应融入中国传统文化元素。例如，讲述古代先贤的故事，引导学生理解仁爱、忠诚、孝顺等传统美德的内涵；组织以团队合作为主题的活动，培养学生的协作精神和集体荣誉感。这些内容的加入，不仅丰富了社会情感学习的课程体系，也使其更加贴近我国学生的实际需求。

在教育方式上，社会情感学习应注重因材施教和寓教于乐。针对不同年龄段学生的特点，设计符合他们认知水平和兴趣爱好的教学活动。例如，对于小学生，可以用游戏、角色扮演等方式让他们在轻松愉快的氛围中学习如何识别和管理情绪；对于中学生，则可以用辩论、小组讨论等方式培养他们的批判性思维和解决问题的能力。

此外，社会情感学习还应注重家校合作和社区资源的整合。与家长的沟通交流，了解学生在家庭中的表现和需求，以便更好地为他们提供个性化的指导。积极利用社区资源开展实践活动，让学生在亲身体验中感受社会责任，关爱他人。

在推进社会情感学习的过程中，也面临一些问题和挑战。例如，如何平衡传统文化与现代教育理念的关系、如何保证课程的实效性和可持续性等都是需要深入思考的问题。为了应对这些挑战，需要不断探索和创新教育模式和方法，加强师资队伍建设，提高教师的专业素养和教育教学能力。

总的来说，社会情感学习在我国的推广是一个长期而复杂的过程，具有广阔的发展前景和深远的社会意义，需要政府、学校、家庭和社会各界的共同努力。通过不断推进教育理的创新和实践探索，我们可以探索出一条符合中国国情的社会情感学习之路，相信能够培养出更多具备高素质、全面发展的人才，为构建和谐社会贡献力量。

第四节　劳动教育与 SEL 的融合

在新时代背景下，社会对于人才的需求日益向全面发展倾斜。提出将劳动教育与 SEL 深度融合的教育策略，旨在塑造全面发展的新时代人才。劳动教育不但使学生能亲身体验劳动的辛勤与成果，而且还可以培养他们的动手能力与团队合作精神。SEL 则聚焦于深化学生的情感智慧，教会他们如何高效沟通，建立健康的人际关系，并增强他们的社会适应能力。两者的完美融合，意味着学生在掌握专业技能的同时，还学会在复杂多变的社会环境中与人和谐共处，妥善管理自己的情绪，从而成为既有才华又具备深厚社会情感素养的新时代佼佼者，以更好地迎接未来社会的各种挑战。

一、SEL 的学校融入

学校作为育人主阵地，肩负着培养社会所需的全面发展人才的神圣使命。这一使命不仅是学校教育的应有之义，而且是新时代赋予学校教育的深刻期许与神圣职责。SEL 不仅有助于提升学生的情感智慧、人际交往能力和社会适应能力，还能培养学生的同理心、责任感和自我管理能力，从而让他们在面对挑战和困难时更加坚韧不拔。将 SEL 融入学校教育，我们可以帮助学生建立积极的学习态度，增强他们的自信心和自尊心，促进他们身心的健康成长。此外，SEL 还能增强学生的社区参与意识，培养他们成为具有社会责任感的公民，为社会的和谐与进步作贡献。SEL 的深度融入，为学生构筑了一个全方位成长的框架，旨在通过自我意识、自我管理、社会认识、人际交往及负责任的决策五大核心维度，使学生的综合素质与能力得到全面发展。

（一）自我意识

自我意识作为情感智慧的基石，其核心在于个体对自身情绪、思维、价值观及行为动因的深刻洞察。在学校的劳动教育中，这一核心理念被赋予新的生命力与实践意义。教育者应致力于将学生培养为情感领域的探索者与表达者，并通过劳动这一载体，促进学生深入理解情绪如何塑造并驱动行为，进而提高情绪智力的关键维度——情绪管理能力。

为将自我意识有效融入学校劳动教育的实践中，应采取以下策略，首先聚焦于构建反思性劳动文化，以深化学生的自我认知。在劳动教育过程中，精心设计自我反思活动，如推行劳动日记制度、组织劳动心得交流会等，引导学生回顾自己的劳动经历——不是对其外在行为的简单回顾，而是对内在感受与成长的深刻剖析。他们开始细致审视自己在任务执行中的表现，从展现出的优点中汲取力量，从面临的挑战中汲取经验与教训，更从潜在的成长空间中看到自我提升的可能性。这一反思过程，如同一面镜子，让学生更加清晰地认识自己，增强自我认知的精准度。更为重要的是，学生在比较与反思中逐渐形成了积极的自我形象与成长目标。他们学会欣赏自己的独特之处，同时也勇于正视自己的不足，并以此为动力，设定更加明确、可行的成长目标。保持积极向上的心态，不仅可以促进学生个人的全面发展，也会为他们未来的学习与生活奠定坚实的基础。其次，重视情绪识别与表达的训练，作为情感教育的核心实践途径。教育者需成为情绪识别与表达技巧的引导者，教授学生如何敏锐捕捉劳动过程中的情感波动，如成就感带来的喜悦、疲惫感引发的反思、挫败感激发的坚韧等。为了使学生能够更加精准地表达其情感体验，教育者需要通过教授丰富的情绪词汇库和情绪表达技巧，帮助学生构建起一套属于自己的情感语言体系。学生学会如何运用这些词汇来细腻描绘内心世界的微妙变化，同时掌握如何在适当的时候、以适当的方式分享自己的情感体验。这种开放而建设性的分享方式，不仅可以为学生提供一个情感宣泄的出口，促进情感的健康流通，还能极大地增强人际交往中的情感共鸣与相互理解，构建一个更加和谐、包容的学习环境。更重要的是，这一过程还能培养学生的情绪韧性，使他们在面对未来挑战时能够更加从容不迫。

（二）自我管理

自我管理能力的培养，是学生在复杂多变环境中保持高效与专注的关键。劳动教育通过设定明确的任务时间表和规划详细的劳动计划，不仅可以锻炼学生的时间管理技能，还能提升他们的任务分解与自我组织能力。此外，面对劳动中的挑战，教导学生如何调整心态、保持积极情绪，是对其情绪调节能力的有效锻炼，可以为学生未来面对更大挑战时保持冷静与坚韧提供坚实的基础。自我管理理论强调个体通过自我观察、自我评估、自我激励及自我调整等过程，实现对自身行为、情绪及目标的有效控制。劳动教育正是这一理论在实践中的生动体现，通过模拟现实世界的劳动场景，让学生在"做中学"、在"学中做"，从而深刻理解并内化自我管理的核心价值。

在劳动教育的实践中，任务导向的时间管理与计划制定策略被证明是提升学生自我管理能力、促进高效学习与工作的有效途径。这一策略首先强调通过精心设计、贴近实际的劳动任务，激发学生的目标导向思维。教师作为引导者，指导学生运用 SMART 原则（具体 Specific、可测量 Measurable、可达成 Achievable、相关性 Relevant、时限性 Time-bound）来设定劳动目标，不仅可以帮助学生明确努力的方向，还能培养他们的目标设定能力。随后，基于设定的 SMART 目标，鼓励学生制订详尽的劳动计划。这一环节涉及时间管理的核心技能，如优先级排序、时间块分配等，通过实践这些技能，学生学会如何合理分配时间资源，确保关键任务得到优先处理。同时，计划制订过程也促使学生将复杂的劳动任务细化为一系列可操作的小步骤，不仅可以降低任务的难度，还可以显著提高学生的自我组织与任务分解能力。

劳动教育不仅关注技能与效率的提升，还重视学生在面对挑战时的情绪智力与心理韧性培养。在劳动教育的实践中，学生被赋予探索自我、认知情绪的重要使命。在劳动过程中不可避免地存在不确定性和潜在困难，应鼓励学生成为自己情绪的掌舵者，学会识别并理解自身情绪的变化。教育者通过在劳动教育中教授学生一系列的情绪识别与调节策略，如正面思维引导、情绪释放技巧等，为学生搭建起一座连接内在情绪世界与外在行为表现的桥梁。这些策略不仅能帮助学生及时识别并有效管理负面情绪，还能激发他们内在的积极情绪，使他们在面对挑战时能够保持乐观与自信；不仅有助于学生保持积极情绪，有效应对挫败与困难，还会在无形中增强他们的心理韧性，使他们在逆境中能够保持冷静、坚韧不拔，不断寻找解决问题的方法与途径。情绪智力与心理韧性的提升相辅相成、相互促进，共同促进学生的全面发展。情绪智力的觉醒可以让学生学会如何驾驭自己的情绪，以更加积极、理性的态度面对生活中的挑战；而心理韧性的锤炼则会让学生在逆境中展现出强大的生命力与适应力，不断实现自我超越与成长。因此，劳动教育不仅是技能传授的殿堂，还是心灵成长的摇篮。

此外，为了持续激发学生的内在动力，强化其自我管理能力，劳动教育倡导设立个人成长小目标，并通过即时反馈与奖励机制来强化学生的积极行为。这种正面强化的方式极大地提升了学生的自我效能感，使他们更加自信地面对后续的学习与劳动挑战。同时，定期的自我反思与同伴间的经验分享为学生提供了一个审视自我、相互学习的平台。通过这一过程，学生能够客观地评估自己的进步与不足，明确未来的改进方向，从而在自我激励与持续成长的道路上形成良性循环。这种循环不仅能促进学生的成长，还能为他们未来面对更大的人生挑战提供源源不断的动力。

（三）社会认识

社会认识即社会角色的体验与理解，强调个体在社会互动中基于道德、安全及规范做出建设性选择的能力。劳动教育，作为连接学校与社会的桥梁，通过其独特的合作模式——小组合作与团队协作，为学生提供了一个宝贵的平台，使他们能够亲身体验并深刻理解各类社会角色的内涵与责任。这一过程不仅可以培养学生对他人情感与需求的同理心，还能显著增强他们的协作精神，为构建和谐社会关系奠定坚实的基础。

为了进一步深化学生的社会认识，教育者应当采取一系列创新且富有成效的策略。首要之举是拓宽学生的文化视野，通过设计包含多元文化元素的劳动教育活动，如组织跨文化的劳动项目合作，让学生在共同劳动中直接接触并学习不同文化的独特之处，从而增进相互间的理解和尊重，培养全球公民意识。

此外，还应积极引导学生走出校园，投身于社区服务与环保劳动等社会实践之中。这些活动不仅能够让学生亲眼见证自己劳动成果对社会的积极影响，如改善社区环境、促进可持续发展等，还能激发他们的社会责任感。在参与过程中，学生将逐渐认识到作为社会成员的责任与使命，学会在劳动中遵守安全规范与纪律，为将来成为遵守社会规范、积极贡献社会的公民奠定坚实的道德基础。

（四）人际交往

在当今教育领域，社会情感学习（SEL）已经成为一个不可忽视的重要方面。SEL强调的不仅仅是学生的认知发展，还关注他们的情感、态度和价值观的培养。人际交往能力是个人成功与幸福的关键因素之一。劳动教育为学生提供了丰富的交流互动场景，鼓励他们主动与同伴、教师沟通，分享经验、共同解决问题。在此过程中，学生不仅可以学会有效沟通的技巧，还能掌握解决冲突的艺术，学会以建设性的方式处理分歧与矛盾，为构建和谐的人际关系网络打下坚实的基础。

倾听与同理心作为 SEL 的核心要素,对于建立积极的人际关系和促进学生全面发展具有至关重要的作用。首先,倾听作为社会交往中的一项基本技能,是建立有效沟通的前提。在倾听他人讲话时,我们表现出的关注不仅能够让对方感受到被尊重和理解,还能够促进信息的准确传递,产生情感上的共鸣。在教育环境中,鼓励学生学会倾听他人讲话,不仅能够帮助他们更好地理解课堂内容,还能够培养他们的同理心和团队协作精神。其次,同理心作为 SEL 的重要组成部分,要求学生能够设身处地地理解他人的感受和需求。具备同理心的学生更能够体察他人的情感和需求,从而在交往中表现出更多的包容和理解。这种能力不仅有助于学生在校园内建立良好的人际关系,还将对他们未来的社会生活和职业发展产生深远影响。

为了培养学生的倾听能力和同理心能力,教师可以充分利用课堂机会进行有针对性的教学。例如,通过角色扮演、小组讨论等形式,让学生在模拟的社交情境中学会倾听和理解他人。同时,教师也可以引导学生通过提问和回应的方式来深化对他人情感和需求的理解。这不仅能够锻炼学生的沟通能力,还能够培养他们的同理心和团队协作精神。

除了课堂教学之外,教师还可以在日常生活中为学生树立榜样,通过自己的言行来示范如何倾听和理解他人。例如,在与学生的交流中,教师可以表现出对学生想法和感受的关注、理解,从而引导学生学会在交往中注重他人的情感和需求。此外,为了让学生更好地掌握倾听和同理心技能,学校还可以联合家庭进行家校共育,发挥教育合力的作用,共同营造一个充满关爱和理解的环境。家长可以在家庭教育中注重培养孩子的倾听能力,鼓励他们在日常生活中多关注他人的情感和需求,从而形成积极的家庭氛围和亲子关系。

(五)负责任的决策

作出负责任的决策是个体理性与责任感的双重展现,这要求学生能够在综合考量各种因素的基础上,作出对自己和他人都有益的选择。而在培育学生成为具备高度责任感与理性决策能力的未来社会栋梁的过程中,劳动教育扮演着不可或缺的角色。劳动教育鼓励学生参与决策过程,分析不同方案的利弊,培养他们的批判性思维与决策能力。同时,通过明确责任分配、强调工作责任感,能够帮助学生树立对自己行为负责的意识,培养他们的担当精神与责任感,为成为未来社会的中坚力量作好准备。

在学校劳动教育中,可以采用参与式决策,以此激发并培养学生的批判性思维。如在学校的"校园绿化"项目中,教师首先组织学生进行小组讨论,让他们自主选择想要种植的植被类型、设计布局方案,并分析每种选择的成本效益、生态影响及日常维护需求。通过这种合作学习的方式,鼓励群体中的每一个体参与到决策过程,并贡献出自己的一份智慧和力量,在这一过程中,学生不仅能学会如何权衡利弊,还可以锻炼批判性思维能力,学会从不同角度审视问题。除了小组决策外,在劳动任务分配时,教师应采用"角色轮换制"来明确责任分配,培养学生责任感,确保每位学生都能体验到不同职责的重要性。例如,轮流担任项目组长,负责协调团队、监督进度;或作为材料管理员,负责物资的采购与保管。通过明确的责任分工,学生深刻理解到个人行为对团队整体成果的影响,从而增强责任感。

教师通过对学生进行后果教育,强化其责任感意识,引导学生勇于承担后果,让学生意识到自己的决策会带来相应的后果,无论是积极的还是消极的,都要勇于承担。教师可以借助学习中的失败案例来引导学生分析原因,讨论如何避免类似情况再次发生,并鼓励小组内成员共同承担后果,如加班完成任务或调整后续计划以弥补损失。这一过程可以让学生直观感受到决策与后果之间的紧密联系,学会勇于承担后果并积极寻求解决方案。

此外,教育者可以使用案例分析的方法,帮助学生深化对负责任的决策的理解。可以定期组织"负责任决策"主题班会,选取历史上或现实生活中的典型案例,如企业环保决策、社区规划等,引导学生进行深入分析。通过角色扮演、模拟决策等互动方式,让学生置身于决策者的位置,体验不同决策路径带来的不同后果,从而深刻理解负责任决策的重要性及其对个人、集体乃至社会的影响。

将 SEL 深度融入学校教育体系,能够为学生搭建起一个全方位成长的框架,促进学生综合素质与能力的全面发展。劳动教育关注技能的传授和体力的锻炼,是一个培养学生责任感、团队合作、问题解决和自我管理能力的重要平台。而 SEL 则侧重提升学生的自我意识、情绪管理、同理心、人际关系处理和社会责任感等关键技能。将 SEL 融入劳动教育,可以帮助学生在劳动实践中更好地理解自我、管理情绪、有效沟通、解决冲突,并培养他们的社会责任感和公民意识。这样的融合不仅能够增强学生的综合素质,还能提升劳动教育的深度和广度,使其更加贴近学生实际生活和未来社会发展的需要。因此,将 SEL 融入学校劳动教育是促进学生全面发展、培养未来社会所需人才的重要途径。

二、劳动教育与 SEL 的学理联系

劳动教育与 SEL 在学生的全面发展中相辅相成、不可或缺。将劳动教育与 SEL 相结合,可以有效实现两者的互补与促进。一方面,劳动教育可以为 SEL 提供实践的平台和机会,让学生在劳动实践中体验、学习和成长。另一方面,SEL 的理念和方法也可以为劳动教育提供有力的支持和指导,帮助学生更好地理解和践行劳动精神,形成正确的劳动观念和价值观。探讨劳动教育与 SEL 的学理联系,不仅有助于我们更深入地理解两者的内涵和价值,还能够为教育实践提供新的思路和方向,促进学生全面发展。

(一)共同关注全面发展

劳动教育与 SEL 作为两种不同的教育理念,虽然在实施方式和侧重点上存在差异,但它们都致力于促进学生的全面发展。劳动教育通过实践活动着重培养学生的实践能力和劳动态度,而 SEL 则更关注学生的内心世界,致力于培养他们的社会技能和情感发展。深入探讨两者之间的联系,我们会发现

它们在多个层面相辅相成，共同为学生的全面发展提供坚实的支撑。

劳动教育在中国有深厚的历史传统，不仅传授技能，还塑造价值观。通过亲身参与劳动实践，学生能够真切地体验到劳动的价值和意义，培养劳动态度和习惯。这种教育形式强调"做中学"，使学生在实践过程中锻炼动手能力、解决问题的能力以及团队协作精神。[1]更重要的是，劳动教育能够帮助学生建立起与劳动人民的深厚情感，理解劳动对于社会和个人发展的重要性。

SEL 不仅关注学生的情感发展，还注重培养他们的社会技能，如沟通、合作、解决问题等。这些技能在当今社会尤为重要，因为它们直接关系到学生未来在社会中的适应能力和竞争力。通过 SEL 的培养，学生可以更好地处理人际关系，增强自信心，提高抗挫能力，从而更好地应对生活中的各种挑战。

劳动教育和 SEL 之间的联系不仅体现在它们都致力于学生的全面发展上，还体现为它们相互促进、相得益彰。一方面，劳动教育为学生提供了广阔的实践天地，让他们在劳动中体验生活、感悟人生，同时也为他们锻炼 SEL 所强调的社会技能提供了舞台。例如，在团队合作的劳动项目中，学生需要学会与他人沟通、协商和解决问题，这些都是 SEL 所要培养的核心能力。另一方面，SEL 所培养的情感能力和社会技能又可以反过来促进学生在劳动教育中的表现。一个具有良好情感能力和社会技能的学生，在劳动实践中往往能够更好地与他人合作，更有效地解决问题，从而取得更好的实践成果。这种相互促进的关系，使得劳动教育与 SEL 在学生的全面发展中形成互动与互补的良性循环。

此外，劳动教育和 SEL 在培养学生的价值观方面也具有协同效应。劳动教育使学生认识到劳动的价值和意义，培养他们的劳动态度和习惯；而 SEL 则通过关注学生的内心世界，帮助他们建立起积极的人生观和价值观。这两

---

[1] 李敏，殷世东. 基于"做中学"的中小学劳动课程设计与实施[J]. 教学与管理，2023，（09）：77-80.

种教育理念相结合，可以共同塑造学生的健全人格和良好品质，为他们的未来发展奠定坚实的基础。从这一层面来说，劳动教育与 SEL 之间恰如两条并行不悖的河流，共同汇聚在学生全面发展的海洋中。

从研究的角度来看，深入探讨劳动教育和 SEL 之间的联系和协同效应具有重要的学术价值和实践意义。首先，这有助于我们更全面地理解这两种教育理念在促进学生全面发展中的作用和机制。其次，通过研究两者之间的互补关系，我们可以为教育实践提供更有针对性的指导和建议，从而优化教育资源配置，提高教育质量。最后，这种研究还有助于推动教育理论的创新和发展，为构建更加完善的教育体系提供有益的参考。

（二）强调实践与体验

实践与体验在劳动教育和 SEL（社会和情感学习）中均占据举足轻重的地位。这两种教育理念虽然侧重点不同，但都认识到仅仅依赖课堂讲解或书本知识是远远不够的，真正的学习应当融入实践之中，使学生在亲身体验中深化对知识的理解。

劳动教育作为中国教育传统中不可或缺的构成部分，其核心在于实践与体验的深度结合。这一教育形式并非限于身体的机械运动，而是深入劳动者心灵层面的对世界的一种独特感知与深刻理解。在劳动教育中，学生被鼓励亲身参与各种劳动实践，如农耕、手工艺制作、家庭劳务等。这些活动不仅能锻炼学生的动手能力，而且在汗水的洗礼下，学生能够逐渐认识到劳动的艰辛，深刻体悟劳动成果的来之不易。在实践的过程中，学生学会尊重劳动，尊重每一个为生活付出努力的劳动者。这种从内心深处涌出的对劳动的热爱和尊重，是任何书本知识都无法替代的。

与此同时，SEL 也高度重视实践和体验在教学中的作用。SEL 的教育理念认为，学生只有在真实的社会环境中运用所学的社会和情感技能，才能更好地应对生活中的挑战。在实践中，学生学会如何与人沟通、如何解决冲突、如何表达自己的情感和需求。这些技能不是通过简单的课堂讲解就能掌握的，需要在真实的生活场景中不断试错、反思、再实践，逐步内化为自己的能力。

实践与体验的教学方式之所以如此重要，是因为它符合人类学习的基本规律。心理学研究表明，亲身体验过的知识更容易被记住和理解。在劳动教育和 SEL 中，学生通过亲身实践，不仅可以加深对知识的理解，而且可以培养解决问题的能力、创新的精神以及团队合作的意识。这些都是传统课堂教学难以直接传授的宝贵品质。

此外，实践与体验的教学方式还有助于培养学生的情感态度和价值观。在劳动中，学生可以体会成果的喜悦和挫折的苦涩，这种丰富的情感体验促使他们更加珍惜自己的劳动成果，也更加尊重他人的劳动成果。在 SEL 的实践中，学生可以学会如何表达自己的情感、如何理解他人的感受，这种情感的交流和理解能力对于构建和谐社会至关重要。

当然，实践与体验的教学方式也对教师提出了更高的要求。教师需要精心设计实践活动，在其达到教学目的的基础上增加趣味性。同时，教师还需要具备敏锐的观察力，及时发现学生在实践中的问题并给予指导。这种教学方式需要教师付出更多的时间和精力，但其对学生全面发展的促进作用也是显而易见的。因此，教师应当积极适应这种教学方式，不断提高自己的专业素养和教育能力，为学生的全面发展贡献自己的力量。

（三）培养社会责任感

社会责任感是现代教育体系中不可或缺的一部分，关乎个体对社会的认知和回馈。劳动教育和 SEL（社会和情感学习）作为两种重要的教育理念，都在不同层面上强调了社会责任感的培养。

劳动教育，从其本质上来讲，就是让学生亲身参与劳动，体验劳动的价值和意义。这不仅是对学生动手能力的锻炼，也是对他们社会责任感与个人价值认知的深化。在劳动实践中，学生或投身农田，体验耕作的艰辛与收获的喜悦；或投身手工制作，感受技艺的精湛与成果的珍贵。这些实践活动不仅使学生获得了实际的劳动技能，而且让他们认识到每一次劳动都是对社会的直接贡献，是对社会运转不可或缺的一部分。这种通过劳动来认识社会、回馈社会的方式，无疑会加深学生对社会责任感的理解。

更重要的是，劳动教育能够帮助学生与社会建立起的紧密联系。在劳动中，学生会遇到各种实际问题，需要他们主动去思考、去解决。这一过程不仅能提升学生解决问题的能力，也会让他们更加明白自己的劳动是如何影响到社会的。当学生看到自己的劳动成果被社会所认可和使用时，他们的社会责任感会得到极大的增强。

与劳动教育不同，SEL 更注重从情感和社会的角度来培养学生的社会责任感。SEL 强调同理心和合作精神的培养，让学生能够更好地理解他人的感受和需求，从而更加主动地参与社会活动。通过 SEL 的学习，学生能够逐渐意识到自己的行为对他人和社会的影响，进而学会如何以更加负责任的态度来面对社会。

SEL 通过一系列的课程设计和实践活动，帮助学生建立起对社会的正确认识，为学生提供了一个深入了解社会的窗口。在这些活动中，学生需要与他人合作，共同完成任务。这种合作模式不仅锻炼了学生的团队协作能力，而且让他们更加明白每个人在社会中的角色和责任。同时，SEL 还鼓励学生关注社会问题，通过实际行动为社会作贡献。

劳动教育和 SEL 在培养学生社会责任感方面虽然侧重点不同，但二者之间存在着相互补充的关系。劳动教育通过让学生亲身参与劳动实践，使他们能够更直观地了解社会运作的机制和规律，学会用实际行动回馈社会；而 SEL 则通过同理心和合作精神的培养，让学生更好地融入社会、服务社会。这两种教育理念的结合，能够使学生更加全面地认识到自己在社会中的位置和责任，从而培养他们的社会责任感。

此外，这两种教育理念在实施过程中，还可以相互借鉴、相互促进。例如，在劳动教育中可以融入 SEL 的元素，让学生在劳动实践中学会合作与分享；而在 SEL 的教学中，也可以借鉴劳动教育的实践方式，让学生通过实际行动来体验社会责任感的重要性。

（四）促进身心健康

在当今社会，学生的身心健康越来越受到教育者和家长们的关注。劳动教育和 SEL（社会和情感学习）作为两种重要的教育理念，从不同层面上对学生的身心健康产生了积极的影响。

劳动教育，作为一种重视实践和体验的教育理念，其核心在于让学生通过亲身参与劳动来体验劳动的乐趣和成就感。这种教育方式不仅有助于培养学生的动手能力和劳动技能，而且在无形中可以增强他们的自信心和自尊心。在劳动过程中，学生会遇到各种挑战和困难，但通过自己的努力和智慧去解决这些问题，最终完成劳动任务，会让他们感受到前所未有的成就感和自豪感。这种积极的情感体验对于提升学生的自我价值认同和自尊心有至关重要的作用。

同时，劳动教育还能够促进学生的身体健康。在劳动过程中，学生需要进行一定的体力劳动，这不仅能够锻炼他们的身体素质，提高身体机能，还有助于预防一些由于久坐、缺乏运动等引起的健康问题。身体健康是心理健康的基础，一个良好的身体状态有助于学生更好地应对生活中的各种挑战和压力。

与劳动教育不同，SEL 更注重学生的内心世界和情感发展。SEL 的教育理念认为，每个学生都是独特的个体，都有自己的情感需求。因此，SEL 致力于帮助学生更好地认识自己，表达自己的情感需求，学会与他人建立良好的人际关系。这种对自我和他人的深入理解与沟通，有助于学生更好地应对生活中的压力和挑战，从而保持身心健康。

SEL 还强调培养学生应对挫折和压力的能力。在生活中，每个人都会遇到困难和挫折，正确面对和处理这些问题是保持身心健康的关键。SEL 通过一系列的课程和活动，帮助学生学会积极应对挫折和压力的方法，如情绪调节、问题解决等。这些方法不仅有助于学生在面对困难时保持冷静和乐观，还能够提升他们的心理韧性，使其在逆境中不断成长。

社会情感学习视域下的劳动教育实践研究

尽管劳动教育和 SEL 在促进学生身心健康方面各有侧重，但两者实际上是相辅相成的。劳动教育通过让学生体验劳动的乐趣和成就感来增强其自信心和自尊心，进而促进其身体健康；而 SEL 则通过关注学生的内心世界和情感发展来帮助其更好地应对压力和挑战。

此外，这两种教育理念在实施过程中还可以相互借鉴、相互促进。例如，在劳动教育中可以融入 SEL 的元素，让学生在劳动实践中学会与他人合作、表达自己的情感需求；而在 SEL 的教学中也可以借鉴劳动教育的实践方式，让学生通过实际行动来体验身心健康的重要性。

从研究和实践的角度来看，深入探讨劳动教育和 SEL 在促进学生身心健康方面的协同作用具有重要的学术价值和实践意义。这不仅可以为我们提供更加全面的教育视角来关注学生的全面发展，还可以为教育实践提供有益的参考和指导。未来我们期待更多的教育者能够关注这一领域的研究进展，并共同推动学生身心健康教育工作的开展。

三、劳动教育与 SEL 的有机结合

劳动教育鼓励学生亲身参与劳动实践，通过实际行动感受劳动的价值，不仅可以锻炼学生的身体机能，而且可以培养他们的责任感与自信心。而 SEL 则聚焦于学生的心理成长和情感发展，致力于帮助学生建立积极的人际关系，教会他们如何面对挫折和压力，保持内心的坚韧与乐观。

劳动教育与 SEL 在推动学生全面发展上展现出极强的互补性和协同性。二者共同为学生提供了一个全方位发展的舞台。在劳动教育中，学生学会用双手创造价值，培养吃苦耐劳的精神；而在 SEL 的引导下，他们学会如何与他人和谐共处，如何在困境中保持积极心态。这种身体与心灵的双重锻炼，将为学生日后的社会融入和个人价值的实现提供强有力的支撑。通过这种综合性的教育，我们期待培养出既有强健体魄又有健康心态的全面发展的人才。

在教学实践中，可以通过以下措施将劳动教育与 SEL 进行有机结合，促进学生的全面发展。

（一）设计综合性的教学活动

教学活动作为学校教育的重要组成部分，其设计应充分体现教育的多维目标，涵盖知识体系的建构、实践技能的锤炼以及情感态度价值观的塑造。特别是在当前教育理念不断更新、社会对人才要求日益多元化的背景下，教学活动的设计不仅应聚焦于传统的知识传授与技能培养，还应融入劳动实践，以增强学生的实际操作能力和社会责任感；同时，还需注重社会和情感的培养，以塑造学生健全的人格和积极向上的情感态度。这种多维度的设计不仅符合教育全面发展的要求，也为培养出具备创新精神和实践能力的复合型人才奠定坚实的基础。

以组织学生进行环保活动为例，探讨如何在这一活动中既培养学生的环保意识，又锻炼他们的劳动技能和合作精神。环保活动作为一种具有实践性和社会性的教学活动，其核心目标是引导学生关注环境问题，培养他们的环保意识，同时通过实际行动参与环境保护，锻炼他们的劳动技能和合作精神。在活动设计上，可以分为准备、实施和总结三个阶段。

在准备阶段，教师可以通过课堂讲解、视频播放、小组讨论等多种形式，向学生介绍当前的环境问题，激发学生的环保意识。在此基础上，教师可以引导学生共同讨论并制订具体的环保行动计划，包括活动的时间、地点、内容以及人员分工等。在这一过程中，学生不仅能够了解环保知识，还能够学习如何制订计划和组织活动，培养了他们的规划能力和团队协作精神。[1]

实施阶段是环保活动的核心部分，也是锻炼学生劳动技能和合作精神的关键环节。教师可以根据学生的年龄和兴趣，设计不同类型的环保实践活动，如垃圾分类、绿化种植、环保宣传等。在这些活动中，学生需要亲自动手参与劳动，如捡拾垃圾、种植树木等，这不仅能够锻炼他们的动手能力，还能

---

[1] 商颖."双减"背景下学校劳动教育课程的实践研究[J]. 基础教育论坛，2022（5）：2.

够让他们深刻体验到劳动的价值和意义。同时,学生在劳动过程中需要相互配合、协作完成共同的任务,这无疑会增强他们的团队合作精神和集体荣誉感。

以垃圾分类活动为例,教师可以先向学生介绍垃圾分类的重要性和方法,然后组织学生到学校或社区的垃圾分类点进行实践操作。在这一过程中,学生不仅需要准确区分各类垃圾,还需要与同伴协作将垃圾正确投放到相应的垃圾桶中。这样的活动既能培养学生的环保意识,又可以锻炼他们的劳动技能和合作精神。

在总结阶段,教师可以组织学生进行反思和分享,让他们总结自己在活动中的收获和体会。学生可以通过写作、演讲、绘画等多种形式表达自己的感受和思考,这不仅能够提高他们的表达和沟通能力,还能够进一步巩固他们的环保意识。同时,教师还可以引导学生思考如何将环保理念融入日常生活中,使他们在未来的生活中能够持续关注环境问题并积极参与环保行动。

此外,为了提高环保活动的教学效果,教师还可以结合相关学科知识进行讲解和实践操作指导。例如,在化学课上讲解垃圾分类的原理和方法,在生物课上介绍生态保护的重要性和措施,在地理课上探讨环境问题的根源和解决方案等。这种跨学科的教学方式不仅能够丰富学生的知识,还能够使他们在实践中更好地理解和应用所学知识。

通过组织学生进行环保活动,不仅能够培养他们的环保意识和社会责任感,还能够强化他们的劳动技能和合作精神。这种综合性的教学活动不仅符合当前教育理念的要求,也能够为学生未来的全面发展打下坚实的基础。因此,教育者应该积极探索和实践这种融合劳动实践与社会和情感培养的教学活动模式,为学生的全面发展和社会的可持续发展作出积极的贡献。

(二)强化实践与反思

劳动实践,作为一种传统的教育方式,在当今的教育体系中仍然占据着重要的地位。其重要性不仅体现在教授学生具体的劳动技能上,还体现在它能够作为一种桥梁,引导学生对自身进行深度的思考与认知。通过劳动实践,学生们能够在汗水和努力中领悟到自己的潜能与价值,逐步建立起坚定的自我意识,并提高自我管理能力。

劳动实践中的自我反思,是促进学生自我意识觉醒的重要环节。在劳动过程中,学生会遇到各种各样的问题和挑战,这些问题和挑战往往会引发他们的思考和自省。例如,当学生在劳动中遇到困难时,他们可能会思考自己为何会遇到这样的困难,造成这种困难的是技能不足还是方法不当。这样的反思过程,实际上就是学生在审视和评价自己的行为和能力,进而调整自己的认知和行为方式的过程。

此外,劳动实践还能帮助学生更深入地了解自己的内心感受和需求。在劳动中,学生可能会体验到成就感、挫败感、疲劳感等各种复杂的情感。这些情感体验为学生提供了一个了解和探索自己内心世界的窗口。通过审视这些情感体验,学生可以更加清晰地认识到自己的价值观、兴趣爱好和人生目标,从而增强他们的自我意识。

反思是提升自我管理能力的关键过程,通过反思可以识别自身优势和不足,从而制定并执行更有效的管理策略。自我管理能力,作为学生成长过程中所需具备的一项重要能力,也可以在劳动实践中得到培养和提升。在劳动过程中,学生需要自主安排时间、分配任务、协调团队等,这些都需要学生具备良好的自我管理能力。通过不断实践和反思,学生可以逐渐学会如何合理规划自己的时间和资源,如何调整自己的情绪和态度,以及如何在团队中发挥自己的作用。这些经验不仅对学生的个人成长具有重要意义,也将为他们未来的职业生涯奠定坚实的基础。

劳动实践还是学生将所学的社会和情感技能转化为实际行动的重要媒介。在学校的课堂教育中,学生可能会学习到很多关于社会和情感方面的理论知识,但这些知识如果不经过实践的检验和应用,就很难真正转化为学生的内在能力。劳动实践为学生提供了一个将理论知识与实际操作相结合的平台。在这里,学生可以运用所学的社会和情感技能来解决实际问题,如与团队成员沟通协作、处理突发情况等。这种实践应用不仅能够加深学生对理论知识的理解，还能够提高他们的实践能力。

值得一提的是，劳动实践中的这种实践应用还具有迁移性。也就是说，学生在劳动实践中所学会的技能和经验，不仅可以应用于劳动场所，还可以迁移到他们的日常生活和其他学习领域。例如，学生在劳动实践中所培养的团队协作精神、解决问题的能力以及面对挑战的勇气等，都可以成为他们面对未来生活中各种挑战的有力武器。

为了充分发挥劳动实践在培养学生自我意识和实践能力方面的作用，教育者需要精心设计劳动实践的内容和形式。一方面，要确保劳动实践的任务具有一定的挑战性和探索性，以激发学生的学习兴趣和动力；另一方面，要为学生提供足够的自主空间和时间来进行反思和实践应用，以促进他们的自我成长和能力提升。引导学生反思自己的行为和感受以及鼓励他们将所学的社会和情感技能应用于实际生活中，教育者可以帮助学生更好地认识自己、管理自己并提高自己的实践能力。这些对于学生的全面发展和未来职业生涯的成功都具有重要的意义。

（三）注重评价与反馈

在教育领域，评价体系是衡量学生学习成果、教师教学效果以及学校教育质量的重要工具。然而，传统的以考试分数为主导的评价方式已经无法满足现代教育的多元需求。因此，建立劳动教育的多元评价体系显得尤为重要，这一体系既关注学生的劳动成果，又注重他们在劳动过程中的表现和情感体验。通过这一评价体系，教师能够更及时、更准确地了解学生在劳动教育中的表现与需求，从而为他们提供更有针对性的指导和帮助。同时，学生也能通过及时的评价和反馈，更加清晰地认识自己的优点与不足，进而调整学习策略，实现自我提升。构建劳动教育的多元评价体系，不仅是现代教育改革的必然趋势，也是促进学生全面发展、提升教育质量的重要途径。

多元评价体系强调从多个角度、多个层面去全面评价学生，其核心理念是尊重学生的个体差异，关注学生的全面发展。①在这一体系中，学生的劳动成果不再是唯一的评价标准，学生在劳动过程中的表现、态度、合作能力，以及他们的情感体验等因素也被纳入评价范围。

关注学生的劳动成果是评价的基本内容之一。学生的劳动成果直接反映了他们的学习效果和技能掌握情况。因此，在多元评价体系中，仍然需要重视对学生劳动成果的考核。这种考核可以包括作品的完成度、创新性、实用性等多个方面。通过对劳动成果的细致分析，教师可以了解学生在知识掌握、技能运用以及创新思维等方面的发展情况。

然而，仅凭劳动成果来评价学生是片面的。多元评价体系更强调对学生在劳动过程中的表现和情感体验的关注。学生在劳动过程中的表现，如参与度、合作精神、解决问题的能力等，都是评价他们学习效果的重要指标。例如，一个学生在劳动过程中积极参与，与团队成员紧密合作，即使最终劳动成果不尽如人意，也应该得到相应的肯定和鼓励。

此外，学生的情感体验也是多元评价体系中不可忽视的一部分。积极的情感体验能够激发学生的学习兴趣和动力，促进他们的自主学习和创造性思考。因此，评价体系应该包括对学生情感体验的考查，如他们在劳动过程中的快乐感、成就感、挫折感等。教师可以通过观察、访谈、问卷调查等方式了解学生的情感体验，并在评价中给予充分考虑。

多元评价体系的建立还需要配合及时的评价和反馈机制。及时的评价能够让学生及时了解自己的学习状况，发现自己的优点和不足。而反馈机制则能够帮助学生针对自己的不足制订改进计划，促进他们的持续进步。在评价和反馈过程中，教师应该注重与学生的沟通，鼓励他们表达自己的观点和感受，以便更准确地了解他们的学习需求和困难。

在实施多元评价体系时，还需注意几个关键问题。一是评价标准的明确性和公正性，确保每个学生都能得到公平的评价；二是评价方式的多样性和

---

① 陈志旗. 多元评价视角下的教学评价改革[J]. 教学与管理，2011（36）：26-28.

灵活性，以适应不同学生的学习风格和特点；三是评价结果的有效利用，以便更好地指导教学实践和学生学习。

多元评价体系的建立是一个长期而复杂的过程，需要教育者、学者和政策制定者的共同努力。通过建立这样的体系，我们可以更全面地评价学生的学习效果，更有效地促进他们的全面发展。同时，这种评价体系也有助于推动教育改革的深入进行，提高教育的整体质量。通过全面关注学生的劳动成果、劳动过程中的表现和情感体验，通过及时的评价和反馈机制，我们可以更准确地了解学生的学习状况和需求，更有效地帮助他们认识自己的不足并加以改进。这不仅有利于学生的全面发展，对提高教育质量和培养创新人才也具有重要意义。

PART TWO

第二章

SEL 观照下的劳动教育实践现状分析

进行 SEL 观照下的劳动教育实践现状分析，旨在全面审视当前劳动教育在塑造学生社会情感能力方面的实际成效。通过深入分析，详细探究劳动教育如何助力学生在自我认知、人际交往、情绪调控以及问题解决等多个社会情感层面顺利成长。同时，我们也将关注当前劳动教育实践在促进学生全面发展过程中可能遭遇的困境与挑战，以及存在的不足。这一分析不仅能帮助我们识别问题，还能为我们提供改进的方向和策略，使劳动教育更加贴合社会情感学习的核心理念，培养出既掌握劳动技能又具备健康社会情感的新一代青少年，为他们未来的生活与职业生涯奠定坚实的基础。

第一节　教育实践中 SEL 资源的开发原理

明确教育实践中 SEL 资源的开发原理不仅可以为具体工作提供指导框架，使我们能够系统地整合和高效利用多样化的教育资源，从而针对性地推动学生的社会情感学习，而且能大幅提高教育活动的有效性和针对性，让每一份投入都能转化为促进学生成长的实际力量。通过对开发原理的深入理解，我们能够精准捕捉 SEL 教育的核心要素，挖掘出那些与学生社会情感发展息息相关的宝贵资源，从而精心设计出更具针对性和实效性的教育方案。此外，明确的原理还能引导我们更加注重教育过程中的情感交流与互动，构建一个充满关爱与支持的和谐环境，让学生在这样的氛围中茁壮成长，为他们的全面发展奠定坚实的基础。

一、SEL 资源匮乏的现状分析

SEL 资源匮乏的现状分析揭示了当前教育领域在推动学生社会情感学习方面面临的挑战。当前，尽管社会对 SEL 教育的重视程度不断提升，但在实际教学中，仍面临资源短缺的问题。这包括缺乏专门针对 SEL 的教材、教学工具和评估手段，以及缺乏具备 SEL 教育专业知识和技能的教师。此外，学校和社会对于 SEL 教育的投入也相对不足，导致相关活动的组织和实施受限。因此，我们需要加大投入，积极开发和整合 SEL 资源，以确保学生能够在全面的教育环境中健康成长。

（一）教育资源分配不均

在全球范围内，教育资源分配的不均衡现象已成为教育领域面临的一大难题。这种不均衡不仅体现在基础教育资源，如教室、教材和教师等硬件方面，而且在特定教育领域，如社会和情感学习（SEL）资源上也表现得相当突出。教育资源的不均衡分配直接影响学生的全面发展，特别是在社会和情感学习方面，这种影响更为深远。

教育资源的不均衡分配，在很大程度上源于经济条件的不均衡。在一些经济发达的国家或地区，教育资源丰富，学校可以投入更多的资金用于 SEL 资源的开发和引进，如购买专业教材、邀请专家进行培训，甚至开发专门的 SEL 课程。然而，在经济相对落后的国家或地区，学校往往面临资金短缺的问题，难以承担起这些额外的教育投入，导致学生在 SEL 方面的发展受到限制。

地理位置也是影响教育资源分配的重要因素。在一些偏远的山区，由于交通不便，信息传递不畅，往往难以接触到最新的教育理念和教学方法。这些地区的学校可能连最基本的 SEL 教材都难以获取，更不用说邀请专家进行现场指导或开展实践活动了。因此，这些地区的学生在社会和情感学习方面的发展往往滞后于其他地区。

除了经济条件和地理位置，文化差异也是导致教育资源分配不均衡的原因之一。不同国家和地区有不同的教育传统和理念，对 SEL 的重视程度也各不相同。在一些文化背景下，SEL 可能被视为教育的核心组成部分，而在另一些文化背景下，则可能被忽视或轻视。这种文化差异导致全球范围内 SEL

资源分配不均衡，从而进一步加剧学生发展受限的问题。SEL 资源的匮乏不仅影响学生的个人发展，还可能对整个社会产生深远的影响。社会和情感学习是培养学生社交技能、情绪管理能力以及建立积极人际关系的重要途径。缺乏这些技能的学生在未来的生活和工作中可能会面临更多的挑战和困难。因此，解决教育资源分配不均衡的问题，特别是 SEL 资源的分配问题，对于促进学生的全面发展和社会进步具有重要意义。

（二）专业师资力量不足

SEL 教育在当今教育领域的重要性日益凸显。然而，其实施却面临着多方面的挑战，其中最为关键的一点便是专业师资力量的匮乏。SEL 教育不仅要求教师传授传统的学科知识，而且要求他们能够在课堂中融入社会和情感学习的元素，这对教师的专业素养和教学能力提出了更高的要求。

目前，具备 SEL 教学能力的教师数量有限，这成为 SEL 教育广泛推广的瓶颈。很多教师对 SEL 的理念和教学方法缺乏深入了解，导致他们难以有效地开展 SEL 教学活动。这种情况的产生，既有历史原因，也有现实因素。

从历史角度来看，传统的教师教育体系并未将 SEL 教育作为核心内容，很多教师在职前培训中并未接触到这方面的知识。因此，他们在实际工作中需要实施 SEL 教育时，往往会感到力不从心。从现实因素来看，SEL 教育需要教师具备跨学科的知识储备和多元化的教学方法，这对于已经习惯于传统教学模式的教师来说，无疑是一个巨大的挑战。

（三）教学内容与方法单一

在当前的教育环境中，社会情感学习（SEL）的重要性已得到广泛认知。然而，许多学校的 SEL 教育实践仍然受限于传统的课堂教学模式，缺乏必要的创新和实践性教学方法。这一问题不仅削弱了学生对 SEL 学习的兴趣，而且影响了教学效果的最大化。

传统的课堂教学模式通常以教师为中心，侧重知识的单向传授，忽视了学生的主体地位和参与感。在 SEL 教育中，这种模式的局限性尤为明显。SEL 教育的核心目标是培养学生的社会技能和情感素养，这需要学生积极参与、体验和反思。然而，传统的教学模式往往无法满足这些需求，导致学生无法深入理解 SEL 的概念，无法应用其技能。

创新和实践性教学方法的缺失，是学生对 SEL 学习兴趣不高的重要原因之一。在传统的教学模式下，学生往往处于被动接受的状态，难以感受到学习的乐趣和实用性。长此以往，学生可能会对 SEL 学习产生厌倦和抵触情绪，进而影响其学习效果。

（四）缺乏有效的评估机制

SEL 教育的效果评估是一个复杂而重要的环节。然而，目前很多学校缺乏科学有效的评估机制，无法准确衡量学生的 SEL 发展水平，也难以对教学效果进行及时反馈和调整。

二、SEL 资源的开发建议

提出 SEL 资源的开发建议，是基于对当前教育体系中 SEL 资源匮乏现状的深刻认识。在当今社会，学生的社会情感能力已成为其全面发展的重要基石，但现有的教育资源却未能充分满足学生在这一方面的成长需求。为了补齐这一短板并推动教育质量的全面提升，开发 SEL 资源显得尤为迫切。通过精心设计和开发丰富多样的 SEL 资源，我们不仅能够为学生提供更多实践锻炼的机会，还能够帮助他们提升自我认知、人际交往、情绪调控以及问题解决等多方面的能力，为他们未来的生活与职业发展奠定坚实的基础。此外，这也顺应了教育现代化的趋势，有助于培养具备健康社会情感的新时代人才，为社会的和谐与进步贡献力量。

（一）加强政策引导与资金支持

社会和情感学习（SEL）在当今社会已逐渐被认识并被广泛应用于教育领域中。然而，这一教育理念与实践的实施与推广，离不开政府和教育部门的大力支持。为了推动 SEL 资源的均衡分配和优质发展，政府和教育部门应当从政策制定、资金支持、资源整合以及社会参与等多个方面入手，形成全面、系统的支持体系。

首先，在政策制定方面，政府和教育部门需要明确 SEL 教育的战略地位，将其视为提升学生综合素养、促进社会和谐与进步的重要途径。通过制定具有针对性的教育政策，引导学校将 SEL 教育纳入课程体系，并将其作为学校评价的重要指标之一。此外，还可以制定相关政策，鼓励和支持教师进行 SEL 教育的专业培训，提高他们的教学水平和能力。

其次，在资金支持方面，政府应设立专门的 SEL 教育基金，为学校提供必要的经费支持。这些资金可以用于购买教学材料、改善教学设施、组织实践活动等。同时，还可以设立奖学金和助学金，鼓励和支持学生对 SEL 领域进行深入研究和实践。通过加大资金投入，可以有效解决一些学校在推广 SEL 教育过程中遇到的经费问题，推动 SEL 教育的均衡发展。

再次，除了政策和资金的支持外，政府和教育部门还应积极整合各方资源，推动 SEL 教育优质发展。这包括与学校、研究机构等建立合作关系，共同研发和推广 SEL 教育的教学方法和材料。同时，还可以利用现代信息技术手段，如在线教育平台等，扩大 SEL 教育的覆盖面和影响力。通过这些措施，促进 SEL 教育资源的共享和优化配置，提高教育质量。

此外，鼓励社会各界参与方面，政府和教育部门应积极引导和激励企业、社会组织和个人参与 SEL 教育事业。例如，可以设立相关的税收优惠政策或提供其他形式的支持，鼓励企业和社会组织为 SEL 教育提供资金、物资和技术等方面的帮助。同时，还可以建立志愿者服务体系，吸引更多的人参与 SEL 教育的推广。这种多元化的教育投入机制不仅可以为 SEL 教育提供更多的资源和支持，还有助于形成全社会共同关注和支持 SEL 教育的良好氛围。

最后，值得注意的是，政府和教育部门在加大对 SEL 教育的支持力度时，还应注重实效性和可持续性。一方面，要确保所制定的政策和提供的资金支持能够真正落实到学校和教育实践中去，产生实实在在的效果。另一方面，要关注 SEL 教育的长期发展需求，不断完善和优化支持策略，确保其能够持续、稳定地推进。此外，政府和教育部门还应建立有效的监督机制，对 SEL 教育的实施情况进行定期评估和反馈。这不仅可以及时发现问题并进行改进，还可以为未来的政策制定和资金支持提供科学依据。

（二）加强师资培训与专业发展

随着社会和情感学习（SEL）在教育领域的重要性日益凸显，建立健全的师资培训体系、提高教师对 SEL 教育的认识和教学能力，已成为当前教育改革的重要议题。这一体系的建立，关乎教师的专业素养提升，是推动 SEL 教育发展的关键。建立健全的师资培训体系，首要任务是明确培训的目标和内容。SEL 教育强调学生的社会技能和情感素养培养，这就要求教师必须具备相应的教育理念和教学方法。因此，师资培训体系应围绕 SEL 教育的核心理念和教学方法进行构建，提高教师对 SEL 教育的认识，并掌握有效的教学策略，能够根据学生的实际需求进行灵活应用。

为了实现这一目标，可以定期组织专业培训、研讨会等活动。这些活动可以邀请 SEL 教育领域的专家进行授课，分享最新的教育理念和实践经验。通过专业培训，教师可以深入了解 SEL 教育的理论基础和实践应用，提高自身的专业素养。同时，研讨会为教师提供了一个交流和合作的平台，大家可以分享各自的教学经验，共同探讨 SEL 教育中的问题和挑战。在培训过程中，应注重理论与实践相结合。理论部分可以让教师了解 SEL 教育的历史背景、理论基础和核心概念，从而加深对 SEL 教育的认识。实践部分则可以通过案例分析、教学演示等方式，让教师亲身体验 SEL 教学的过程，掌握实际的教学策略和方法。这种理论与实践相结合的培训方式，不仅有助于提升教师的教学能力，还能激发他们的创新思维，推动 SEL 教育持续发展。

除了专业培训和研讨会，还可以建立教师之间的互助学习机制。通过成立教师学习小组或工作坊，鼓励教师之间进行定期交流和研讨。这种互助学习机制可以充分发挥教师的主体作用，让他们在相互学习和借鉴中不断提高自身的教学水平。同时，也有助于形成良好的教育生态，推动整个教师群体的专业素养提升。

在建立健全的师资培训体系过程中，还应关注教师的个体差异和需求。每位教师的教学风格、教育理念和学生群体都有所不同，因此培训内容应具有一定的灵活性和针对性。可以通过需求分析、个性化指导等方式，满足教师的不同需求，增强培训效果。为了激励教师积极参与培训并付诸实践，可以建立相应的激励机制。例如，设立教学成果奖、优秀论文奖等，鼓励教师在实践中探索和创新。同时，还可以将教师的培训成果与职业发展、晋升等挂钩，进一步增强教师参与培训的积极性和主动性。师资培训体系的建立是一个长期且持续的过程。随着 SEL 教育理念的不断更新和实践经验的积累，培训内容也需要进行相应的调整和优化。因此，应建立动态完善的机制，确保师资培训体系能够与时俱进，满足教师和教育发展的需求。

（三）创新教学方法与内容

在当今快速变化的教育环境中，积极探索和实践创新性的教学方法显得尤为重要。传统的教学方法往往侧重知识的单向传授，忽视学生的主体地位和个体差异。为了激发学生的学习兴趣和提高教学效果，教师需要不断探索和实践创新性的教学方法。

其中，情境教学、角色扮演和小组合作等方法在近年来备受关注。情境教学是一种通过创设具体、生动的场景来引导学生进行学习的方法。在 SEL 教育中，情境教学可以帮助学生更好地理解和应用社会技能和情感素养。例如，教师可以设计一个模拟社交场合的情境，让学生在其中扮演不同的角色，进行互动和交流。通过这样的情境体验，学生可以更加深入地掌握社交规则和沟通技巧，提高自身的社会适应能力。

角色扮演是一种让学生扮演特定角色,模拟真实情境进行学习和体验的方法。在 SEL 教育中,角色扮演可以帮助学生更好地理解他人的感受和需求,提高自身的同理心和共情能力。例如,教师可以组织学生进行"角色扮演+反思"的活动,让他们扮演不同社会角色的人物,在模拟的情境中体验和感知不同的社会角色和情感反应。活动结束后,教师可以引导学生进行反思和讨论,帮助他们深入理解所扮演角色的情感体验和行为选择。

小组合作则是一种通过学生之间的合作与互动来促进学习的方法。在 SEL 教育中,小组合作可以帮助学生培养团队协作精神和领导能力。教师可以根据学生的兴趣和特长,将他们分成不同的小组,分配相应的任务和目标。在小组合作过程中,学生需要相互协作、共同解决问题,提高自身的社会技能和情感素养。

除了积极探索创新性的教学方法外,结合学生的实际需求和社会发展趋势来更新和完善 SEL 教学内容也至关重要。随着社会的快速发展和变革,学生所面临的社会环境和挑战也在不断变化。因此,SEL 教学内容需要与时俱进,紧密关注学生的实际发展需求,不断调整和优化教学内容,使之能够与学生的现实生活和社会变迁紧密相连,从而为他们提供更为全面、实用的社会情感学习体验。

一方面,SEL 教学内容应关注学生的个体差异和多元化需求。每个学生都有其独特的成长背景和学习方式,因此教学内容应具有针对性和灵活性。教师可以根据学生的实际情况和兴趣点来设计和调整教学内容,以满足不同学生的需求。

另一方面,SEL 教学内容还应紧密结合社会发展趋势和热点问题。例如,随着网络技术的快速发展和普及,网络社交已成为学生日常生活中不可或缺的一部分。因此,教师可以引导学生关注网络社交中的礼仪和规范,培养他们的网络素养和自律意识。此外,教师还可以结合当前社会的热点问题,如环境保护、性别平等,引导学生进行深入思考和讨论,培养他们的社会责任感和公民意识。

同时，教学内容的更新与完善也需要教师保持敏锐的洞察力和前瞻性思维。教师需要关注社会发展的最新动态，理解社会对新一代青少年的期望和要求，从而将这些期望和要求转化为具体的教学内容。例如，随着人工智能和大数据技术的快速发展，未来的社会将更加重视创新思维、批判性思考和解决问题的能力。因此，SEL教学内容可以围绕这些核心素养进行设计，帮助学生提高适应未来社会的能力。

在实施这些创新教学方法和更新教学内容的过程中，教师需要不断反思和调整自己的教学策略。通过定期的教学评估和学生反馈，教师可以了解教学方法的有效性以及教学内容的适宜性，从而做出及时的调整和优化。

积极探索和实践创新性的教学方法，结合学生实际需求和社会发展趋势来更新和完善SEL教学内容，是推动SEL教育发展的重要途径。这不仅有助于激发学生的学习兴趣和提高教学效果，还能培养学生的社会技能和情感素养，为他们的全面发展奠定坚实基础。

（四）建立科学的评估体系

在推动社会和情感学习（SEL）教育的过程中，构建科学有效的评估体系显得尤为重要。完善的评估体系不仅能够全面、客观地反映学生的发展情况，还能为教学改进提供有力的依据，从而确保SEL教育的针对性和实效性。

为了构建这样一个评估体系，首先需要明确评估的标准和方法。SEL教育的评估标准应该围绕学生的社会技能和情感素养展开，包括但不限于自我认知、自我管理、社会认知、人际关系技能以及负责任的决策等方面。这些标准应该具有可量化、可观察的特点，以便于教师和评估者进行客观的评价。

在评估方法上，可以采用多种手段相结合的方式进行。一方面，可以定期对学生进行SEL能力测试，通过标准化的量表和问卷来评估学生在社会技能和情感素养方面的发展水平。这种测试可以定期进行，以便跟踪学生的进步和变化。另一方面，教师还可以通过观察记录的方式来评估学生的表现。例如，在日常教学活动中，教师可以观察学生的互动方式、情绪管理、问题解决能力等方面的表现，并做详细的记录。这些观察记录可以作为评估学生 SEL 能力的重要依据。

除了上述两种评估方法外，还可以引入学生自评和互评机制。学生自评可以帮助学生更好地认识自己，发现自己的优点和不足；而学生互评则可以促进学生之间的交流和合作，提高他们的团队协作能力。自评和互评的结果也可以作为评估体系的一部分，为教师提供更全面的学生发展情况的反馈。

在实施评估的过程中，还需要注意以下几点：一是要保证评估的公正性和客观性，避免主观偏见对评估结果的影响；二是要注重评估的及时性，以便及时调整教学策略和资源配置；三是要加强与家长的沟通与合作，让家长了解孩子的 SEL 发展情况，并参与孩子的教育。

此外，评估结果的运用也是评估体系中不可或缺的一环。教师需要根据评估结果来调整教学策略和资源配置，以便更好地满足学生的发展需求。例如，如果发现学生在自我管理方面存在不足，教师可以设计针对性的教学活动来帮助学生提高这方面的能力；如果发现学生在人际关系技能方面表现突出，教师可以为他们提供更多的团队合作机会。

同时，评估结果还可以为学校管理层提供决策依据。学校可以根据评估结果来优化课程设置、改进教学方法、加强师资培训等，从而全面提高 SEL 教育的质量。此外，评估结果还可以作为学校与家长沟通的重要内容，让家长更加了解孩子在学校中的表现和发展情况。

SEL 教育评估体系的构建是一个动态的过程，需要随着教育理念和实践的发展不断完善和优化。因此，教育部门和学校应定期组织专家对评估体系进行审查和更新，确保其始终与时俱进、科学有效。随着技术的发展，也可以考虑将大数据和人工智能技术引入 SEL 教育评估中。通过收集和分析学生在学习、社交、情感等方面的数据，可以更精准地评估学生的 SEL 能力，并为每个学生提供个性化的教育方案。

(五）家校合作与社区参与

在推动 SEL 教育的过程中，家校合作与社区参与的重要性不言而喻。家庭与学校作为孩子成长的两大核心环境，二者的紧密协作能够为孩子构建一个连贯、稳定且充满支持性的学习和成长生态系统。而社区的参与则为学生提供了更为广阔的学习平台和实践机会，有助于学生在亲身体验中提高 SEL 能力。

为了加强家校合作，学校可以通过多种形式来增进家长对 SEL 教育的了解和支持。定期举办家长会是其中一项重要举措，学校可以利用这一平台详细介绍 SEL 教育的核心理念、教育目标以及实施策略。此外，通过家长会，学校还可以分享孩子们在 SEL 方面的学习成果和进步，让家长看到 SEL 教育的实际效果，从而激发他们支持和参与 SEL 教育的热情。在家长会上，教师还可以分享学生在 SEL 方面的学习成果和进步，激发家长对 SEL 教育的兴趣和热情。

此外，座谈会也是一个有效的交流方式。学校可以邀请教育专家、心理咨询师等专业人士，举办关于 SEL 教育的专题讲座，为家长提供更为深入和专业的指导。在座谈会上，家长可以提出自己的疑问和困惑，与专家进行面对面的交流和讨论，从而更加明确自己在孩子 SEL 教育中的角色和责任。

家校之间的即时通信渠道也至关重要。学校可以利用现代科技手段，如微信群、APP 等平台，定期向家长推送 SEL 教育的相关信息和资源，帮助家长在日常生活中更好地支持和引导孩子的 SEL 学习。同时，这些平台也可以作为家长和教师之间沟通和反馈的桥梁，让家长能够及时了解孩子在学校中的表现和需求，与教师共同协作，促进孩子的全面发展。

在加强家校合作的同时，积极利用社区资源开展实践活动也是提升学生 SEL 能力的重要途径。社区是一个充满活力和多样性的学习环境，学校可以与社区合作，为学生提供丰富的实践机会。例如，学校可以组织学生参与社区的志愿服务活动，让学生在服务他人的过程中增强同理心和责任感；还可以与社区的文化机构合作,开展文化艺术活动,培养学生的审美情趣和团队合作能力。

学校还可以利用社区的自然资源开展户外教学活动。在大自然中,学生可以亲身体验和感受自然界的美丽和奥秘,从而对自然环境更加尊重,增强保护意识。这种户外教学活动不仅可以增强学生的实践能力和探索精神,还能培养他们的环保意识和生态责任感。与社区合作的过程中,学校还可以借助社区的专业人士和资源来丰富 SEL 教育的内容。例如,邀请社区的心理健康专家为学生举办讲座或设立工作坊,提供心理健康教育和辅导;或者与社区的体育俱乐部合作,开展体育运动和比赛,培养学生的运动精神和团队协作能力。

通过这些实践活动,学生可以更加深入地了解和应用 SEL 技能,提高自身在社会和情感方面的素养。同时,这些活动也有助于学生建立起与社区的联系和归属感,为他们的未来发展打下坚实的基础。然而,加强家校合作与社区参与并非易事,需要学校、家庭和社区三方的共同努力和配合。学校应积极主动与家长和社区建立联系和沟通机制,明确各自的责任和角色;家长应重视对孩子的教育和支持,积极参与孩子的教育;社区也应为学校提供必要的支持和资源,共同推动学生的全面发展。

加强家校合作与社区参与是推动 SEL 教育发展的重要途径之一。通过增进家长对 SEL 教育的了解和支持、利用社区资源开展实践活动以及建立家校社区三方的合作机制等方式可以形成教育合力,共同促进学生的全面发展。这不仅有助于提升学生的 SEL 能力,还能为他们的未来发展奠定坚实的基础。

(六)利用科技手段丰富教学资源

随着现代信息技术的迅猛发展,互联网、虚拟现实(VR)等技术为教育领域带来了前所未有的契机。这些技术不仅改变了传统的教学方式,还为教育资源的开发和利用提供了无限可能。在社会和情感学习(SEL)领域,现代信息技术同样展现出了巨大的潜力和应用价值。互联网作为信息传播和交流的重要平台，为 SEL 教学资源的开发和共享提供了广阔的空间。教师可以利用互联网平台，搜集和整理与 SEL 相关的视频、音频、图片等多媒体教学资源，丰富教学内容。同时，教师还可以通过网络课程平台，如慕课、微课等，发布和分享 SEL 教学课程，让学生能够随时随地进行学习。

虚拟现实技术则为 SEL 教学提供了全新的沉浸式学习体验。通过虚拟现实技术，教师可以模拟出各种社交场景，让学生在虚拟环境中进行角色扮演和互动交流。这种学习方式不仅能够激发学生的学习兴趣，还能够提高他们的实践能力和应变能力。例如，教师可以利用虚拟现实技术模拟一个社交聚会场景，让学生在其中扮演不同的角色，进行社交技能训练。除了互联网和虚拟现实技术外，还有许多其他现代信息技术手段也可以应用于 SEL 教学资源的开发和利用。例如，大数据和人工智能技术可以帮助教师分析学生的学习需求和偏好，为他们提供更加个性化的学习资源；移动学习平台可以让学生随时随地进行 SEL 学习，打破时间和空间的限制；在线评估和反馈系统则可以及时了解学生的学习情况，为教师提供调整教学策略的依据。

在借助现代信息技术手段开发和利用 SEL 教学资源的过程中，需要注意以下几点：一是要确保教学资源的科学性和有效性，避免误导学生；二是要注重教学资源的趣味性和互动性，激发学生的学习兴趣；三是要关注教学资源的更新和维护，保持其时效性和可用性。现代信息技术手段的应用也为教师之间的协作和交流提供了便利。教师可以通过网络平台共享教学资源、交流教学经验，共同提高 SEL 教学的质量和效果。同时，这些技术手段还可以促进教师与学生之间的互动和沟通，帮助学生更好地理解和掌握 SEL 知识。虽然现代信息技术手段为 SEL 教学带来了诸多便利和优势，但并不能完全替代传统的教学方式。教师在应用这些技术手段时，应根据实际教学需求和学生的特点进行合理选择和搭配，以实现最佳的教学效果。

随着技术的不断进步和应用领域的拓展，未来还将有更多创新的信息技术手段涌现出来，为 SEL 教学资源的开发和利用提供更多的可能性。因此，教师应保持对新技术的关注和学习，不断提高自身的信息素养和教学能力，以适应教育信息化的发展趋势。通过应用互联网、虚拟现实等技术手段，可以为学生提供更加生动有趣的学习体验，激发他们的学习兴趣和积极性。同时，这些技术手段还可以帮助教师提升教学效果和质量，推动 SEL 教育的创新与发展。

第二节　劳动教育的社会情感缺失与回归

劳动作为人类文明进步的根本动力，不仅塑造了人类社会的历史，而且对学生的全面成长与发展具有深远影响；不仅关系学生的人格健全，也影响学生在思维、劳动技能等方面的发展。学校承担着培养学生的重要任务，必须从多个方面推进学生的成长与进步。劳动是人成长最主要、最根本的手段，是人类生活的基础，其对学校德育、智育、美育、体育等方面都有支撑意义。因此，学校必须高度重视并积极推进劳动教育的开展，这不仅符合国家政策的导向，也是学校教育的应有之义。《中共中央　国务院关于深化教育改革全面推进素质教育的决定》已经把劳动技术教育提高到了教育发展的战略高度。真正发挥劳动教育对学生的发展意义，使学校教育真正和劳动教育融合在一起，必须理解劳动教育的育人价值，使劳动教育的育人价值能够在学校教育实践中得到回归。

一、学校劳动教育的情感价值

劳动教育就是通过劳动对学生进行各方面的教育。劳动教育是以促进学生形成劳动价值观和养成良好劳动素养为目的的教育活动，其对学生发展的影响是深刻、全面的。当前，必须全面廓清对劳动教育价值的认识，使劳动教育在学校教育中得到重视并发挥作用。

（一）劳动教育能够促进学生情商的发展

1. 情商与劳动教育的内在联系

情商，这个涵盖个体在情绪、情感、意志、耐受挫折等多方面品质的综合指标[①]，与每个人的社会适应能力和人际交往技巧有密切关系。在这个日新月异的时代，人们越来越认识到情商的重要性。它不仅关乎个人的内心和谐，也关乎人与人之间的和谐共处。劳动教育，这一以实践为主导的教育方式，便是一条培养学生情商的有效途径。

在劳动教育的实践中，学生有机会亲身参与，通过手中的劳作去感受劳动的艰辛与乐趣，也能锻炼自己的情商。集体劳动，尤其是需要团队协作的任务，为情商的培养提供了得天独厚的环境。在这样的环境中，学生不再是一个单独的个体，而是团队中的一员，他们的每一个行动、每一句话语都会影响到整个团队的效率和氛围。因此，学会如何与他人沟通、如何表达自己的观点、如何听取他人的意见并作出适当的调整，就变得尤为重要。

劳动中难免会遇到困难和挫折，学生如何调整自己的情绪、保持一个积极的心态，就显得尤为关键。情商高的个体在面临问题时，能够表现出超常的冷静，他们不会因一时的挫败而气馁，更不会因此放弃努力。相反，他们会运用积极的心态去直面问题，主动寻找解决问题的途径和方法。而劳动教育正是为学生提供了这样一个锻炼情商的平台。例如，学生在制作一个手工艺品时，可能会遇到材料不足、工艺复杂等种种问题，这时就需要他们发挥自己的情商，调整心态，寻找解决问题的最佳途径。

同时，劳动教育中的集体协作也为学生提供了一个学习换位思考的平台。在团队中，每个人都有自己的角色和职责，要想让整个团队高效运转，就需要每个人都能够站在他人的角度思考问题，理解他人的难处和需求。这种换位思考的能力，也是情商高低的一个重要体现。通过劳动教育，学生可以更加深刻地理解到这一点，从而在日后的生活和工作中更加注重团队协作，更加懂得如何体谅和理解他人。

---

① 智商与情商[J]. 学前教育研究，1997（2）：64.

此外，劳动教育中的责任感培养也是情商教育的一部分。一个情商高的人，不仅关注自己的情绪和需求，更能够深刻地认识到自己所肩负的责任和义务。在劳动教育中，每个学生会接到一定的任务，他们需要对自己的工作负责，也需要对团队负责。这种责任感的培养，不仅能够让学生更加认真地对待自己的工作，也能够让他们在未来的生活中更加勇于担当，成为一个有责任心、有担当的人。

除了以上提到的几点外，劳动教育还能够培养学生的耐心和毅力。情商高的人通常都具备很好的耐心和较强的毅力，他们能够在遇到困难时坚持不懈地努力下去，直到达到自己的目标。在劳动教育中，学生需要花费大量的时间和精力去完成一个任务或者制作一个作品，这就需要他们有足够的耐心和毅力。通过这样的锻炼，学生可以更加明白耐心和毅力的重要性，从而在未来的生活和工作中更加珍惜自己的努力和付出。

2. 劳动教育中 SEL 缺失的现状

在深入剖析当前劳动教育的实施现状时，我们必须正视一个亟待解决的问题，那就是劳动教育中社会情感学习的缺失。这种缺失并非偶然，而是多种因素共同作用的结果。其中，忽视情绪教育、缺乏沟通技巧的培养以及忽视挫折教育是最为突出的几个问题。

在深入探讨劳动教育的多维层面时，我们首先需要聚焦情绪教育的问题。尽管众多学校在劳动教育中不遗余力地传授劳动技能，力求让学生掌握一门或多门实用技术，然而，在这个过程中，学生的情绪教育却被忽视了。学生在劳动过程中会产生各种各样的情绪，如完成任务的喜悦、遇到困难的挫败感、对未知产生焦虑感等。这些情绪如果没有得到及时的关注和疏导，就会对学生的心理造成负面影响，甚至阻碍他们的情商发展。例如，当学生遇到难以解决的问题时，他们可能会感到无助和沮丧。如果此时教师没有及时给予鼓励和支持，学生可能会对自己的能力产生怀疑，进而失去信心。因此，情绪教育是劳动教育中不可或缺的一部分，关系到学生的心理健康和情商发展。

其次，当前劳动教育中普遍存在的另一个显著问题是缺乏沟通技巧的培养。在劳动过程中，学生之间的沟通与协作是必不可少的。有效的沟通不仅可以提高工作效率，还能增进彼此之间的理解和信任。然而，很多学校在实施劳动教育时，并没有专门教授学生如何进行有效沟通。这导致学生在协作过程中出现各种误解和冲突，严重影响劳动教育的效果。例如，当学生在共同完成一个任务时，如果缺乏沟通技巧，他们可能会因为理解上的差异而产生分歧，甚至发生争吵。这不仅会影响团队的氛围和效率，还会对学生的心理造成负面影响。因此，沟通技巧的培养是劳动教育中非常重要的一环。

最后，我们来深入剖析劳动过程中忽视挫折教育的问题。在劳动过程中难免会遇到各种困难和挫折，但正是这些经历为学生提供了塑造坚韧不拔品质与应对逆境能力的绝佳机会。然而，在实际中，许多学校在面对学生遭遇挫折时，倾向于采取回避或简化的策略，这种做法导致学生无法充分体验挫折，更无法从中汲取宝贵的经验教训。这种做法虽然能够让学生在短期内避免痛苦和困扰，但不利于他们的长远发展。因为挫折和困难是人生中不可避免的一部分，只有学会面对和克服它们，学生才能真正成长为一个有担当、有责任心的人。因此，在劳动教育中，我们应该鼓励学生勇敢面对挫折和困难，并提供必要的支持和帮助，让他们在这个过程中学会坚持和奋斗。

为了解决上述问题，我们需要从多个方面入手。首先，学校和教师应该转变观念，充分认识到情绪教育、沟通技巧培养和挫折教育在劳动教育中的重要性。其次，教师可以通过具体的案例和实践活动来引导学生学会如何表达自己的情绪、如何倾听他人的意见、如何面对和克服挫折等。同时，学校还可以开展专门的培训课程或讲座来提升学生的沟通技巧和情商水平。除此之外，家庭和社会也应该承担起相应的责任。家长可以鼓励孩子参与家务劳动或社会实践活动来培养他们的责任心和团队协作能力；社会则可以提供更多的实践机会和资源来支持学生的劳动教育。只有学校、家庭和社会共同努力，才能真正实现劳动教育的目标并促进学生的全面发展。

3. 劳动教育中社会情感缺失的原因

造成劳动教育中社会情感缺失的原因是多方面的，这些原因相互交织，共同影响劳动教育的全面发展。

首先，我们要关注的是教育理念偏差这一问题。长期以来，我国的教育实践偏重知识的传授和技能的训练，而对学生情感、态度和价值观的培养显得相对薄弱。这种教育理念的偏差在劳动教育中也有所体现。劳动教育本应是一个全面培养学生综合素质的平台，但在实际操作中，很多时候被简化成了技能传授或者体力劳动的训练。这样的教育理念下，学生的情商培养容易受到忽视，导致他们在劳动过程中难以获得深层次的社会情感体验和学习。

其次，教师素质不足也是一个重要原因。由于一些教师自身的情商修养不足，他们在引导学生进行社会情感学习时显得力不从心。相反，一个情商高的教师，能够敏感地捕捉到学生在劳动过程中的情感变化，从而及时给予必要的指导和支持。然而，现实中一些教师缺乏这方面的能力，无法有效地在劳动教育中融入情商培养的元素。此外，部分教师对劳动教育的认识不足，简单地将其视为体力劳动或技能训练，忽视了劳动教育在培养学生情感态度、价值观和团队协作精神等方面的重要作用。

最后，教育资源的匮乏也对劳动教育中的社会情感学习产生不良影响。一些学校由于经济条件或其他因素的制约，缺乏必要的教育资源和设施，无法支撑丰富多彩的劳动教育活动。在这样的环境下，学生很难有机会在劳动中充分体验各种情感，也难以通过实践活动来提升自己的情商。例如，缺乏专业的劳动工具和场地会限制学生的实践空间，使得他们无法深入体验劳动的乐趣和挑战；而缺乏多样化的劳动项目和活动，则会让学生感到单调乏味，难以激发他们的情感共鸣和学习动力。

除了上述原因外，还有一些其他因素也会影响劳动教育中的社会情感学习。比如，部分学校对劳动教育的重视程度不够，导致相关课程和活动的设置不够科学和完善。另外,社会对劳动教育的认知也存在一定的偏差,认为其只是简单的体力劳动或者技能训练,忽视其更深层次的教育意义。这些因素限制了劳动教育中社会情感的融入与发展。

4. 劳动教育中社会情感缺失的应对措施

为了解决劳动教育中社会情感缺失的问题,我们需要从多个方面入手进行改进。首先,要转变教育理念,将情商培养作为劳动教育的重要组成部分来给予足够的重视并加以推广。其次,加强教师队伍建设,提高教师的情商修养和教学能力,使他们能够更好地引导学生在劳动中进行社会情感学习。最后,加大教育投入,改善教育资源匮乏的状况,为学生提供更多元化、实践性的劳动教育机会和环境。

同时,我们还应鼓励家长和社会各界人士积极参与学生的劳动教育,形成一个全社会共同关注和支持学生全面发展的良好氛围。通过这些努力,我们可以期待在未来的劳动教育中看到更多学生能够在实践中收获成长与快乐,并在社会情感学习方面取得更大的进步。

综上,劳动教育中社会情感教育的缺失是一个复杂且多层面的问题,其成因涵盖教育理念、教师素质以及教育资源等多个维度。为了切实改善这一现状,我们必须进行深入的反思和全面的改进。只有这样,我们才能充分发挥劳动教育在培养学生全面发展中的重要作用,为他们的未来奠定坚实的基础。

(二)劳动教育有助于学生智商的发展

1. 从思维看劳动教育如何"增智"

从根本上说,人是环境的产物,人的思维受环境的影响,并不存在所谓单一的、孤立的思维官能。思维方式指的是看待和处理问题的方式,即如何选择和组织材料,形成与问题和困难相关的暗示或观念,从而得出合理的结论。思维训练则是发展好奇心,促进暗示的连续产生,形成质疑和检验的习惯，增强对问题的敏感性，控制观念的有序流动，使结论建立在充分的证据基础上，将行为从常规、习俗、权威、任性、喜好和偏见中解放出来。

思维并不与行为相对立，而与行为紧密相关。思维为行为提供方法和指导，行为为思维提供目的和意义。用宋代思想家朱熹的话来说，即"知行常相须"；用明代思想家王阳明的话来说，即"知、行不可分作两事"。因此，知与行之间没有鸿沟，需要将两者统一起来。从这一层面来说，劳动教育是"知行合一"的教育，具有增智的基础和前提。

传统思维观将思维局限在头脑之中，进行纯粹的"概念演绎"，仅仅将逻辑学或数学作为思维训练的最佳学科，这实际上是一种狭隘的偏见。事实上，从种田、烹饪、缝纫到商品买卖，任何有价值的社会劳动都可以"增智"。学校重要的任务之一是最大限度地开发劳动教育的智力可能性——利用劳动教育去激发学生的好奇心和求知欲，引导有意义的探究和实验，促进细致、准确地观察，提高观念和暗示的丰富性和连续性，形成慎思、明辨和笃行等反省思维习惯。[①]

2. 劳动教育"增智"功能的前提条件

劳动教育具有"增智"功能，但是有条件的而不是绝对的，换句话说，要发挥劳动教育的"增智"功能，需要满足以下要求。

第一，劳动教育应该包含目的和结果。目的是基于对事实和关系的理解而对可能结果进行的预测，标志着行为由盲目变成理性。目的规范思维，使思维集中，指导随后的观察和实验，检验每一个被暗示的推论，判断被观察到的事实的价值。有了目的，学生的注意力和努力就有了方向，观念在统一的方向连续涌现出来，动机被激发，精力被刺激。与此相反，缺少目的，暗示的产生和运用不受控制，观念的流动变得随意和散漫，行为变得无序、盲目，仅仅依赖猜测、情感冲动或运气。在功能上，思维就是去发现手段与它

---

① 李欣，曾勤，易勇. 新中国中小学劳动教育发展动态、不足与展望[J]. 教育与教学研究，2022，36（1）：96-105.

要达到的目的的关系。没有目的，仅仅只是体力的支出，缺乏智力的参与。一旦有了目的，思维的运用就成为必需——审慎地选择和组织手段。

第二，劳动教育应该呈现问题和困难。问题和困难是思维的真正刺激物。问题决定目的的性质，目的的性质决定思维的过程。思维开始于我们通常所说的十字路口，在模糊的处境中存在多种可能的选择。经验处境中的问题或困难是刺激探究和反省的前设物。所以，一般而言，要让儿童或成人思考又不顾他自身经验中存在某些困扰他的东西，是完全无用的。从起源来看，在经验的突然改变中，新经验与原有习惯和冲动发生了冲突，思维处在一个悬而未决、模棱两可的不确定状态中，这个时候，就有了真正的问题产生。一旦有了问题，思维反应就是注意的和警觉的。因为刺激来自学生经验内部，这时问题和困难将推动思维达到任何它能够到达的地方。与之相反，如果问题是从外部强加的，它最多可以训练娴熟的外在技巧，但不可能促进反省思维的形成。

第三，劳动教育应该提供观察和实验。仅仅呈现问题和困难还不够，要真正"增智"，劳动教育还必须包含观察和实验——将偶然的好奇心和自发的暗示转化成审慎的、彻底的研究，促进暗示向假设和观念转化。换句话说，问题仅仅是思维的刺激物，还不是思维，除非主动地、有意识地观察和收集事实和数据，将暗示转化为暂时性的观念或假设，形成方案，通过实验探究，努力将结论建立在坚实的证据基础之上。用逻辑学的术语来讲，思维如果是完整的，必须结束和始于观察。实验则是控制观察和收集数据的方法，使观察开放、外显、准确，最后构成实验。观察需要引导，由假设引导的观察才是有价值的。实验的目的就在于，基于假设构建样本，控制观察和推论产生的条件。科学史上，实验技术的改进和实验仪器的发明，主要的目的就在于提升观察的可控性，确保观察的准确和充分，为问题的提出和解决提供充分的信息和数据。探讨劳动教育"增智"功能的前提条件，有助于我们在实际中对劳动教育价值的全面理解和有效利用。

3. 通过思维训练促进劳动教育"增智"

思维训练不应该仅仅局限在头脑中进行纯粹文字和符号的演绎,而应该动手实践,利用工具对外界环境进行改造,选择和组织手段,从而得出合理的结论。

第一,实施思维训练应将与历史和地理等理论课程充分结合起来,为问题或困难的澄清提供信息。思维如同一位饥饿的食客,需要源源不断的"食物"来滋养,这些"食物"便是通过观察、阅读和交流所获取的信息和数据。然而,可供直接观察的领域有限,所以思维的大部分"食物"会来自阅读和交流所提供的他人观察和推论的结果。因此,一旦阅读和交流提供知识的方法得当,那么劳动教育的"增智"功能就完成了一半。思维不可能在真空中进行,只有当思维占有了相关的信息,暗示和推论才可能连续产生。实践表明,如果劳动教育仅仅局限于技巧的传授而缺乏理论的支撑,那么它就可能只能教会学生表面的技巧,而无法培养他们深入的思考能力。更为严重的是,这种对熟练技巧的过度追求有时甚至会以牺牲学生的思维力和创新力为代价。经验中的任何东西都不是绝对单一和孤立的,总是与自然和人发生千丝万缕的联系。劳动的意义取决于它被置于一种什么样的关系和背景之中。同样的劳动,可能是纯粹的体力支出,也可能包含丰富的智力和社会内涵,这依赖于劳动者对劳动过程中的事实、原理、意义和背景的认识程度。因此,尽可能地帮助学生认识到劳动过程中的关系和联系是劳动教育"增智"的关键。

第二,配备实验室、图书馆、博物馆以及网络资源,促进问题或困难的解决。思维的目的在于选择和组织材料从而得出合理的结论。从根本上看,材料的丰富程度决定暗示和假设的丰富程度。整个人类科学史表明,完整思维活动的条件不可能存在,除非通过运用工具真实地改变物质对象。在本质上,思维是主动的探究过程,需要对物质材料进行主动控制和改变,从而发现它将会产生什么后果,进而通过对后果的观察去检验理论和假设,得出合理的结论。唯有如此，结论的达成才是学生个人思维活动的自然结果，而非基于猜测、臆断、权威和传统。博物馆和图书馆是提供思维材料的重要阵地，博物馆是提供实物类证据的地方，图书馆是提供文字类证据的地方。从田间地头、工厂车间到图书馆、博物馆，可以实现理论与实践、知与行的持续相互阐释、相互强化。让学生不仅知道怎么劳动，而且获得劳动的知识和原理，确保学生从一开始就能够获得劳动的智力概念——解释劳动现象、指导劳动过程和理解劳动意义，避免劳动的机械性。

第三，目的明确，时间集中。劳动项目具有较长时间跨度，问题或困难才能得到彻底研究。思维的连续来自行为的连续。一旦行为是盲目的、零乱的，学生的思维就肯定是盲目的、零乱的。要确保学生思维的目的性、条理性和连续性，行为首先应是有目的的、有条理的和连续的。在实践中，一些学校在劳动教育的管理上僵化、死板，课时少且不集中，导致劳动项目不能充分展开，学生不能将其彻底实现并探究清楚。因此，充足且集中的时间是劳动教育成功的关键。这是将劳动教育从随意、无目的的活动转变为有目的、有深度的学习体验的前提。如果时间跨度过短，劳动项目的目的就无法得到充分实现，劳动过程也难以深入展开。由一些互不关联的、零碎的、随意的行为组成的活动或劳动，肯定不是劳动教育，因为这是在破坏而非增加思维的集中性、彻底性和连续性，会使学生形成追求感官刺激和浅尝辄止、敷衍塞责的习惯。劳动项目只有具备足够长的时间跨度，才能确保思维在深层次上完成。做不到这一点，对思维而言，要确保暗示和观念的连续流动从而形成有根据的结论，是不可能的。

总之，劳动教育能不能和在多大程度上发挥"增智"功能，取决于我们对劳动教育的理解，即是把其当作一门技术，还是当作一种艺术。

（三）劳动教育能够发展学生的逆境商

学生在社会中的生存与发展，不可避免地会遭遇到各种挫折和困难。这些逆境，既是挑战，也是成长的催化剂。劳动，作为一种具有实践性的教育活动，对于培养学生的逆境商，即面对挫折与困难时的应对能力，具有显著的作用。

劳动能够发展学生的乐观心理，这一观点源于劳动所带来的显著成果。学生亲手完成一项劳动任务，如种植一棵树、制作一件手工艺品或解决一个实际问题时，就会从中获得成就感。这种成就感不仅是对他们努力的肯定，还是对他们能力的认可。因此，劳动有助于学生培养积极、乐观的情绪。这种乐观心理在面对未来的挑战时，将成为学生宝贵的武器，使他们能够更加自信、从容地应对生活中的种种困难。

劳动教育的另一重要价值是培养学生的耐心。在快节奏的现代社会中，很多人缺乏面对困难和挫折的耐心，往往在遇到问题时急于求成或选择逃避。然而，劳动尤其是那些需要学生体验事物发展过程的劳动，为学生提供了一个培养耐心的绝佳机会。例如，农耕、园艺等活动，需要学生长期关注、精心照料，才能收获成果。在这个过程中，学生不仅可以学会等待和耐心，还能培养责任感和对自然的敬畏之心。

劳动教育还有助于学生的心理健康。面对困难与挫折，每个人或多或少都会产生抱怨、沮丧等消极心理反应。然而，只有拥有健康的心理，个体才能快速调整心态，从容面对问题。劳动实践为学生提供了一个宣泄情绪的渠道。在劳动过程中，学生通过身体动作将内心的压力和不满释放出来，从而达到缓解情绪的目的。此外，当学生全身心投入特定的劳动活动中时，他们的注意力会得到有效的转移，从而帮助他们从负面情绪中解脱出来。这种心理调适作用，对于学生的心理健康和逆境商的培养具有重要意义。

进一步深入研究劳动教育对学生逆境商的培养机制，我们可以发现其中蕴含的丰富教育价值。劳动不仅是一种技能训练或身体锻炼的方式，也是一种全面的心理素质培养过程。在劳动中，学生不仅可以学会如何解决问题、完成任务，还能学会如何面对挫折、调整心态。这些经验和技能将伴随他们一生，成为他们应对未来挑战的重要武器。

同时，我们也应利用好劳动教育的多样性和灵活性。不同类型的劳动项目可以针对性地培养学生的不同心理素质。例如，团队协作型的劳动可以培养学生的团队合作精神和沟通能力，创新型的劳动可以激发学生的创新思维和解决问题的能力，而体力型的劳动则可以锻炼学生的意志力和耐力。因此，在教育实践中，我们应根据学生的年龄、性别、兴趣等特点，设计多样化的劳动教育项目，满足学生全面发展的需求。

劳动教育对学生逆境商的培养作用不容忽视。通过劳动教育，我们可以帮助学生建立积极、乐观的心态，培养他们的耐心和责任感，并促进他们的心理健康发展。在未来的教育实践中，我们应更加重视劳动教育的地位和作用，充分发挥其在学生全面发展中的独特价值。同时，我们也需要不断探索和创新劳动教育的形式和内容，以适应时代发展的需求和学生个性化的发展要求。通过深入研究和实践探索，我们相信劳动教育将成为培养学生逆境商和综合素质的重要途径之一。

（四）劳动教育能够发展学生的道德

劳动教育能够满足立德树人的教育要求，培养学生强健体魄，促进学生智力发展，在思政教育中融入劳动教育，发挥出"三全育人"的教育优势，在劳动实践中提高思政教育质量。基于此，我们可以在实际中结合劳动教育与思想政治教育的融合优势，提出劳动教育在思想政治教育中的重要作用，开拓全新的劳动教育路径，为培养出现代高素质劳动者创造良好条件，搭建联动式实践教育基地，引进多元评价机制，在沉浸式育人氛围中获得真实有效的教学反馈。

1. 劳动教育可以创造物质财富和精神财富

思想政治理论中的唯物史观认为，劳动构成人的存在方式，在从事劳动阶段人会短暂地脱离自然界，成为主导者，劳动不等同于动物本能的生存，而是一个人生命延续与发展的根基。劳动本体论认为，一切精神财富和物质财富都是通过辛勤劳动创造的，为了满足生存需求，通过劳动获取生活材料、生产资料，为后续的艺术创作、科学实验和技术创新创造有利条件。在不同的社会历史发展条件下，大学生作为思想政治教育的核心，通过劳动教育将个人本质的力量直观地展现出来，选择不同的行动理论，确定思想发展方向，实现精神财富向物质财富的能量转换，使劳动教育在思想政治教育中的重要性得到彰显。助力学生未来发展，需要建立劳动教育目标，学习劳动知识技能，主动认识自然与社会的发展规律，化解在实践过程中遇到的生存矛盾。劳动教育以学生为主体，彰显学生行为的自主性，激发学生思维的创造性，通过劳动创造物质和精神财富，实现个人的实践价值，协调好学生与社会之间的关系，感受劳动的光荣，形成珍惜劳动、热爱劳动的社会风尚，在劳动实践中收获荣光与喜悦。

2. 劳动教育可以发挥学生的主体功能

劳动教育与思想政治教育的融合发展，旨在将学生置于统一的教育主体地位，通过劳动实践构建与社会关系紧密相连的思想政治教育体系。两者的结合遵循主体性的基本原则，根据学生的个性化发展需求，有针对性地调整教育计划，保障学生未来工作中的合法权益。劳动教育工作与思想政治教育工作是社会主义建设的基础，而广大劳动者是社会的主人，引导学生正确地行使主体权利，提高对劳动教育主体性的认识，能够充分发挥劳动实践的主导作用和创造作用。劳动教育与思想政治教育的融合发展要求教育者辩证地看待事物的发展规律，围绕重点教学目标，有针对性地调整劳动教育组织形式，不断创新思想政治教育的内容，结合时代的发展需要保证思想政治教育的育人质量。此外，教育者应明确在劳动教育中教师与学生处于平等的地位，并通过适当的教育促进学生思想道德品格的提高。劳动教育与思想政治教育共同构成学生素质教育的主体。

3. 劳动教育可以提高学生的思想政治素质

通过劳动教育能够使学生与社会产生更为紧密的联系，学生在劳动思想学习中互帮互助、协同合作，这种合作模式让他们深刻体会到集体力量的强大和重要性,从而在心中根植起团结互助的价值观。劳动实践场所为学生提供了一个真实体验劳动的平台,在这里,他们不仅锻炼了动手能力,更在劳动中感悟到了社会责任感和公民意识。劳动教育成为提升学生思想政治素养的重要载体,引导学生们将个人理想与社会进步需求相结合,培养出与时代发展相契合的劳动精神。劳动实践教育内容的选择充分反映出社会生产力与社会生产关系变革的内在要求,把握时代的发展潮流,主动参与社会实践进程,提高学生的人际交往能力,促进劳动教育工作的深度变革。只有不断提高学生对劳动教育的认知,才能够积极主动地参与生产技能学习。与传统的思想政治教育工作不同,劳动教育的融入要注重学生的个性化发展以及学生对思想政治理论的兴趣。教师与学生处于平等对话的关系,利用现代互联网平台进行实践交流,打造交互式的劳动教育场所,引导学生树立正确的价值观,提高学生的道德品质。信息技术在教育体系中的有效应用,能够为思想政治教育工作提供多元化的劳动教育资源,打造科学的劳动实践教学环境,在劳动实践中帮助学生树立历史自觉和劳动自信。劳动教育在思想政治教育中的深度融合,不仅不会削弱思想政治教育的主体地位,反而能够为其注入新的活力。这种融合是对传统思想政治教育方法的一次重要创新,通过引入劳动教育的元素,能够更有效地缓解思想政治教育过程中可能出现的内在矛盾。

4. 用辛勤劳动观约束学生的行为

中华民族伟大复兴需要青年学子的共同努力,因此,劳动教育要宣扬勤劳勇敢、乐观进取、坚韧不拔的美好品质。勤劳是从古至今中华民族不断延续的伟大道德品格,具有旺盛的民族生命力。以劳动教育作为思想政治教育的重要载体,引导学生树立辛勤劳动的发展观念,能使学生通过学习到达更高等级的思想境界,通过各项教育活动的开展,引导大学生团体用个人的辛勤劳动,为实现中华民族的伟大复兴不懈努力。

现代化教育工作的开展坚持以人为本的发展观念,践行立德树人的教育任务，落实思想道德建设的基本要求，为社会培养高素质人才。德、智、体、美、劳全面发展是人才素质培养的核心，"德"是思想道德建设，"劳"是现代劳动教育，将劳动教育与思想政治教育进行有机结合，促进学生智力、体质的提高。践行社会主义道德观，学习中华民族传统美德，将立德树人作为新时代教育工作的主要目标，分析劳动教育与思想政治教育之间的内在联系。劳动作为最根本的人类活动的形式，是落实立德树人教育目标的重要载体，在劳动实践过程中能够培养学生乐观向上、至善至美的道德品质，帮助学生树立积极的人生观与价值观。劳动教育是思想政治理念建设的重要途径，深化现代化教育改革，坚持马克思主义基本原理，立足中国特色社会主义实际，助力学生全面发展。在劳动教育中为学生创造美好的生活环境，让他们弘扬优秀道德品质，做现代化教育理念的传播者与践行者。劳动教育与思想政治教育具有相同的培养目标，都是以立德树人为主要任务，促进学生德智体美全面发展。为了实现这一教育目标，需要科学地进行思想政治教育，在劳动实践的过程中帮助学生树立正确的劳动价值观，形成全新的劳动精神面貌，将个人理想融入国家建设目标中，为祖国的繁荣发展贡献力量。

5. 用诚实劳动观提高学生的智力

想要有效解决学习与生活中的各类难题，建立并坚守诚实劳动观至关重要。这一观念不仅要求我们对劳动保持尊重和热爱，还强调在劳动过程中践行以人为本的发展理念。诚实劳动意味着我们应当以真诚的态度，通过个人的努力和付出，创造和实现工作的价值。诚实劳动的观念能引导学生坚持明确的发展立场，使其在未来生活中掌握破除困境的能力。这要求教育者在实践教学工作开展的过程中渗透伦理道德观、思想价值观、诚实劳动观念，培养学生讲诚信、守规矩养成良好的生活态度和行为习惯，在未来的人生道路上获取成功。诚实劳动是从古至今传承下来的中华民族传统美德，"非诚贾不得食于贾，非诚工不得食于工，非诚农不得食于农，非信士不得立于朝"表明了诚实的重要性，无论学生从事哪个行业，都需要践行诚实为本的劳动观念，在工作中遵守信用，做好分内的事情，养成认真负责的工作态度。诚实劳动的观念在我国长期以来的继承与发扬中不断得到深化，如今，用良心做事的诚实劳动观已经成为全国劳动道德模范评选的重要参考。该观念要求劳动者秉持认真诚实、严谨细致的态度，正确看待工作中的失误和问题，避免在工作岗位上敷衍了事。将诚实劳动观融入劳动教育中，应在课堂中引入精益求精的社会发展精神，在教育工作开展的过程中建立道德讲堂，引导学生自力更生创造幸福，通过诚实劳动感染他人。

劳动教育与思想政治教育工作开展需要坚持理论教育法，教育者应通过恰当的理论讲授来提高学生的思想认知水平。建设实践教学场景，对学生的思想与实际生活进行有效联系，让学生回归生活的本源。引导学生参加社会实践，主动观察生活中的问题，并通过实践分析寻求问题的解决路径。劳动教育是推动学生智力发展的本源力量，通过劳动实践可以让学生对生活与工作有丰富的体悟。劳动是知识创造的重要途径，知识为劳动的有效践行提供了必要的支撑与指导。没有足够的知识储备，劳动可能会陷入盲目与低效的境地。知识不仅指导劳动的方向，还提供解决问题的思路和方法，使劳动更具针对性和实效性。知识获取与劳动实践存在不可分割的关系，将劳动教育与知识教育进行有机结合，可以使两者在实践过程中相互促进。

信息时代的到来使劳动者对体力劳动中脑力要素更加重视。将劳动教育与心理健康发展有机结合，不仅是对学生综合素质培养的全新探索，也是对教育体系的一次重要革新。教师应鼓励学生在自主实践中深入探究劳动的深刻内涵，通过亲身参与和体验，感受劳动的价值与意义。在社会工作与学习中，学生需要运用脑力去发现问题、分析问题并解决问题，从而发现自身的缺点和不足，进而在劳动中不断完善自我。让学生通过劳动实践获得最前沿的知识信息，学会认识世界、改造世界，在劳动中获得知识与智慧。

6. 用创造劳动观培养学生的品格

在现代社会文明建设的过程中，人类大脑是参加劳动实践的重要载体，正是凭借人类的智慧、辛勤劳动，整个社会才得以不断进步。信息时代的到来，事物的发展被智慧理念和现代信息环境所包围。劳动在新时代背景下展现出无限的创造力与潜力，在劳动教育的实践过程中嵌入创造性的劳动观念，可以有效地提升学生的创新思维和创造能力。这种教育模式的推进，不仅对学生的个人成长具有深远影响，也会给社会建设与发展注入新的活力。新时代建设需要注重开拓与创新，用劳动去创造美好的生活。劳动创造是一个艰苦的过程，是实现民族复兴的不竭动力。

强健体魄是从事社会劳动的重要基础，因此，现代教育体系在推进过程中必须坚决贯彻"健康至上"的教育发展理念。设计针对性的劳动实践项目，增强学生的身体素质，培养学生积极进取、刻苦努力的美好品德，引导学生主动探索劳动对人和社会的本源意义。劳动，作为一种身心并用的活动，要求学生亲身参与，全面调动其身体机能。这一过程不仅可以锤炼学生的意志和品格，还可以使其在忙碌的学习生活中找到放松和释放潜能的途径。通过劳动，学生能够更深刻地理解劳动对于个人和社会的深远意义，从而实现自我价值的探索和确认。现代化思想政治教育工作十分注重挫折教育，而劳动教育中"苦其心志、劳其筋骨"的理念，恰好契合这种教育需求，有助于学生调整身心状态，克服骄躁情绪。劳动教育实践可以有效提高学生的自我控制能力，培养学生百折不挠的优秀品格，树立坚定的人生理想信念，激发奋发向前的斗志勇气，使学生迎难而上，主动挑战自我，在获得劳动成果的同时，收获存在感与幸福感。

7. 劳动教育让"德育"的根基更加坚实

德育包括对学生进行思想、政治、道德、法律和心理健康的教育。中共中央、国务院印发的《关于全面加强新时代大中小学劳动教育的意见》，对新时代劳动教育做了全面部署，明确指出"劳动教育是国民教育体系的重要内容，是学生成长的必要途径，具有树德、增智、强体、育美的综合育人价值"，不仅充分强调了劳动教育在整个学校教育体系中的重要地位，而且将"树德"

摆在综合育人价值的首位。[①]那么，劳动教育何以"树德"呢？劳动教育的"树德"作用，首先表现在它具有实现理想的重要作用，使德育有了坚实的根基。把大学生塑造成社会主义建设者和接班人，是学校德育工作的基本要求，而以劳动实践为主要内容的劳动教育则是大学生实现个人理想的必修课。大学生正处于人生成长的关键时期，如要把人生的理想变成现实，则必须树立劳动是实现个人梦想的必要手段的正确价值观，不仅要注重自身日常生活起居、社会公益服务的劳动，树立劳动自立意识和主动服务他人、服务社会的情怀，还要结合学科和专业积极开展实习实训、专业服务、社会实践、勤工助学和创造性劳动等，增强诚实劳动意识，积累职业经验，提升就业创业能力，树立正确择业观，具有到艰苦地区和行业工作的奋斗精神，懂得空谈误国、实干兴邦的深刻道理。因此，学生只有刻苦钻研、辛勤付出，才能实现个人的理想，继而为实现中华民族伟大复兴的中国梦打下牢固的现实基础。

8. 劳动教育让"德育"的内容更加生动

德育对学生人生观、价值观的塑造从来就不是抽象的，而是具体的。劳动教育的"树德"作用，表现在它本身就是构成人生观、价值观的重要内容，能使德育的内容变得鲜活、生动。正确的人生观、价值观有利于指导学生从集体、社会的整体需要出发，去看待事物对人的效用关系。同时，正确的劳动价值观，有利于学生客观分析自身的价值，树立正确的人生观、价值观。学生能否树立正确的劳动价值观不仅直接影响在学校教育阶段的学习和生活，而且关系到其走向工作岗位时的就业倾向、价值取向、社会责任感。因此，通过劳动教育，可以让学生牢固树立劳动最光荣、劳动最崇高、劳动最伟大、劳动最美丽的观念；体会劳动创造美好生活，承认劳动不分贵贱，热爱劳动，尊重普通劳动者，培养勤俭、奋斗、创新、奉献的劳动精神和劳

[①] 中华人民共和国教育部. 教育部关于印发《大中小学劳动教育指导纲要（试行）》的通知[EB/OL]（2020-07-09）[2024-6-28]. http://www.moe.gov.cn/srcsite/A26/jcj_kcjcgh/202007/t20200715_472808.html.

动品质；具备满足生存发展需要的基本劳动能力，形成良好的劳动习惯。

9. 劳动教育让"德育"的途径更具厚度

德育包括说服教育、榜样示范、实践锻炼（劳动）、品德修养指导、陶冶教育等多种途径。其中，劳动教育的"树德"作用尤为显著。它不仅为其他德育途径提供了实践基础，而且可以显著提升德育的有效性，使德育的实施路径更具厚度。因为在德育的多种途径中，说服教育、榜样示范、品德修养指导等都是外在的，即由外而内的，而以劳动为主要内容的实践锻炼则是"内外兼修""知行合一"的。一方面，劳动是理论知识与客观实际联系的纽带。劳动生活和劳动实践不仅可以让学生把在学校中学到理论知识内化为个体的认知，懂得"纸上得来终觉浅、绝知此事要躬行"的真谛，而且还可以利用劳动实践中所获得的感性知识，进一步加深对所学知识的理解，开阔自己的视野，培养自己的创新意识，激发自己的学习热情、创新精神和创新能力，提高自身在具体情境中创造性地分析问题、解决问题的能力。另一方面，劳动也是彰显个人思想道德修养和道德品质的重要媒介，通过具体的劳动过程，学生可以养成劳动的习惯，形成以劳动为荣、以懒惰为耻的品质，抵制好逸恶劳、贪图享受、不劳而获、奢侈浪费等恶习。同时，通过劳动，学生还可体验生活的甘苦，体会劳动的意义和快乐，能更深刻地发现和感悟生命、人生、价值等层面的道理，把思想道德观念转化为实实在在的行动。

二、学校劳动教育情感价值的现状

劳动教育对于学生的发展有重要意义，但是现实中学校劳动教育的地位和作用并没有完全得到体现和落实。探讨学校劳动教育情感价值的缺失现状，旨在引导我们重新审视劳动教育的目标和意义，注重学生在劳动过程中的情感体验和价值认同，激发他们的创造潜力和创新精神，促进他们综合素质的全面提升和个性化发展。

（一）劳动教育形式化

劳动教育的价值发挥是以学校切实有效地开展相关的劳动活动为基石的。只有当学校真正将劳动教育的理念和活动融入日常教学之中，学生方能从中得到深刻的教益。但在实际操作层面，劳动教育的实施状况时常显得随意和形式化，这主要归因于多数学校在劳动教育方面尚未构建出明确而具体的评价体系。

首先，劳动内容简单化是当前劳动教育中存在的一个显著问题。不少学校安排的劳动项目往往过于浅显，如组织学生在校园内捡拾垃圾等。尽管这类活动有其环保和公益意义，但它们在教育和启迪学生方面的作用却相对有限。劳动教育的核心目的在于通过实践活动，使学生能够深刻理解和体验到劳动的价值，进而培养其勤劳、责任感以及团队协作精神等。然而，过于简单的劳动内容往往无法达到深层次的教育目标。

再来看劳动形式的表面化现象。有效的劳动教育应能引领学生深入其中，获得实质性的体验和感悟。实际上，许多学校所组织的劳动活动往往流于形式，缺乏足够的挑战性和吸引力。在这种情况下，学生很难得到真正的锻炼和成长。例如，某些学校可能会组织学生参与一些象征性的劳动，如短暂的植树活动或清洁工作，而这些活动由于缺乏持续性和深度，往往只能触及表面，无法收到预期的教育效果。

其次，劳动项目的针对性不足也是一个不容忽视的问题。不同的劳动教育内容和方法，对于学生能力和品格的培养有不同的侧重点。因此，有针对性地设计和开展劳动活动显得尤为重要。然而，在现实中，许多学校的劳动实践往往缺乏明确的主题和教育方向，导致劳动教育的效果大打折扣。例如，一些学校可能会随意选择一些劳动项目，而没有充分考虑到这些项目与学生发展需求之间的匹配度，从而无法充分发挥劳动教育的潜在价值。

为了提升劳动教育的实效性和针对性，学校需要从根本上重新审视和调整其劳动教育的实施策略。首先，在劳动内容的选择上，学校应更加注重内容的丰富性和层次性，避免过于简单的活动设计。通过引入更多具有挑战性和教育意义的劳动项目，如农艺种植、手工制作、社区服务等，来激发学生的学习兴趣和参与热情，使他们在实践中学习和成长。

在劳动形式的设计上，学校应致力于打破教育工作表面化的束缚，追求劳动教育的深度和广度。这可以通过增加劳动的持续时间和复杂性来实现，如开展长期的、跨学科的劳动项目，让学生在持续的实践中逐步深化对劳动的理解和体验。同时，学校还可以尝试将劳动教育与其他课程相结合，形成综合性的学习体验，从而更全面地提升学生的综合素养。

在劳动项目的针对性上，学校应根据学生的年龄、兴趣和发展需求来精心设计和选择适合的劳动内容。通过设置明确的教育目标和主题，确保每一次劳动实践都能有针对性地促进学生某一方面能力或品格的发展。例如，针对低年级学生，可以选择一些趣味性强的劳动项目来培养其对劳动的兴趣；而对于高年级学生，则可以引入更具挑战性和创新性的劳动任务，以激发其创造力，培养其解决问题的能力。

（二）实施劳动教育机会少

劳动教育的价值发挥确实依赖于一定数量和质量的劳动活动的开展，然而在实际操作过程中，学校面临多方面的挑战和制约因素，这些因素在很大程度上影响了劳动教育的实施。

首先，在探讨这些困境时，我们不得不提及场地和资源的问题。劳动教育，尤其是某些实践性强的活动，往往需要特定的场地和设施支持。例如，农艺课程需要农田或园艺区域，工艺制作需要配备相应的工作室和工具。然而，许多学校由于土地资源有限或资金不足，难以满足这些需求。同时，对现有课程安排的调整也是一项复杂的工程。劳动教育课程的融入意味着需要对现有的教学计划进行重构，这可能会引发一系列连锁反应，包括教师的排课、学生的时间安排等，都需要细致地协调和规划。

其次，安全风险是另一个不容忽视的问题。劳动活动中可能涉及使用各种工具、设备，甚至接触有害物质，这些因素都会对学生的安全构成潜在威胁。虽然可以通过严格的安全管理和教育培训来降低风险，但这无疑增加了学校的责任和压力。一旦发生安全事故，就会对学生的身心健康造成影响，还可能给学校带来各方面的风险。

最后，经济负担和来自家长的质疑也是学校开展劳动教育时需要考虑的重要因素。劳动教育的实施往往需要额外的资金投入，包括购买设备、材料以及可能的校外教学等。对于资金并不充裕的学校来说，这是一笔不小的开销。同时，由于家长对教育的期待和认知差异，一些家长可能会对劳动教育的必要性和效果质疑。他们可能担心这样的教育活动会分散孩子的学习精力，影响学业成绩，从而对学校的教育方向和教学质量产生不信任。

在当前的教育评价体系中，升学率和学生的学习成绩仍然是衡量学校教育质量的重要指标。这种以学科成绩为导向的评价机制，使得学校在课程设置和教学资源分配上更倾向于传统的学科教学。虽然劳动教育对学生的全面发展有不可忽视的作用，但在这种评价体系的制约下，其往往难以引起足够的重视。学校为了完成评价指标，自然会更加关注那些能够直接提升学科成绩的教学活动。

综上，学校在推进劳动教育时面临多方面的挑战和制约。这些挑战不仅涉及场地、资源、安全等实际操作层面的问题，也包括经济、家长认知以及教育评价体系等更深层次的影响因素。为了充分发挥劳动教育的价值，需要全社会共同努力，从政策引导、资金支持、家长沟通、教育评价体系的改革等多方面入手，为劳动教育的顺利实施创造有利条件。同时，学校也应积极探索和创新劳动教育的形式和内容，以适应时代发展的需求和学生个性化的发展要求。通过深入研究和实践探索，劳动教育有望成为培养学生全面发展的重要途径之一。

（三）劳动教育变质

劳动教育开展的最终目标是促进学生的全面进步与成长，其中包括树立学生正确的劳动价值观以及培养其相应的劳动素养。然而，在具体的实施过程中，部分学校对劳动教育的理解和执行出现了偏差，使劳动教育背离初衷。劳动教育惩罚化是当前存在的一个显著问题。劳动，本质上是一种实践和发展的方式，应当被视为学生成长的重要途径。但在某些学校或教师的实践中，劳动却被用作一种惩罚手段，通常作为学生犯错后的一种惩戒方式。这种做法不仅歪曲了劳动的本意，还可能在学生心中留下劳动是负面、是惩罚的印象，从而对其未来的劳动态度和价值观产生不良影响。这种将劳动与惩罚挂钩的做法，实则是对劳动教育的一种误解和滥用。劳动教育的娱乐化倾向也值得关注。劳动教育与其他学科教育一样，都应当被视为促进学生进步与发展的重要路径。然而，在一些学校或教师的眼中，劳动被视为一种"娱乐"活动，仅仅是学生学习期间的休闲项目。这种观念忽视了劳动教育的严肃性和其对学生成长的重要性，将劳动教育降低为一种流于形式的活动，使其失去了应有的教育意义。

此外，劳动的育人价值在实际中往往被严重低估。虽然每种劳动都对应一定的技能，且劳动实践确实有助于学生掌握这些技能，但劳动教育的价值远不止于此。相较于技能的学习，劳动教育对于学生智力、情感和心理发展的意义更为深远。然而，在实际操作中，许多学校往往将劳动教育简化为特定技能的学习，忽视了其在促进学生全面发展方面的重要作用。这种倾向不仅限制了劳动教育的深度和广度，也阻碍了学生通过劳动实践获得更全面的成长。为了纠正这些偏差，我们需要重新审视劳动教育的本质和目标。劳动教育不仅仅是技能的传授，更重要的是通过劳动实践培养学生的劳动价值观、团队合作精神、解决问题的能力以及创新精神等。因此，学校和教育工作者应摒弃将劳动视为惩罚或娱乐的观念，真正理解并尊重劳动的价值和意义。同时，劳动教育的实施方式也需要改进和创新。学校应提供多样化的劳动实践机会，让学生能够在实践中体验到劳动的乐趣和价值，从而培养其积极的劳动态度和良好的劳动习惯。此外，学校还应将劳动教育与其他学科教育相结合，形成综合性的教育体系，以更好地促进学生的全面发展。

在评价方面，学校应建立科学、全面的评价机制，不仅关注学生的劳动技能掌握情况，还要注重评价学生在劳动过程中的表现、态度以及通过劳动所获得的成长和进步。这样的评价机制能够更全面地反映劳动教育的效果，并激励学生更加积极地参与劳动实践。

（四）偏劳动少教育

劳动教育中的劳动，不仅是学习的方式，还是促进学生全面发展的有效手段。学校作为教育的主阵地，必须精心组织与策划各种劳动活动，及时捕捉教育时机，对学生进行有针对性的引导和教育，以实现劳动教育的深层目标。然而，纯粹依赖学生自发性的劳动来达成发展目标，具有相当大的不确定性，也很难保证劳动教育的价值得以充分体现。从实践的角度来看，部分学校在实施劳动教育时，往往侧重到让学生直接参与特定的劳动活动，并期望他们能在实践中自行体悟劳动的意义。虽然这种方式的确为学生提供了一定的实践机会，但缺乏必要的引导和刻意的训练，这种做法可能导致学生无法深入理解劳动的真正价值，也无法充分发展其潜在的各项能力。

劳动不仅是一种身体活动，还是一种融合知识、技能和情感态度的综合体验。学生在劳动中所能获得的，远不止于劳动技能的掌握，还有对劳动精神的领悟、对团队协作的理解以及对创新思维的激发。因此，学校在组织劳动活动时，必须注重活动的多样性和层次性，以适应不同学生的需求和发展水平。在劳动教育过程中，教师的角色至关重要。他们不仅是活动的策划者和组织者，还是学生心灵的引路人和成长的伙伴。教师需要细心观察学生在劳动中的表现，及时捕捉并反馈学生的进步与不足，通过引导学生深入反思和总结，帮助他们树立正确的劳动观念，形成积极的劳动态度。此外，学校还应加强与家庭、社区的合作，共同为学生创造一个更加广阔的劳动实践平台。家庭是学生最初接触劳动的场所，家长应鼓励孩子参与家务劳动，培养他们的劳动习惯和责任感。而社区则能为学生提供更多的实践机会，让他们在实际操作中增长见识、锻炼能力。

为了更有效地实施劳动教育，学校还需建立完善的评价体系，将劳动教育的成果纳入学生的综合素质评价中。这不仅能激励学生更加积极地参与劳动活动，还能让教师和家长更加明确地了解学生在劳动教育中的成长和进步。劳动教育的实施是一个系统工程，需要学校、家庭、社区等多方面的共同努力。只有通过全方位的引导和支持，才能真正实现劳动教育的目标，培养出既具备劳动技能又拥有良好劳动态度和情感的学生。这样的学生能在未来的职业生涯中脱颖而出，成为推动社会进步的重要力量。

在深入研究劳动教育的实施策略时，我们还需关注其与其他教育方式的融合问题。例如，可以将劳动教育与科学教育、艺术教育等相结合，通过跨学科的综合实践活动，提高学生的综合素养。同时，学校还可以利用现代信息技术手段，如虚拟现实、增强现实等，创新劳动教育的形式和内容，使其更加贴近学生的生活实际和兴趣爱好。

三、学校劳动教育情感价值的复归

学校劳动教育的育人价值发挥不足，和学校关于劳动教育的价值认知模糊、缺乏评价引导、课程效果一般、家长配合度等因素有关。要使学校劳动教育的价值真正地发挥出来，必须根据以上问题进行有针对性的调整。劳动教育不仅仅注重技能和知识的传授，还注重情感、态度和价值观的塑造。在当前的教育环境中，强调劳动教育的情感价值，有助于激发学生对劳动的热爱和尊重，培养他们的团队合作精神和创新思维，以及形成对劳动价值的深刻理解和认同。通过学校劳动教育情感价值的复原和归位，可以有效发挥情感价值在劳动教育中的作用，促进学生的全面发展，培养他们的社会责任感和公民意识，为他们未来成为社会的有用之才奠定坚实的基础。

（一）推进教师重视劳动教育的价值

热爱劳动是中华民族的传统美德，我们的先贤很早就对读书人不事劳动、脱离实践的现象进行了批评，认为"四体不勤，五谷不分"不是君子应有的品格，更提出"一屋不扫，何以扫天下"的诘问，主张读书人应该做到"一粥一饭，当思来处不易；半丝半缕，恒念物力维艰"。在这样的背景下，探索并建设具有中国特色的劳动教育模式，首先要深刻体认劳动教育的育人属性，将劳动教育作为健全学校育人目标，优化学校教育方式，丰富学校教育文化的重要契机，从而真正做好"五育融合"，创造富有时代气息和生命活力的劳动教育新实践、新经验。在这一基础上，应着力推进教师队伍建设，改变教师对劳动教育的观念，推进其重视劳动教育的价值，这要求教师做到以下几点。

1. 审视劳动教育的目标

劳动是人的本质属性之一，也是人类社会得以产生发展、繁衍生息的根本途径。劳动教育体现了教育的本质属性和根本要求，既是教育的内容，又是教育的目的，应该贯穿于教育的全过程。

当下，青少年群体中存在的不珍惜劳动成果、不想劳动、不会劳动的现象成为一个不容忽视的大问题。这反映出劳动教育被忽视、被淡化、被弱化的状况，是劳动教育价值被低估的后果。因此，我们不仅要重拾劳动教育，而且应该深刻体认劳动教育的育人价值，创造性地开展富有时代气息的劳动教育。

许多学校在对劳动教育的认识和实践中，存在"其义有误，其行有偏"的问题。其实，劳动教育是实现或增强其他教育的手段和途径，也是让学生掌握一些劳动的方法和技能，而不只是让学生在学校做一些简单的体力活——这些做法是对劳动教育的肤浅认识，没有抓住劳动教育的本体价值，偏离了劳动教育的根本目的。

实现"五育融合"的关键是要认识劳动教育的育人价值，从而重新审视学校的育人目标。一方面，劳动教育是学生在认识世界、探索未知的过程中，通过身心参与、脑体结合，提升自身综合素养、实现人的全面自由发展的重要途径，需要充分发挥劳动教育在陶冶情操、提升认知、锻炼思维等方面的重要工具性价值；另一方面，我们更要强调劳动教育的本体性价值，不能将其简单看作实现其他教育目标的工具和路径。"五育"分别具有不同的育人功能，劳动教育是奠定"底色"的教育，是培育高贵灵魂、塑造完整人格的教育，是体现人之所以为人的教育。

2. 构建整体育人方式

自中共中央、国务院发布《关于全面加强新时代大中小学劳动教育的意见》以来，劳动教育受重视的程度显著提高，各地教育行政部门和学校积极行动，创设了许多生动鲜活的劳动教育实践方式：烹饪、手工、家政等生活技能以课程内容的形式进入学校，不少学校还因地制宜开辟种植基地，为学生提供亲近土地、亲近田园的机会，一些城市学校还充分利用楼顶、墙角、走廊、阳台等空间开展种植活动，许多地方组织编写了劳动实践指导手册。

这些都说明，劳动教育作为一门具有鲜明实践属性的课程，通过丰富多样的体验式、参与式实践，为学校教育的完善和育人导向的落实发挥了独特作用。需要强调的是，劳动教育不是学科课程的点缀，也不是可有可无的"副科"，而是一门重要的基础性、融合性课程。《义务教育劳动课程标准（2022年版）》强调，劳动教育具有"树德、增智、强体、育美等方面的育人价值"，有利于学生在学习与劳动实践过程中逐步形成适应个人终身发展和社会发展需要的正确价值观、必备品格和关键能力。[①]

同时，劳动教育的重要价值还在于它是学校教育的基本实施方式。学校应该用最接近大自然的方式开展教育，把学生从机械抽象、枯燥重复的知识灌输式教育中解放出来，引领学生走进多姿多彩的大自然，走进生动活泼的社会现场，在广阔、完整、真实的生活世界中学习知识，进而将知识输出运用并变成自己的能力素养。只有这样贴近自然的教育，才能带给学生丰富、多元、深刻的精神滋养。

---

① 中华人民共和国教育部. 教育部关于印发义务教育课程方案和课程标准（2022年版）的通知[EB/OL]（2020-04-08）[2024-06-29]. http://www.moe.gov.cn/srcsite/A26/s8001/202204/t20220420_619921.html.

更进一步而言，劳动教育不是孤立、割裂的存在，学校教育的方方面面都包含劳动教育的因素，劳动教育贯穿于学校教育的各项活动之中。学科教学、文体活动、日常管理、师生交往等，凡是需要学生身心参与的大事小情都含有劳动的要素，也都天然具有劳动教育的功能，是培养学生劳动观念、劳动能力、劳动习惯、劳动品质、劳动精神的重要渠道。[①]

3. 彰显中国教育文化自信

中国人对劳动怀抱着一种独特且朴素的崇敬和深厚情感，这些情感和文化观念构成了中国特色劳动教育不可或缺的文化基石。从这个角度来说，劳动教育可谓最有中国文化特色的教育形式，古人倡导的"晴耕雨读"的诗意生活、"天人合一"的自然观念、"鸡犬相闻"的田园意境等，都可以在劳动教育中得到印证，至今仍深刻影响着中国人的社会生活方式和思想文化发展进程。

中国人的劳动观念包含对于自然规律、人与自然关系、人类生产劳动价值的丰富认识，这些都为今天开展劳动教育提供了宝贵的教育智慧。中国古人在农耕劳动中形成的尊重自然规律、不违背农时、不涸泽而渔、人与自然相互契合等观念，对于今天的劳动教育依然具有重要的指导价值，同时也启示我们在教育中要遵从人的成长规律、关注人的可持续发展。中国古人在认识自然、改造自然中所表现的积极乐观态度、勤劳勇敢品格、务本求实精神等，都是培养学生劳动观念和劳动精神的题中之义。

中国劳动观念所强调的对于自然万物的整体把握和系统理解，也为如何做好课程整合与学科融合提供了很好的方法论。我们既要合理借鉴有关教育的新名词、新概念，也要坚持教育的中国传统。党的二十大报告提出"坚持和发展马克思主义，必须同中华优秀传统文化相结合"，启示我们应该从中华优秀传统文化中汲取劳动教育的智慧，彰显中国教育的文化自信，通过"五

---

① 陈云龙，吴艳玲. 新时代劳动教育的内涵、特征与价值[J]. 人民教育，2020（7）：35-38.

育融合"以完整的教育培养完整的人,进而创造出更富有生命气息、更彰显自然之美的教育境界,在劳动教育中探求"望得见青山,记得住乡愁"的教育真谛。

(二)合理设置劳动教育课程

1. 以"课程劳育"体系实现"立劳树德""立劳增智"

学校要抓住"课程教学"作为劳动教育的"核心环节",打造以"课堂教学"为"主渠道"的劳动教育全课程体系。

第一,促进劳动课程与德育课程"同频共振"以实现"以劳育德"。马克思主义理论类课程是学校贯彻立德树人根本任务的关键课程,在学校课程体系中具有"铸魂领航"的天然优势。学校要充分发挥好"思想政治理论课"的主渠道主阵地的关键作用,将劳动教育以润物无声的方式融入学生思想政治教育的全过程,画出德育与劳育协同"育劳树德"的同心圆。在马克思主义理论教学过程中适当增加"劳动经典文献解读""弘扬劳模精神""中国共产党与百年劳动教育""习近平总书记关于劳动教育的重要论述"和"劳动力市场与创新创业"等"专""精""特"教学专题,在提升学生劳动品质、劳动技能和创新精神过程中实现"以劳增智""以劳树德"。

第二,促进劳动课程与专业课程的"同向同行"以实现"专业劳育"。专业课程是学生在校学习时间最长、学时最重的主干课程,在"专业育劳"过程中处于核心地位。学校要充分发掘专业课程中"劳动教育"元素,充分发掘专业课程所蕴含的科学精神、大国工匠和创新品质等特色教学资源,建设具有地域优势和专业特色的核心课程。"专业劳育"要与"金课"建设、学科建设和专业建设相耦合,建立专业教育与劳动教育的"育劳共同体",构建具有时代高度、理论厚度和社会温度的新时代劳育课程体系。"专业育劳"采取"基因嵌入式"打通学科壁垒间的"最后一公里",实现"专业育劳"与"劳强专业"的"强强联合",让学生在课堂教学中品味"专业真谛"与"劳动品质"的美味大餐。

第三，促进线上劳育与线下劳育的"同心同力"以实现"以网育劳"。互联网已成为当代青年思想文化交流与传播的主阵地，是信息化时代学校课程教学的重要载体。学校要充分认识"网络育劳"的重要性和现实性，拓宽劳动教育渠道，实现"线上线下"互通互享，构建多层次、立体化的网络育劳新格局。要充分发掘线上课程蕴含的"劳动教育"元素，在网络视频公开课中添加"劳动元素"，搭建基于网络平台的"云劳育"资源平台，切实发挥网络文化"育劳"功效。面对"屏对屏"教学新范式，学校要坚守网络劳育的人文属性和教育张力，做好教学内容优化、话语体系转化和教学方法创新，提供优质网络劳动教育供给，构建有时代热度、人文温度、思想深度和情感厚度的网络育劳新阵地。

2. 以"实践劳育"实现"立劳强能""立劳健体"

实践性是劳动教育的必然属性，社会实践活动是学校劳动教育的重要环节，是学生成长为时代新人的"必修课"。学校要抓好"实践育劳"这个重要环节，将劳动教育融入专业实践、职业活动、公益活动和创新创业等社会实践环节，为中华民族伟大复兴培养出合格的"准劳动者"。

第一，劳动教育积极融入专业实践教学活动。专业实践是学生专业知识基于实践转化的情景探究、实践体验与协作分享，是以"实践劳育"实现"立劳强能""立劳健体"的有效途径。学校要深入挖掘专业实践与劳动教育融合点、生长点，将劳动精神、劳动品质和创新意识融入专业实践的培养方案、教学内容和效果考评，做到分工明确、守土有责，齐心"种好责任田"。学校积极与政府、社区、企业和家庭协调互动、互联互通，特别是鼓励高新企业为学生体验现代科技条件下劳动实践新形态、新方式提供支持，推进专业性劳动实践基地和服务性劳动场所建设，全方位建构校内校外联动的劳动教育综合保障共同体。

第二，劳动教育积极融入创新创业活动。培养创造性人才是创新创业教育的重要使命，也是新时代学校劳动教育的主旋律。学校要构建劳动实践与创新创业实践的"实践共同体",将劳动实践以"菜单化"方式嵌入学生创新创业实践全过程。搭建校内外创新创业实践教学基地,依托创新创业实践载体实现劳动实践的形象化、具体化,达到劳动实践与创新创业实践"协同发力"的育人效果。创新"杯赛"活动,用"以赛代练"筑牢"实践劳育"根基。学校将劳动教育融入学生创新创业大赛、创业规划大赛和"互联网+学生创新创业"大赛过程,通过"以赛代练"不断晋级的方式提高学生的创造性劳动素养、精神和技能。

第三,劳动教育积极融入学生公益实践活动。学生公益实践活动是新时代学生培育和践行社会主义核心价值观的现实需要,是当代学生涵养劳动精神、劳动品质和创新精神的生动注解。学校积极构建义务性的劳动教育实践平台,综合考虑大学校园内实施劳动教育条件、环境,把清洁校园、美化校园、劳动创作等纳入劳动实践环节,"从身边做起",从校园"洒扫"做起。学校应整合校外资源,积极搭建服务性的劳动教育实践平台,积极开展"三下乡""义务支教""服务西部""理论宣传"和"社区服务"等形式多样的学生志愿活动。实践活动是学生劳动教育"日常化生活化"的重要依托,学校通过构建"专""精"结合的实践教学体系,创新学以致用的实践教学平台,实现课上课下结合、校内校外打通、社会企业家庭参与的多方联动劳动教育实践机制,激活和提升新时代学生劳动素养的"力量密码"。

3. 以"文化劳育"实现"以文育劳""立劳育美"

学校以校园文化建设为载体,将"文化育劳"作为学校社会主义核心价值观落小落细落实的重要载体。学校要以校园文化建设为主要抓手,积极营造"尊劳崇劳"的文化氛围。

第一,构建"以文育劳"为核心的文化管理机制。在校党委的领导下,学校优化整合劳动教育管理资源,建立校领导牵头的"文化育劳"工作领导小组,将"文化育劳"工作纳入学校"五年发展规划"和年度重点工作,搭建学校、院系和班级"三位一体"的工作管理体制,组建专兼职教师队伍,健全保障机制，融入年度考核目标，在校内形成尊重劳动、热爱劳动和参与劳动的文化氛围，提高学生参与劳动、主动劳动的自觉性。

第二，开展"以文育劳"形式多样的主题活动。充分发掘校园文化"以文育劳"的天然优势，开展形式多样的"弘扬劳动精神"主题月活动。学校要充分发挥橱窗、海报、报纸、电子显示屏和文化标识物等新旧媒介的影响力，推广更简易化、更具时代感、更具欣赏性的"马克思主义劳动观"类宣传作品。学校可以依托新生入学教育、毕业生教育、创新创业讲座和名师讲坛等教育载体，聘请模范、专家、校友、学者和普通劳动者开展典型事例、劳模精神、创新品质和大国工匠等专题讲座。鼓励师生挖掘并创作歌颂劳动为主题的文章、歌曲、舞台剧、微电影等文艺作品，营造劳动光荣、劳动伟大的舆论氛围。

第三，发挥校园网络文化平台的"育劳"价值。劳动教育是学校校园网络文化建设的重要内容。学校要发挥 5G 优势，优化校园新媒体矩阵，搭建集校园网、官方微博微信、专题网站和其他网站于一体的立体化"劳动教育"矩阵，组建创造团队，深化内容文创，细化"网言网语"，创新传播方式，以多屏分发或组合传播形成点面结合、同频共振的"网络育劳"平台，实现"以文育劳"效果的最大化。

（三）提高教师的劳动教育技能素养

1. 建设新时期劳动教育师资队伍

2018 年，习近平总书记在全国教育大会中提到要培养德智体美劳全面发展的社会主义建设者和接班人。至此，劳动教育被重新提起，我国进入"五育并举"的人才培养新时期。2020 年，《关于全面加强新时代大中小学劳动教育的意见》（以下简称《意见》）和《大中小学劳动教育指导纲要（试行）》更是对劳动教育作出顶层设计和全面部署，引起了全社会对劳动教育的关注与思考。近几年，大中小学乃至幼儿园皆在如火如荼地进行劳动教育实践。高等院校作为构建新时代技能型社会的基石，作为高素质技能型人才培育的摇篮,如何回应新时代"劳"育的要求,成为学者们关注的新课题。

教师作为劳动教育的组织者、实施者,是劳动教育能否取得育人实效、能否彰显育人价值的关键,因此,劳动教育师资队伍的建设也引起了部分学者的关注。张炎认为院校要积极构建专兼结合、全员参与的劳动教育教师队伍,通过完善教师激励机制、考核评价机制、培训体系,为劳动教育的实施提供人力支撑。吴玉剑则认为院校面临着劳动教育教师数量不足、质量不高、教师培养模式单一等问题,要扩大教师培养的规模,优化培养模式,加大高水平人才的培养力度。

目前对劳动教育师资队伍的研究主要集中在价值、问题和策略方面,缺乏对院校教师劳动教育素养的研究。劳动教育教师属于教师群体,他们身上具有全体教师应有的专业素养。同时,院校劳动教育具有区别于其他学段劳动教育的特殊性,劳动教育教师亦具备自身特殊的劳动教育素养。本书将对教师劳动教育素养的构成进行探析,提出提高教师劳动教育素养的策略。

2. 职业院校教师劳动教育素养的构成

当前,职业教育是我国现代教育体系的重要组成部分。高等职业学校肩负着为社会输送复合型技术技能人才的责任,而高等职业院校的学生是高精尖职业技能人才队伍的储备力量,其人才培养具有面向市场需求、注重实践能力的特点,有其他类型教育难以替代的独特地位。基于职业教育的特殊性,劳动教育在目标定位、教育内容、课程模式、实施体系等方面也有其自身的特点。这要求职业院校的教师安有将职业教育与劳动教育紧密结合的能力及较高的专业素养。教师专业素养是教师教养和素质的结合,是教师习性与天性的综合,是教师外在行为与内在秉性的融合。教师专业素养影响教育教学效果,决定教师专业发展的取向和高度。教师专业素养中包含专业知识、专业能力和专业理念三部分内容。教师专业素养是教师劳动教育素养的上位概念,二者是包含与被包含的关系。基于此,教师的劳动教育素养主要由劳动教育的知识、劳动教育的能力和劳动教育的信念构成。职业院校教师的劳动教育素养是一个多维度的结构体，涵盖深厚的劳动理论知识、丰富的实践经验、对劳动价值的深刻理解和尊重，以及将劳动教育与职业技能培养紧密结合的能力。这种素养不仅要求教师具备扎实的专业背景，还需具备引导学生体验劳动过程、感悟劳动精神、培养劳动习惯的教育智慧。同时，教师还需具备创新教学方法和手段的能力，以激发学生对劳动的兴趣和热情，从而培养出既具备专业技能又具备劳动精神的新时代职业人才。

3. 提升院校教师劳动教育素养的"3+2内驱外推"策略

提高院校教师劳动教育素养离不开教师自身的内驱力，需要学校通过一体化培训和营造良好的校园劳动教育生态系统，为教师提高劳动教育素养提供外动力。内驱力是提高院校教师劳动教育素养的真动力。奥苏贝尔将内驱力分为认知内驱力、自我提高内驱力和附属内驱力三种类型。[1]依据奥苏贝尔对内驱力的划分，将从"认知、行为、评价"三个维度出发，构建教师劳动教育素养的"三维循环"培养路径。

从认识层面来看，应重塑教师的"三重"价值，增强教师对职业的认同感。认知是行为的先导，教师对劳动教育的认识会影响教育实践中的行为表现。因此，要诱发教师提高自身劳动教育素养的行为，必须重塑教师对劳动教育价值的认知。第一，要重塑教师对劳动教育育人价值的认识。新时代，不能简单地将劳动教育等同于帮助学生掌握就业所需的劳动知识和技能，而应强调学生能形成正确的劳动价值观，养成积极的劳动态度，并能够依据自身专业特点，树立崇高的职业理想，进而将本行业的职业道德内化于心、外化于行。第二，要重塑教师对劳动教育经济价值的认识。第三，要重塑教师对劳动教育社会价值的认识。首先需要深化教师对劳动教育在促进学生全面发展、传承劳动精神与工匠精神以及培养社会责任感方面重要性的理解。教师应认识到，劳动教育不仅是传授技能，还对学生的品格、塑造、价值观形成产生重要影响。通过引导学生参与劳动实践，体验劳动的艰辛与乐趣，教

---

[1] 张文. 略论增强学习内驱力[J]. 辽宁教育研究，2005，(12)：63-64..

师能够帮助学生树立正确的劳动观念，理解劳动的社会价值，进而培养出具有社会责任感、创新精神和实践能力的新时代劳动者。这一认识的转变，需要教师不断更新教育观念，积极探索劳动教育的新模式和新方法，推动劳动教育在职业院校中深入发展。

总之，学校要做好劳动育人的思想引领，可以通过开展思想政治学习活动、主题教育活动、专家讲座、主题演讲比赛等提高教师对劳动教育"三重"价值（经济价值、社会价值、育人价值）的认识；可以充分利用新媒体，如在校园微信公众号上设立劳动教育栏目，推送并征收相关主题的文章，引发教师对劳动教育价值的思考；可以抢占自媒体高地，利用校园官方抖音号推送劳动价值的相关素材，如习近平总书记关于劳动价值的论述、劳动创造幸福人生的真人真事等。

通过这些方式，提高教师的职业认同感、自我效能感和社会荣誉感，促进教师劳动教育信念的养成，以精神培育催生教师劳动教育素养发展的认知内驱力。构建劳动教育教师专业发展共同体，激发教师自我内驱力。教师劳动教育专业化是教师劳动教育素养提升的目标和方向，其涵盖的劳动教育理念、劳动教育知识、劳动教育能力可以依托教师学习共同体实现。

劳动教育教师专业发展共同体是以"以劳促全"为共同价值目标，以"工匠精神、劳模精神、劳动精神"三个塑造为共同愿景，以"幸福感、归属感、认同感"为共同归宿，构建的一项提升教师劳动教育素养的学习模式。共同体的成员包括劳动教育专任教师、思政教师、企业行业师傅、行政人员、科研人员等，每位成员皆能自由地发挥自己的优势，交流思想、寻求帮助和分享经验。学习共同体的构建主要可以从以下两方面入手：一是依托院系教研室，组织教师集体备课，集中探讨劳动教学中的问题，共同学习其他院校可推广、可复制的劳动课程建设经验，继续挖掘劳动教育资源。二是依托互联网，打破时空局限，构建线上学习共同体。教师可以根据自身需求组建不同形式的虚拟学习组织，如劳动教育专业知识交流群、教学方法交流群、劳动教育能力交流群、劳动教育课程教案分享交流群等。

劳动教育教师专业发展共同体有组织的开放性、成员的多样性，以及教育实践的丰富性、复杂性、不确定性等特征，为保障学习共同体发挥其应有的价值，学校要为共同体职能的发挥提供保障。例如，学校要为教师学习共同体的建设开辟校企合作训练基地，提高教师劳动实践技能；学校要从顶层设计规划共同体的发展战略，建立相应的制度和细则，以服务于共同体的发展。

（四）建构针对劳动教育的评价体系

1. 离开劳动就没有真正的教育

目前，我国中小学生自理能力不足与劳动意识淡薄现象普遍存在，劳动实践、劳动能力"双赤字"情况较为突出。

究其原因，首先，劳动教育育人价值的忽视首先源于应试教育体制的束缚。在这一体制的影响下，学校和家庭普遍倾向于以考试分数为导向，将关注点集中在与升学考试直接相关的科目上。由于劳动教育并非必考科目，其育人价值往往被忽视，导致在课程设置和教学实践中劳动教育未能获得应有的重视。由于劳动教育并非必考科目，与学业成绩的直接关联性较弱，因此学校和家长往往将其置于次要地位，使其在教育实践中被边缘化甚至被削弱。此外，还有更深层次的劳动观念的影响，一些人存在落后的劳动教育观念，看轻或歧视体力劳动，奉行"劳心者治人，劳力者治于人"的错误劳动观。而热爱劳动是中华民族的优秀文化基因，勤劳创业、耕读传家是中国教育的重要内容。没有劳动教育的教育，是不全面、不完整、不成功的教育。

党的十八大以来，习近平总书记立足新时代的历史方位，对劳动和劳动教育作出一系列重要论述。2018年全国教育大会上，习近平总书记明确提出构建德智体美劳全面培养的教育体系，明确指出要在学生中弘扬劳动精神，教育引导学生崇尚劳动、尊重劳动，懂得劳动最光荣、劳动最崇高、劳动最伟大、劳动最美丽的道理，长大后能够辛勤劳动、诚实劳动、创造性劳动。这实质上是要求把劳动教育纳入培养社会主义建设者和接班人的总体要求之中。

劳动教育评价是引导劳动教育发展、充分发挥劳动教育价值的重要抓手和关键一环，新时代亟须建立起具有中国特色的劳动教育评价体系。《意见》指出，劳动教育是中国特色社会主义制度的重要内容，直接决定社会主义建设者和接班人的劳动精神面貌、劳动价值取向和劳动技能水平。《意见》提出要全面构建体现时代特征的劳动教育体系，而健全劳动素养评价制度是其中的重要方面。《大中小学劳动教育指导纲要（试行）》特别指出，要将劳动素养纳入学生综合素质评价体系。以劳动教育目标、内容要求为依据，将过程性评价和结果性评价结合起来，健全和完善学生劳动素养评价标准、程序和方法，鼓励、支持各地利用大数据、云平台、物联网等现代信息技术手段，开展劳动教育过程监测与纪实评价，发挥评价的育人导向和反馈改进功能。

2. 劳动教育需要以评价为引导

劳动教育被弱化和忽视的现实状况决定了进行劳动教育评价势在必行。同时，劳动教育作为与德育、智育、体育、美育并列的重要教育领域，其实施和评价具有独特的价值和特点。而劳动教育具有综合育人的作用，充分把握劳动教育的育人价值，需要评价的正确引领和导向。

劳动教育的独特性决定了进行劳动教育评价的必须和必要。一是劳动教育具有鲜明的实践性。劳动本身就具有实践性的特点，劳动是人类运动的一种特殊形式，无论是脑力劳动还是体力劳动，实践性都是其第一特性。马克思把人看作身体与精神的统一体，只有既能从事体力劳动又能从事脑力劳动的人，才是全面发展的人。二是劳动教育具有广泛的融合性。劳动可以树德、可以增智、可以强体、可以育美，具有综合育人的价值。新时代的劳动教育是国民教育体系中必不可少的重要组成部分，能够实现与德育、智育、体育和美育的有机融合，促进人的全面发展。三是劳动教育具有充分的社会性。与"五育"中的其他各育相比，劳动教育的实施更需要家庭和社会的广泛参与和配合，其社会性更加明显。虽然国家规定劳动教育是必修课，劳动素养也纳入学生综合素养评价体系，但劳动行为习惯的养成、劳动精神的培养，崇尚劳动价值观的形成和工匠精神的弘扬，需要学校、家庭和社会的综合作用才能实现。

劳动教育效能的充分发挥亟须评价的引领与导向。一方面，在国家层面规定设立劳动教育必修课程，是对补齐劳动教育短板的有力保障。但劳动教育本身的独特性决定了劳动教育课程不可能像智育学科课程那样通过书面考试或分数来评判学生劳动意识、劳动精神和劳动情感等的养成情况。另一方面，如果学生不参加劳动实践，劳动教育的实施只有学校教育，而缺少家庭教育和社会教育的协调和配合，则很难增强学生的劳动意识，唤起学生的劳动精神，更难形成劳动最光荣、劳动最崇高、劳动最伟大、劳动最美丽的社会风气。因此，要构建起劳动教育评价体系，通过劳动教育评价引领劳动教育课程的实施和实践，以评价引领劳动教育繁荣发展。

3. 评价体系要以劳动素养形成为核心

劳动教育评价对新时代树立正确的劳动观、破解劳动教育实践困境和建立健全劳动教育制度以及提升劳动教育的地位具有价值导向作用。当前我国的大中小学劳动教育评价体系尚未构建，评价机制的功能尚不能充分发挥。那么，在构建中小学劳动教育评价体系时，我们应该把握哪些关键点？

首先，教育评价是对教育过程和结果的描述与价值判断。没有科学的评价就没有科学的管理，什么样的教育评价决定什么样的办学导向。教育评价在教育发展中具有重要战略地位，具有诊断、导向和激励的作用，发挥指挥棒和风向标的功能。劳动教育评价主要涉及劳动教育课程评价、劳动素养评价和对各级各类教育机构实施劳动教育情况的评价。从价值理念上，我们要把握住其核心要义是培养学生的劳动素养，使广大学生能够提升劳动认知、增进劳动情感、养成劳动习惯、提高劳动能力、弘扬劳动精神。因此，在劳动教育评价方面，一是以习近平总书记关于劳动教育的重要论述为根本遵循，认识到劳动的重要性，树立新时代劳动教育观。二是以《深化新时代教育评价改革总体方案》为纲领，落实关于加强劳动教育评价的总体要求。

其次，教育系统中的所有人员、事务、组织机构都是教育评价的对象，进行教育评价的主要目的是选拔、监测和引导。在构建劳动教育评价体系的过程中要坚持以下指导原则：一是坚持立德树人，为党育人，为国育才。进行劳动教育评价的最终指向是养成学生良好的劳动素养，以评价引领价值导向，培养全面发展的人。二是坚持问题导向，解决关键问题。当前劳动教育在实践中还存在被轻视、弱化和虚化的现象，在进行劳动教育评价过程中要直指劳动教育课程和实践中的关键问题，合理引导，最终促进劳动教育繁荣发展。三是坚持多元评价主体和评价方式相结合。劳动教育自身的特殊性，更加需要社会、学校和家庭等多元主体来进行评价，采取定性和定量相结合的多元评价方式才能更加全面有效地对劳动教育进行评判。四是统筹兼顾，建立中国特色劳动教育评价体系。坚持专门的劳动教育开发和在学科中进行劳动教育渗透，坚持统筹兼顾原则，构建以学生发展为中心、符合我国学生发展实际的劳动教育评价体系。

最后，我们要建立的是由政府主导、各级各类教育部门为主体、各级各类学校广泛参与的外部评价体系和学校内部评价体系相结合的劳动教育评价体系，各部门各司其职，相互配合，共同推动劳动教育的实施。对于评价结果的应用，除了将劳动素养的评价列入学生综合素养评价之中，还需将对各级各类学校的劳动教育评价纳入对学校的综合考评之中，加快建立学校实施劳动教育评价指标体系和管理实施办法。

第三节　劳动教育观照社会情感学习案例

劳动教育作为一种实践性强的教育方式，为学生提供了亲身体验和感知社会的机会，使学生能更好地理解和把握社会规范、价值观以及人际交往的复杂性。通过关注劳动教育中的社会情感学习案例，我们可以观察学生在劳动过程中的情感变化、人际交往的能力展现以及团队协作的默契达成，这些都是社会情感能力的重要组成部分。在劳动实践中，学生需要面对各种挑战和困难，这要求他们不仅具备专业知识和技能，还需要具备良好的社会情感能力，如自我管理能力、情绪调节能力、人际交往能力以及问题解决能力等。这些能力的培养对于学生未来的社会适应和职业发展至关重要。因此，探讨劳动教育观照社会情感学习案例，有利于促进我们对劳动教育育人价值的深入认识，也为我们提供了一种新的视角和工具来理解和促进学生的社会情感能力发展。这不仅对于改进和优化劳动教育具有重要意义，也为推动学生全面发展提供了新的思路和方法。

一、实际案例

浙江省海宁市硖石中学始终坚守"立德树人"的育人理念，秉承提高学生的道德素养的目标，培养学生的动手能力和协作精神，树立学生正确的劳动价值观，一直在探索如何更好地让劳动教育在硖中的沃土上落地生根。

硖石中学设计"三项"劳动教育目标，通过课程设计提高学生的劳动认知、劳动技能、劳动创造。学校开发综合各学科课程，渗透劳动认知观，无形中让学生感受劳动创造的价值。人力车夫、桥梁建造师、宇航员、水利工程师、工匠、农民、科学家等，书本中一个个鲜活的角色，赋予了"劳动者"的标签。"植物的修剪与嫁接"等一大批校本课程的开发，"小绳结大智慧""独具匠心终成糖王""小胖的'网红'劳动笔记"等主题教育活动的开展，让劳动最光荣、劳动最崇高、劳动最伟大、劳动最美丽的观念深入学生心中。从"我爱我家"到"我爱我校"，再到"我爱社会"，逐渐推进劳动情感，让学生从小事情做起，逐步汇聚为贡献社会的力量。

为让劳动教育真正落到实处，学校开辟了校内劳动实践基地。在春暖花开的四月，学生在劳动课上进行登东山拾枯枝，用砖头砌灶，修整场地。在教师的指导下，举行"我劳动我快乐"学生劳动实践野炊活动。同学们共同协作烧饭，尽管饭菜口感并不完美，但同学们都吃得津津有味。每年春天，组织开展"东山护绿"劳动实践活动。拔野草、培育种植郁金香、修剪树枝、环山捡垃圾，同学们积极劳动，吸引了许多老师也参与其中。这项活动已经坚持了近20年，师生们在劳动中传承了硖中精神。

学校在劳动教育上不断探索多种形式的劳动教育模式，开辟了劳动实践新途径。例如，抓住学生研学活动的机遇，组织开展生活自理劳动实践。叠军被、整理床铺、洗衣物。学生在实践中学会劳动。学校开设烹饪劳技课程，从食材的选取、清洗、加工，调味品搭配等基本功入手，劳动教师传授家常烹饪步骤与技巧。学生在家实践，上交照片、视频作业，学会基本的烹饪技能。

生长在新时代的少年，需要不断增强自理能力，劳动教育的开展意在鼓励学生发扬吃苦耐劳精神，让生活在"温室"的学生体会他人的不易，增强社会责任感和使命感。劳动实践让学生学会感恩，学会担当。[①]

二、案例启示

在具体劳动课程中融入 SEL 元素，学生的社会技能和情感素质得到了显著提升，具有深远的教育意义和实践价值。学生们在经历这样的教育模式后，不仅增强了团队协作能力、情绪管理能力，在人际交往方面也展现出了更高的水平。这些能力的提高，无疑为他们未来的学习和生活奠定了坚实的基础，也使他们更好地适应了社会快速发展的需求。

在劳动课程中，学生们通过实际操作，深刻体会团队协作的重要性。在劳动过程中，每个人都需要扮演自己的角色，完成各自的任务。这不仅要求学生具备专业的劳动技能，而且要求他们学会与他人沟通、协调、合作。SEL

[①] 华科传媒. 劳动教育如何开展？海宁市硖石中学的成功案例分享[EB/OL]. （2023-06-26）[2024-06-29]. https://www.360kuai.com/pc/99e5382505c1d05b7?cota=3&kuai_so=1&sign=360_57c3bbd1&refer_scene=so_1.

元素的融入，使学生们在劳动的同时，锻炼了团队协作能力。他们学会了倾听他人的意见，尊重团队成员的多样性，懂得如何在团队中发挥自己的优势，为团队的成功作出贡献。

情绪管理能力的提升，也是 SEL 融入劳动课程后的一大收获。在劳动过程中，学生们难免会遇到各种困难和挑战，如任务难度大、时间紧迫等。面对这些问题，学生们需要学会控制自己的情绪，保持冷静和理智。SEL 的训练，使学生们在面对压力时，能够更好地调节自己的情绪，以积极的心态去应对困难。这种能力的提升，不仅有助于学生们在劳动课程中取得更好的成绩，也会对他们未来的生活和职业发展产生积极的影响。

人际交往能力的增强，是 SEL 与劳动课程相结合后的重要成果。在劳动过程中，学生需要与不同背景、不同性格的同学进行交流和合作。SEL 的融入，使学生更加注重与他人的沟通和交流，学会如何建立和维护良好的人际关系。这不仅有助于他们在劳动课程中取得更好的合作效果，也为他们未来在社会中建立良好的人际关系打下坚实的基础。

然而，在实施过程中，也遇到了一些挑战和问题。如何在保证劳动技能学习的同时有效地融入 SEL 元素？这是一个仍需要深入研究的问题。这要求教育者在设计劳动课程时，要充分考虑学生的年龄特点和心理需求，确保课程内容既能满足劳动技能的学习，又能有效地提升学生的社会技能和情感素质。此外，如何评估 SEL 在劳动教育中的实施效果，也是一个值得探讨的问题。这需要教育者建立科学、合理的评估体系，以便准确、全面地了解 SEL 融入劳动课程后的实际效果。

针对这些挑战和问题，可以从以下几个方面进行深入研究和探讨。

一是对劳动课程与 SEL 元素的深度融合进行研究。这需要教育者深入剖析劳动课程和 SEL 的内在联系，找到二者之间的契合点，从而实现二者的有机融合。同时，还需要根据学生的实际情况和需求，不断调整和优化课程内容，以确保教育的针对性和实效性。

二是对学生社会技能和情感素质的提升路径进行研究。在实施 SEL 融入劳动课程的过程中，教育者需要密切关注学生的变化和进步，总结提炼出有效的提升路径和方法。这不仅有助于指导教育实践，还能为教育理论的发展提供有益的借鉴和参考。

三是对评估体系的构建和完善进行研究。为了准确评估 SEL 在劳动教育中的实施效果，需要建立一套科学、合理的评估体系。这套体系应该包括明确的评估指标、客观的评估方法和可靠的评估数据等多个方面，以便全面、客观地反映学生的进步和成长。

PART THREE

第三章

基于SEL的劳动教育实践体系创新

教育改革是一个复杂的系统工程，内部组成要素相互交织、影响，牵一发而动全身。①劳动教育作为改革的重要组成部分必须不断发展、创新。陈宝生在劳动教育专题座谈会上指出，要在"五育并举"的人才培养体系中，准确把握新时代劳动教育的丰富内涵和重大意义。②这也是本章第一节探讨的内容，把握劳动教育在"五育"融合教育背景下的理念创新，为劳动教育实践体系的创新提供理论依据。第二节结合人工智能这一时代背景，研究SEL理论如何在时代呼唤下，创新劳动教育的实践体系模型。第三节将从实际教学出发，讨论劳动教育教学方法和评价体系的创新，为劳动教育的理论创新走向实践创新打通"最后一公里"。

第一节 "五育"融合教育背景下劳动教育的创新

"五育"融合是在当前我国教育事业不断前进的过程中研究出的全新成果，强化劳动教育已经成为当今教育中的主要举措。但在长期实践中，我国在面对学生进行劳动教育问题上，往往存在一定的困境，需要将"五育"融合作为劳动教育的出发点，规范学生的价值观念，促进两者之间的全面结合，构建高质量的课堂体系，从而促进德、智、体、美、劳全面发展，落实更为完善的教育机制，实现育人的教育目标。

如今劳动教育已经成为主要内容，并且关系到新时代青年德、智、体、美、劳的全面发展。因此，学生的劳动教育要从"五育"融合层面出发，践行立德树人的教育理念。③开展学生劳动教育，要彰显育人体系和功能，实

---

① 吴永军. 教育改革亟待回归常识[J]. 教育发展研究，2024，44（02）：1-6+15.
② 教育部. 抓好顶层设计 推广地方经验 强化劳动教育[EB/OL]http://www.moe.gov.cn/jyb_xwfb/xw_zt/moe_357/jyzt_2019n/2019_zt16/gzbs/201907/t20190704_388973.html.
③ 王琳，田夏彪. "五育"融合背景下小学劳动教育的实施路径[J]. 教学与管理，2024（3）：99-103.

现社会价值观念的引领，提高劳动意识，激发劳动热情，让学生成为新时代的新青年，成为社会主义事业的接班人。

在"五育"融合教育的背景下，劳动教育实现了创新，并且富有全新的育人理念与时代精神。[①]

一是强身健体，培养学生劳动习惯。体育是实现强身健体的主要方式，劳动包括体力劳动。由此可以说明，劳动教育与体育之间的关系密不可分，通过强化学生的劳动习惯，增长学生的知识与技能，从而锻炼学生体魄，保证学生在实际训练期间可以实现能力提升，优化身心素质。

二是以劳树德，提升学生的劳动信仰。[②]劳动教育创建的根本目标就是，提高学生的劳动素养，培养学生正确的劳动观念。在新时代下，青年学生需要不断传承与弘扬劳动文化，树立热爱劳动、诚实劳动的信仰。劳动信仰是十分牢固的，并且从实际发展的情况来看，对培育学生的世界观、人生观、价值观会产生较大影响，可以说是一种责任。要对劳动教育现象及其应对策略进行研究，从而理清研究思路。然后，从"五育"融合视域，构建"童真教育"项目下的劳动教育愿景，紧密结合学生的经验和兴趣，通过创设自然、多样的劳动教育环境，以学校已有的劳动教育特色为基础，在真实的生活情境中，实现劳动教育的全学科、全过程、全方位、全参与，让学生接受劳动教育，磨炼意志，积极践行社会主义核心价值观。

三是以劳创新，实现劳动形式融合。在高速发展的新时代，需要运用创新发展的眼光来看待事物。对于劳动教育理念的认识并不局限于以往的劳动和田间劳动，多元化的劳动教育包括脑力与体力劳动两个方面。劳动教育的创新实际上就是整合劳动来进行创新，有意识地进行劳动思考与劳动实践。创新劳动教育方式，不仅可以让学生掌握劳动技能、增强劳动体验，还可以培养学生不怕苦、不怕累的精神。

[①] 吴泽强. 打造高校劳动教育的全方位育人体系[J]. 中国高等教育，2022（18）：16-18.
[②] 施桂红，冯江英. 劳动教育融入思想政治教育探析[J]. 学校党建与思想教育，2022（4）：48-50.

四是以劳增智，积极宣扬劳动理念。在"五育"当中，智育是首要的，并且为其他"四育"的学习奠定了基础。劳动教育可以丰富智育的内涵，让其智育全面拓展。劳动教育的理念实际上就是主观思想上所获得的认知与评判。在劳动教育中，教师应当积极宣扬"劳动最光荣、劳动最崇高、劳动最伟大"的理念，劳动在循序渐进中让学生树立劳动意识，培养学生的劳动智慧。

五是以劳育美，强化学生的劳动技能。俗话说"劳动创造美"，美其实就是劳动成果的一种展现。以劳育美，所说的就是通过劳动知识提高劳动技能，让学生在劳动期间发现美、感受美、体验美，享受到劳动成果所带来的喜悦，增强自信、肯定自我。

六是做好社会宣传教育，营造热爱劳动的氛围。可以运用多种途径对劳动教育进行宣传，如书刊、广播、电视、网络等，宣传"劳动最光荣、劳动最崇高、劳动最伟大"理念，在全社会营造积极向上的劳动氛围，彰显出劳动典型的榜样力量，提高全社会对劳动教育的认识。要彰显劳动教育示范引领效果，可以在行业中选劳动教育的楷模，或者优秀工作者等。各行政主管部门要积极协调和引导各类社会组织履行社会责任，支持学校组织学生参加力所能及的生产劳动、参与新型服务性劳动，使学生与普通劳动者一起经历劳动过程。工会、共青团、妇联等群团组织以及各类公益基金会、社会福利组织要组织动员相关力量，搭建活动平台，共同支持学生深入城乡社区、福利院和公共场所等参加志愿服务，开展公益性劳动，参与社区治理。使劳动教育课程具有一定的特色，彰显个性化，提高学生对劳动教育学习的兴趣与能力。

七是加强学校教育，完善劳动教育机制。学校是对学生展开劳动教育的主要环境，大学校园也是如此，应保证教师在传授理论知识的同时，加强劳动技能教育，创建完善的劳动教育体系，使学生树立正确的劳动教育观念。学校在教育实践中应当以"五育"融合为基础，促进劳动教育与其他"四育"之间的全面结合，彰显出实践育人效果，保证教育的有效性。教师还应当创建具备专业素养的教师团队，稳定校外的兼职队伍，聘请行业劳动楷模与先进工作者授课，提高课程的实操性，增强劳动教育的感染力。在课程教育改革发展的基础上，促进学科与课程之间全面结合，转变传统劳动教育形式，让劳动教育与思想政治教育之间不断融合，拓展第二课堂，打造全方位的课程教育体系。

八是加强个体劳动，强化劳动意识。对于所创建的劳动教育来说，应在个人意识中提高对劳动教育正确认识，保证可以接受劳动教育，从而付出更多的时间，这样才可以进一步解决劳动教育中存在的问题，增强劳动教育的必要性与实际价值，认识到劳动教育观念对学生日后成长发展的主要作用。在家庭当中，需要具备一定的责任，端正学生的劳动观念，学会承担家务，锻炼自身的生活能力；在学校中，应掌握劳动教育的理论知识与实际操作技能，保证学生可以积极参与社会实践活动，进行顶岗实习；时刻关注劳动当中的先进人物事例，保证学生受到熏陶，在大环境下进行学习，优化学生劳动教育参与的积极性与主动性，让其学生更加热爱劳动，促进内化于心、外化于行。

九是做好家庭教育，增强家庭的育人效果。家庭教育实际上就是每个人所具备的启蒙与基础教育，从而确保学生掌握劳动知识。在家庭中父母更加热爱劳动、尊重劳动，学生才可以强化劳动价值观，始终热爱劳动。由此可见，家庭教育的地位不可忽视，并且是十分关键的。家庭要树立崇尚劳动的良好家风，家长应端正正确观念，通过日常生活的言传身教对子女进行劳动教育，让孩子养成从小爱劳动的好习惯，同时有意识地培养子女"自己事情自己做"的独立意识，避免溺爱子女。在当前的劳动教育内容选择上，需要始终聚集于传统的劳动形态。要让学生亲身参与传统劳动的实践，让学生挥洒汗水、亲身感受，明确认识到劳动教育的实际意义，学会爱惜劳动成果。此外，也要注重在衣食住行等日常生活中抓住劳动实践机会，鼓励孩子自觉参与、自己动手，随时随地、坚持不懈地进行劳动，掌握洗衣做饭等必要的劳动技能。在新时代的社会发展中还应当与时俱进，创建更为新颖的教育发

第三章 基于 SEL 的劳动教育实践体系创新

展新形态，保证学生可以更加顺利地完成劳动，提高学生的劳动素养。通过劳动教育，可以更好地实现家校共管，在生活中紧抓教育契机，实现家校合作育人。[1]

在教育体系全面创新改革的背景下，"五育"融合理念实际上是新时代教育下的一种创新，并且是教育改革的主要趋势，是人才培养的客观需求，可以促进学生德、智、体、美、劳全面发展。[2]作为教育者，应从学生视角出发，积极探索劳动教育方式方法，确保学生在劳动教育实践中得到全面发展。社会主义建设事业需要大量高素质与高技能劳动人才，应全面提升劳动教育效果，端正学生价值观念，规范学生的劳动行为。社会、学校、家庭、学生都是劳动教育的主体，应保证学生热爱劳动、珍惜劳动，具备责任担当的意识，为时代发展贡献自己的力量。

总而言之，促进核心素养发展下的劳动教育课程实践，需要在传统教育发展的基础上进行创新，不断转变，促进多方面的合作，高度重视劳动教育，以学生为中心，让学生成为全面发展的人才。

第二节 引入 SEL 促进智能时代劳动教育转型

在人工智能时代，智能技术的应用在劳动内容、劳动关系、劳动组织等诸多方面产生了变革性的影响，对劳动教育提出了新的要求。[3]迈克尔·哈特（Michael Hardt）、安东尼奥·奈格里（Antonio Negri）等学者认为当前智能

---

[1] Lorenzo G. The use of artificial intelligence for detecting the duration of autistic students' emotions in social interaction with the NAO robot: a case study[J]. 2024（14）：118-119.
[2] 黄书光，王保星，杨小微，等."中国式教育现代化的理论与实践探索"笔谈[J]. 基础教育，2022，19（6）：15-45.
[3] 乐晓蓉，樊熙奇. 智能时代劳动变革与劳动教育的实践理路[J]. 思想理论教育，2023（1）：99-105.

113

劳动的主流是情感劳动。[1]美国学校发布的《基础教育创新驱动力报告》认为社会情感能力是未来社会生活所需技能的三大组成部分之一。[2]OECD 发布的《OECD 学习框架 2030》也同样将社会情感能力列为未来生活所需技能。[3]在社会劳动与教育变革的双重驱动下，劳动教育必须适应人工智能时代的变化要求，思考如何引入 SEL 理论推动劳动教育转型。

一、引入社会情感学习对人工智能时代劳动教育转型的意义

在人工智能时代，劳动教育面临艰难的转型。日益复杂的技术变化让劳动教育必须关注个体的多样化，促进个体的全面发展；强调技能迁移的现实社会要求劳动教育开展多元的能力培养，帮助受教育者融入工作世界；社会生活发生的颠覆性变革要求劳动教育着眼于未来，成为社会可持续发展的重要推力。

（一）劳动教育在人工智能时代的转型诉求

1. 多样化教育需求与技术发展背景下的劳动教育创新

随着时代的进步和科技的发展，教育领域正经历前所未有的变革。个体的教育需求日益多样化，人们不再满足于单一、刻板的学习模式，而追求更为个性化、全面发展的学习体验。特别是在人工智能技术飞速发展的今天，传统的教育方式已经难以满足现代学习者的需求。因此，探索如何将先进的技术与劳动教育相结合，以满足教育受众在知识、技能和情感上的发展需求，成为教育领域亟待解决的问题。

在当今的大数据时代，信息技术与人工智能技术的融合为个性化学习提

---

[1] 朱阳，黄再胜. 劳动的情感参与：数字时代情感的价值和生产[J]. 中共宁波市委党校学报，2020，42（2）：32-40+121.

[2] CoSN. Driving K-12 innovation：2022 hurdles & accelerators[EB/OL]. https://www.cosn.org/event/cosns-driving-k-12-innovation-summit-1-hurdles-accelerators-2/，2024-6-26.

[3] OECD. Future of Education and Skills 2030[EB/OL]. https://www.oecd.org/education/2030-project/，2024-6-29.

供了强有力的支持。通过收集和分析学习者的学习数据，我们可以更准确地了解每个学习者的学习特点、兴趣和需求。基于这些数据，教育机构可以为学习者提供更为精准的个性化学习定制服务。例如，通过智能推荐系统为学习者推送符合其学习风格和兴趣爱好的学习资源，从而提高学习效果和满意度。此外，随着智慧教室、在线教育等技术的普及，学习者可以接触到更为丰富的学习资源。这些资源不仅包括传统的文本、图片和视频，还包括虚拟现实、增强现实等新型媒介。这些媒介为学习者提供了更为直观、生动的学习体验，有助于激发学习者的学习兴趣。同时，智慧教室等技术还可以实现学习过程的实时互动和反馈，帮助学习者及时发现和纠正自己的学习问题，提高学习效率。

在虚拟现实技术的支持下，学习已经变成了一种丰富情境下的深度体验。学习者可以跨越虚拟与现实的空间限制，穿越到不同的时代和地点，进行沉浸式的学习。这种学习方式不仅可以增强学习者的感知和理解，还可以培养他们的创新思维和解决问题的能力。同时，虚拟现实技术还可以为学习者提供模拟的实践环境，让他们在安全的情境下进行实践操作，提高实践能力和技能水平。然而，技术的发展也给劳动教育带来了新的挑战。传统的劳动教育主要注重手工技能的培养和实践操作的训练。但在技术增强的背景下，我们需要重新思考劳动教育的目标和方式。劳动教育不仅应该培养学习者的实践技能，还应该注重培养他们的创新思维、团队协作能力和解决问题的能力。因此，我们需要将先进的技术与劳动教育相结合，创造出更为多样化、个性化的学习方式。

为了满足教育受众的多样化需求，实现人的知识、技能、情感的全面发展，我们可以采取以下措施：一是加强信息技术与劳动教育的融合，利用大数据、云计算等技术为学习者提供个性化的学习定制服务；二是丰富学习资源的形式和内容，利用智慧教室、在线教育等技术提供多元的学习资源；三是创新学习方式和方法，利用虚拟现实等技术为学习者提供沉浸式的学习体验和实践操作的机会。同时，我们还需要关注学习者的情感需求。学习不仅是一种认知过程，还是一种情感体验过程。因此，在劳动教育中，我们需要注重培养学习者的情感素养和审美能力。通过组织丰富多彩的学习活动和实践活动，让学习者在体验中感受到学习的乐趣和价值，从而激发他们的学习动力和创造力。

在技术发展与增强的背景下，劳动教育需要不断创新和适应时代的需求。通过加强信息技术与劳动教育的融合、丰富学习资源的形式和内容以及创新学习方式和方法等措施，我们可以更好地满足教育受众的多样化需求，实现人的知识、技能、情感的全面发展。这不仅有助于提高学习者的学习效果和满意度，还有助于培养他们的综合素质和创新能力，为未来的发展奠定坚实的基础。

2. 人工智能时代下的劳动教育转型与技能更新

随着科技的迅猛发展，人工智能已经逐渐渗透到各行各业，对传统的劳动市场和职业结构产生了深远的影响。麦肯锡全球研究院和世界经济论坛的报告都指出了人工智能对工作世界的重大影响，尤其是职业的快速迁移与技能替代的产生。[1]这种变革不仅在全球范围内发生，而且在中国这样的发展中国家中尤为明显。因此，深入探讨人工智能时代的劳动教育转型和技能更新显得尤为重要。

在人工智能的推动下，许多传统行业和职位正面临前所未有的挑战。智能机器人和自动化系统的广泛应用，使得一些重复性、低技能的工作逐渐被取代。与此同时，也催生了对新型技能的需求。咨询、决策、沟通和互动等人类特有的技能在工作中的重要性日益凸显。这就要求劳动者不仅要具备扎实的专业技能，还要拥有良好的人际交往、创新思维和解决问题的能力。

面对这样的职业变迁和技能替代，劳动教育的转型势在必行。传统的劳

---

[1] MKG Institute.Jobs lost, jobs gained: workforce transitions in a time of automation[EB/OL]. https://www.balough.com/wp-content/uploads/2017/12/1-dec-2017-mckinsey-excurtive-summary.pdf，2024-6-29.

动教育往往侧重体力和手工技能的培养，但在人工智能时代，这些技能正逐渐被机器所取代。因此，劳动教育需要更加注重创新思维、团队协作、问题解决等软技能的培养。同时，还需要学习和掌握新技术、新知识，以便更好地适应未来工作环境的变化。

为了实现劳动教育的成功转型，教育者需要积极学习新技术，将其融入教学过程中。例如，可以利用虚拟现实（VR）和增强现实（AR）等技术，为学生提供模拟的实践环境，让他们在安全、可控的情境中进行实践操作和解决问题。此外，还可以借助大数据和人工智能技术，对学生的学习进度和效果进行实时跟踪和分析，以便为他们提供更加个性化、精准的教学服务。

除了技术层面的转型外，劳动教育还需要在理念和内容上进行更新。教育者需要认识到，劳动不仅是一种生存技能，还是一种生活态度和价值观。在劳动教育中，应该注重培养学生的创新精神、实践能力和社会责任感。同时，劳动教育的内容也需要与时俱进，紧跟行业发展的步伐，及时调整和更新课程设置，确保学生所学能够与实际工作需求相匹配。

在全球大规模的职业变迁中，中国作为世界上最大的发展中国家，面临的挑战尤为严峻。到2030年，预计将有多达2.2亿劳动者需要变更职业。这一巨大的职业变迁不仅将对个人职业发展产生深远影响，也将对整个社会的经济结构和劳动力市场提出新的挑战。因此，加快劳动教育的转型和技能更新显得尤为重要。

为了实现这一目标，政府、学校和社会各界需要共同努力。政府可以加大对劳动教育的投入和支持力度，推动学校与企业、行业之间的紧密合作，共同培养符合未来工作市场需求的高素质人才。学校则需要积极宣传新技术、新理念，不断创新教学模式和方法，提高学生的实践能力和综合素质。同时，社会各界也应该为劳动者提供更多的学习和培训机会，帮助他们更好地适应职业变迁和技能更新的需求。

人工智能时代下的劳动教育转型与技能更新是一个复杂而系统的工程。

只有政府、学校和社会各界共同努力、协同创新，才能培养出更多具备创新思维、实践能力和社会责任感的高素质人才，为适应未来的工作作好充分的准备。

3. 人工智能的双重属性及其对社会生活的影响

人工智能，作为当今科技领域的热门话题，其技术属性和社会属性日益凸显。随着人工智能在经济、文化、社会等各个领域的广泛应用，其正以前所未有的速度改变我们的生活方式和工作模式。

从技术属性来看，人工智能以其强大的计算能力和学习能力，推动经济新业态的快速发展。无论是智能制造、智能农业，还是智慧金融、智慧医疗，人工智能都在其中发挥举足轻重的作用。它提高了生产效率，降低了运营成本，为企业创造了巨大的经济价值。同时，人工智能还在环保、能源等领域展现出了巨大的潜力，为可持续发展提供了新的可能。

然而，人工智能的社会属性也使得其对社会生活产生了颠覆性的影响。一方面，人工智能的普及和应用为人机协同、跨界融合、共创共享的社会生活模式提供了可能。人们可以借助智能设备更加便捷地获取信息、交流思想、享受服务。另一方面，人工智能也带来了一系列社会问题，如技术滥用、贫富差距拉大、算法歧视等。这些问题不仅威胁到个人的隐私安全，而且对整个社会的公平与正义提出了严峻的挑战。

面对人工智能带来的复杂社会环境变化，人们开始呼唤和寻求可持续的生活和工作方式。这种呼声反映了人们对未来社会的期待和担忧，也体现了人们对人与自然、人与社会、人与技术之间关系的深刻反思。

联合国教科文组织在相关报告中提出的"以人为本的新发展模式"，正是对这种呼声的积极回应。这种新模式强调人的主体地位和全面发展，注重提高人的综合素质和社会适应能力。它要求教育、科技、经济等各个领域都要以人的需求和发展为出发点和落脚点，推动社会的全面进步。

在这种新发展模式的指引下，技术与职业教育、劳动教育以及终身教育的重要性愈发凸显。①这些教育领域不仅是传授知识和技能的重要场所，也是培养创新思维、批判性思维和解决问题能力的重要阵地。通过这些教育，人们可以更好地适应人工智能时代的社会变革，提高自身的竞争力和可持续发展能力。

同时，这些教育领域也是推动社会公平与正义的重要力量。在技术滥用、贫富差距拉大等社会问题日益严重的背景下，教育可以帮助人们树立正确的价值观和道德观，提高人们的法律意识和公民素养，减少社会矛盾和冲突，为社会的和谐稳定提供坚实的基础。

为了实现这种新发展模式，需要政府、学校、企业和社会的共同努力。政府应该加大对教育的投入和支持力度，推动教育公平和普及；学校应该注重培养学生的创新精神和实践能力，提高他们的综合素质；企业应该承担更多的社会责任，推动技术的可持续发展；社会应该加强对教育的监督和评价，确保其质量和效果。

面对这种变革，人们需要更加积极地探索可持续的生活和工作方式，推动社会的全面进步和发展。教育作为实现这一目标的重要途径之一，应该得到更多的关注和支持。只有这样，人们才能更好地适应人工智能时代的社会变革，实现个人的全面发展和社会的和谐稳定。

（二）引入社会情感学习对劳动教育转型的意义

1. 社会情感学习在人的发展中的重要性及其在劳动教育中的应用

社会情感学习，作为教育领域的一个新兴概念，正逐渐受到广泛的关注。它强调个体在情感、社会和道德方面的学习与发展，涵盖自我认识、自我管理、社交技能、人际关系以及负责任的决策等多个方面。

社会情感学习的核心理念与人的全面发展紧密联系。在传统教育观念中，学业成绩往往被视为衡量学生成功与否的唯一标准。然而，随着社会的发展

---

① 约翰·菲恩，大卫·威尔逊，李冉萌，等. 通过职业教育与培训促进社会可持续性[J]. 世界教育信息，2021，34（3）：20-26.

和教育理念的进步，人们越来越认识到，仅仅依靠学业成绩是无法全面评价一个学生的。社会情感学习的提出，正是为了弥补这一评价体系的不足。它关注学生的情感、社会和道德发展，致力于培养学生的综合素养。[①]

在自我认识和自我管理方面，社会情感学习鼓励学生深入了解自己的内心世界，认识自己的情绪、需求和价值观。通过这种自我觉察，学生能够更好地管理自己的情绪，调整自己的心态，以更积极、健康的方式面对生活中的挑战。这种自我认识和自我管理的能力，不仅对学生的心理健康有积极的促进作用，还有助于提高他们的学习效率和生活质量。

在与人交往方面，社会情感学习强调学生应具备良好的社交技能和人际关系处理能力，包括有效沟通、同理心、团队合作等多个方面。通过培养这些技能，学生能够更好地融入集体，与他人建立良好的关系，从而在团队合作中发挥更大的作用。

此外，社会情感学习还强调学生应具备负责任的决策能力。这意味着学生在面对选择时，能够权衡利弊，考虑长远影响，并作出对自己和他人都有利的决策。这种决策能力不仅对学生的个人成长至关重要，也是他们未来成为合格社会公民的必备素质。

多项研究均表明，社会情感学习对学生的学术成绩、社会和情感技能具有显著的正向作用。[②]参加社会情感学习的学生在各方面都有明显提高，如学业成绩的提升，态度、行为和情绪管理方面的显著改善。这些研究成果为在教育实践中融入社会情感学习提供了有力的理论支撑。

在当前劳动教育中尝试融入社会情感学习具有深远的意义。劳动教育作为促进学生全面发展的重要载体，其目标不仅在于培养学生的劳动技能，还在于通过劳动实践培养学生的责任感、团队合作精神和创新意识。将社会情

[①] 沈伟,王娟. 社会情感学习为国家人才培养带来了什么——基于政策流动的视角[J]. 教育发展研究，2019，39（20）：8-17.

[②] 周金燕，张亚星，李玉凤. 社会情感学习融入学校教育：美国教育改革新动向及其证据[J]. 比较教育学报，2020（4）：44-56.

感学习融入劳动教育，可以帮助学生更好地认识自我、管理自我，并在劳动实践中学会与人交往、合作并进行负责任的决策。

具体而言，在劳动教育中融入社会情感学习可以通过以下途径实现：一是设计具有挑战性的劳动任务，让学生在实践中体验成功与失败，从而培养他们的抗挫能力和自我管理能力；二是鼓励学生参与团队合作项目，通过共同完成任务培养他们的团队合作精神和沟通能力；三是在劳动实践中引导学生关注社会问题，培养他们的社会责任感和公民意识。通过这些实践活动，学生不仅能够提高劳动技能，还能使情感、社会和道德方面得到全面发展。

将社会情感学习融入劳动教育，不仅可以帮助学生解决对劳动认识不足、劳动积极性不高、劳动态度不端正等问题，还能推动劳动教育成为促进学生个体全面发展的有效载体。这一教育理念的实施需要教育者、学校和社会的共同努力与探索，以期为学生的全面发展创造更加有利的环境和条件。

2. 社会情感学习与可迁移能力的培养在劳动教育中的重要性

在当今快速发展的社会中，教育体系正面临着前所未有的挑战和机遇。特别是劳动教育，不仅关乎技能的培养，而且涉及学生全面发展的问题。近年来，社会情感学习的兴起为劳动教育注入了新的活力和方向。社会情感学习与工作中的可迁移能力之间存在紧密的联系，这种联系在劳动教育中显得尤为重要。

社会情感学习强调的是个体的内在发展和人际交往技能的培养，包括沟通能力、与人交往能力、关心他人的能力以及团队合作能力等。[1]这些技能在当今的工作中具有极高的价值，因为它们构成了可迁移能力。可迁移能力，顾名思义，是指那些可以在不同工作、不同情境中迁移和应用的技能。在当今多变的工作环境中，这种能力尤为重要。

世界经济论坛和麦肯锡的研究报告都指出了未来工作市场对新技能的需

---

[1] 陈兆军，郭建鹏，吕帅. 大学生社会情感能力理论模型与量表编制[J]. 中国健康心理学杂志，2023，31（4）：544-551.

求趋势。批判性思维、解决复杂问题的能力、主动学习、协调与时间管理等技能日益受到重视。特别是那些涉及情感性的技能，如团队合作能力、高效沟通和积极的工作面貌，已经成为商业领袖和雇主们所期望的关键能力。①这些能力不仅关乎个体的职业发展，而且是一个团队、一个组织能否高效运作的关键因素。

在此背景下，劳动教育的角色和价值得以凸显。传统的劳动教育往往注重手脑并用，即操作技能与劳动认知的发展。然而，随着社会的进步和工作市场的需求变化，这种教育模式已经显得捉襟见肘。为了更好地适应未来工作市场的需求，劳动教育必须加强社会情感学习。

在劳动教育中融入社会情感学习，可以帮助学生培养更加全面和均衡的能力。这不仅有助于学生应对未来的就业市场，而且为学生的全面发展和终身学习打下坚实的基础。通过社会情感学习，学生可以学会如何更好地理解他人、表达自己、处理人际关系，以及在团队中发挥积极的作用。

具体而言，劳动教育中的社会情感学习可以通过多种方式实现。例如，通过团队合作项目，学生可以学会如何与他人协作、沟通和解决冲突。在完成任务的过程中，他们不仅需要运用自己的专业技能，还需要发挥自己的情感智慧，以更加高效和和谐的方式完成任务。此外，劳动教育中的社会情感学习还可以帮助学生培养积极的工作态度和职业精神。在面对挑战和困难时，学生能够以更加乐观和坚忍的心态去应对，从而在未来的职业生涯中走得更远。值得注意的是，社会情感学习的融入并不是一蹴而就的过程，需要教育者有意识地设计和实施相关的教学策略和活动。例如，教育者可以通过角色扮演、小组讨论、案例分析等方式，让学生在模拟的工作环境中学习和实践社会情感技能。同时，教育者还需要不断地反思和调整自己的教学方法，以确保社会情感学习的有效实施。

社会情感学习与可迁移能力的培养在劳动教育中具有不可替代的重要

---

① 麦肯锡工作新未来报告：2030 年我们能做什么工作？[EB/OL]. https://zhuanlan.zhihu.com/p/704600862，2024-6-25.

性。通过加强这方面的教育，我们可以帮助学生更好地适应未来工作市场的需求，培养他们的全面能力，为他们的终身学习和职业发展打下坚实的基础。

3. 引入社会情感学习，可以促进劳动教育成为推动社会平等、包容和可持续发展的重要动力

在当今全球化、多元化的时代背景下，劳动教育不再仅仅是传授劳动技能的过程，而是一个全面培养学生社会情感技能、塑造合格公民、推动社会可持续发展的重要途径。社会情感学习，作为培养学生核心素养的关键环节，其在劳动教育中的融合与应用显得尤为重要。

社会情感学习的核心在于培养学生的多项关键能力，如沟通能力、自我认识能力、责任心、批判性思维和创造力等。这些能力是构成合格公民核心素养的重要组成部分，同时也是实现未来社会可持续发展的必要能力。这些能力的培养，不仅关乎个体的成长与发展，而且对社会的和谐与进步具有深远的影响。

沟通能力是社交互动中不可或缺的技能，涉及信息的传递、情感的表达以及观点的交换。在劳动教育中，通过团队合作、项目实践等方式，学生可以锻炼和提高自己的沟通能力，学会如何有效地与他人交流、协商和解决问题。这种能力的培养，不仅有助于学生在未来职场中发展，而且有助于他们在社会生活中建立良好的人际关系，促进社会的和谐与稳定。

自我认识能力是指个体对自己的认知和理解，包括自己的优点、缺点、价值观和目标等。在劳动教育中，通过反思和自我评价，学生可以更深入地了解自己，明确自己的兴趣和方向。这种自我认识能力的提升，可以帮助学生更好地规划自己的职业生涯，实现自我价值的最大化。

责任心是个体对自己所承担义务的自觉意识和积极履行的态度。在劳动教育中，通过参与实践活动和承担项目任务，学生可以深刻体会到责任的重要性，并学会如何承担责任、履行义务。

批判性思维是一种理性的思维方式，要求个体对问题进行深入的分析、评价和判断。在劳动教育中，通过引导学生对实践活动中遇到的问题进行批判性思考，可以帮助他们形成独立的观点和见解，提高解决问题的能力。这种批判性思维的培养，对于学生的学术研究和职业发展都具有重要的意义。

创造力是指个体产生新思想、新观点和新方法的能力。在劳动教育中，通过激发学生的创新思维和想象力，可以帮助他们打破传统思维的束缚，探索新的可能性和解决方案。这种创造力的培养，不仅可以提升学生的个人竞争力，而且有助于推动社会的进步和发展。

联合国教科文组织发布的报告强调了社会情感学习在建立人类繁荣中的重要作用。[①]通过个体的识别和调节情绪、确立积极目标、形成同情心和批判性探究能力等途径，可以推动个体采取建设性的行动来促进人类的繁荣。这一理念与劳动教育的目标不谋而合，即都致力于培养具有社会责任感、积极参与社会建设的合格公民。

在实践中，新加坡将社会情感学习与本土价值观相结合，融入公民教育与价值教育，取得了显著的实践效果。这一成功案例为我们在劳动教育中加强社会情感学习提供了有益的借鉴和启示。通过整合社会资源、创新教育模式和方法等途径，我们可以更好地将社会情感学习融入劳动教育中，全面提升学生的核心素养和综合能力。

二、引入社会情感学习，推动人工智能时代劳动教育转型的框架设计

面对人工智能时代的挑战，劳动教育需要顺应浪潮，化挑战为机遇，利用人工智能技术的优点，在教育的顶层设计中引入社会情感学习。通过更新

---

① 董伊苇，宁波. 转型社会呼吁教师教育实现发展转型——联合国教科文组织教师教育中心全球教师专业发展论坛综述[J]. 比较教育学报，2022（1）：169-175.

教育理念、扩展教育能力、打破教育边界，构建融合社会情感学习的劳动教育转型框架，促进受教育者的知识、技能与情操、态度、价值观的协同发展。

（一）融入社会情感学习，更新教育理念，树立全面的劳动教育价值理念

社会情感学习的核心理念，在于对教育中情感层面的深度关注和培养。在当今教育领域，这一理念正逐渐受到广泛的认可和重视。特别是在劳动教育中，情感学习与获得的重要性愈发凸显。然而，这方面在当前的劳动教育实践中仍未得到充分关注。

劳动教育作为培养学生实践能力和劳动精神的重要途径，其目标并不仅仅局限于知识与技能的传授。学生在劳动过程中，除了对知识技能的需求外，还有深层次的情感需求。他们渴望在劳动中找到与他人协同合作的乐趣，体验劳动带来的成就感和愉悦感。这种情感需求的满足，不仅能够激发学生的学习兴趣和动力，而且有助于培养他们的团队协作精神和创新意识。

联合国教科文组织在相关报告中明确指出："人类需要社交和情感联系来学习和获得更高层次的认知""个人的情感和社会发展与个人的认知和生理发展同等重要"。[1]这一观点为我们在劳动教育中融入社会情感学习提供了坚实的理论基础。然而，反观当前的劳动教育现状，我们不难发现，情感层面的学习与获得往往被忽视。教育者们更多地关注学生的知识掌握、技能提升和劳动观念的培养，而忽略了学生在劳动过程中的情感体验和满足。

为了顺应新时期的教育需求，劳动教育理念亟待更新。在继承"强化劳动观念""强调身心参与""继承优良传统"和"发挥主体作用"等传统理念的基础上[2]，我们应加入"涵养劳动情感"的新内容。这一理念的加入，旨

---

[1] UNESCO. Rethinking Learning: A Review of Social and Emotional Learning for Education Systems[EB/OL]. https://mgiep.unesco.org/rethinking-learning, 2024-06-25.

[2] 教育部关于印发《大中小学劳动教育指导纲要（试行）》的通知[EB/OL]. https://www.gov.cn/gongbao/content/2020/content_5535329.htm, 2024-06-26.

在将劳动教育的关注点从单一的知识技能提升,转向劳动认知、能力、情感、价值的全面结合。

"涵养劳动情感"的提出,不仅是对学生个体情感需求的回应,而且是对劳动教育价值的全面挖掘和提升。在劳动过程中,学生通过与他人的合作与交流,能够培养团队协作精神、增强集体荣誉感;通过亲手完成劳动任务,能够体验成功的喜悦、提升自我价值感;通过面对劳动中的困难和挑战,能够锻炼意志品质、培养坚韧不拔的精神。这些情感体验和价值观念的培养,对于学生的全面发展具有重要意义。

为了在劳动教育中有效融入"涵养劳动情感"的理念,教育者可以采取以下措施:首先,设计具有情感体验的劳动任务,让学生在实践中感受劳动的乐趣和价值;其次,关注学生的情感体验,及时给予肯定和鼓励,增强他们的自信心和归属感;最后,引导学生反思劳动过程中的情感体验,帮助他们形成正确的劳动观念和价值取向。一个积极向上、团结协作的劳动氛围,能够激发学生的学习兴趣和动力,使他们在劳动中获得情感体验和满足。同时,教育者还应关注学生的个体差异和需求,提供个性化的教育支持和引导,确保每个学生都能在劳动教育中获得全面发展。劳动教育理念更新框架如图 3-1 所示。

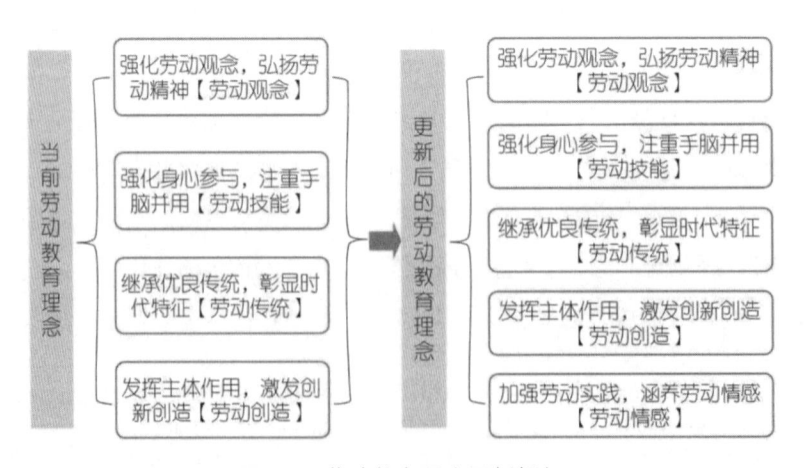

图 3-1 劳动教育理念更新框架

（二）融入社会情感学习，扩展劳动能力，构建劳动教育中的多元能力框架

2020年，教育部颁布了《大中小学劳动教育指导纲要（试行）》，其明确指出了大中小学生应具备的基本劳动能力。这些能力涵盖基本的劳动知识和技能、劳动工具的正确使用，以及设计、操作和团队合作能力。[1]这些要求构成了一个相对全面的劳动能力框架。然而，在人工智能日益发展的时代背景下，仅仅具备这些能力显然不足以应对未来社会的挑战。

面对新的社会环境，特别是人工智能的广泛应用，劳动教育不仅应着眼于传统的认知能力、技术技能、创造力和团队合作能力，还需要重视社会交往技能和情感社交技能的培养。为了实现这一目标，我们可以合理地将社会情感学习能力融入劳动教育中，构建一个更加全面、多维的能力体系，帮助学生更好地适应未来的工作和生活。

社会情感学习的核心技能包括自我认知、自我管理、社会认知、人际交往以及负责任的决策等五个方面。[2]这些技能与传统的劳动技能既有重叠，也有其独特性。在人工智能的时代背景下，我们可以结合劳动教育的实际情况，将这些社会情感学习技能融入劳动教育中，进而将劳动教育的能力要求扩展为六大类，分别是：劳动认知能力、劳动自我管理能力、劳动技术技能能力、劳动创新创造能力、劳动交往与协作能力，以及劳动决策能力。这样的扩展不仅可以强化劳动教育中的情感要素，也可以使学生更好地满足人工智能时代对技能的需求。

具体而言，新扩展的劳动技能框架如表3-1所示，这一框架的构建，旨在培养学生更全面的劳动能力，以适应未来社会的多元需求。

---

[1] 教育部关于印发《大中小学劳动教育指导纲要（试行）》的通知[EB/OL]. https://www.gov.cn/gongbao/content/2020/content_5535329.htm，2024-6-26.

[2] CASEL.What Is the CASEL Framework？[EB/OL]. https://casel.org/fundamentals-of-sel/what-is-the-casel-framework/，2024-6-26.

表 3-1　人工智能背景下融合社会情感学习的劳动教育技能扩展

当前劳动教育要求掌握的技能	社会情感学习要求的核心技能	人工智能背景下融合社会情感学习的劳动教育技能
1. 劳动认知能力	1. 自我认知	1. 劳动认知能力（对劳动本身、自我劳动、社会劳动的认知）
2. 技术技能能力（正确使用常见劳动工具、具备操作能力）	2. 自我管理	2. 劳动自我管理能力（自定劳动进度、自我驱动、自我管理的学习能力） 3. 劳动技术技能能力（正确使用常规劳动工具、具备操作能力）
3. 创造能力（增强体力、智力和创造力，具备完成一定劳动任务所需要的设计能力）	3. 社会认知	4. 劳动创新创造性能力（增强体力、智力和创造力，具备完成一定劳动任务所需要的设计）
4. 团队合作能力	4. 人际交往能力	5. 劳动交往与合作能力（能够进行劳动协作、团队合作的能力，在劳动过程中能共情、包容、交往的能力）
	5. 负责任的决策能力	6. 劳动决策能力（劳动决策、能对个人行为与社会负责任）

（三）融入社会情感学习，打破教育边界，构建开放的劳动教育参与者体系

劳动教育需展望未来生活，广泛吸纳各方资源，以构建开放多元的教育体系，进而拓宽劳动教育的视野，并加强学生的社会认知。《大中小学劳动教育指导纲要（试行）》明确指出，职业院校及普通高等学校应积极引入社会力量，共同推进学校的劳动教育。[①]在此方针的指导下，劳动教育可以打破学校与社会机构、企业以及家庭之间的教育壁垒，动员教育机构、企业、公共部门及家庭等多方利益相关者共同关注人工智能时代的劳动议题。这些议题包括但不限于劳动与自然生态的关系、劳动与文明进步的联系、劳动与社会发展的相互作用、劳动与自我实现的可能性，以及劳动治理等。

学校可以与体育或心理健康机构进行合作，帮助学生认识到劳动与身心

---

① 教育部关于印发《大中小学劳动教育指导纲要（试行）》的通知[EB/OL]. https://www.gov.cn/gongbao/content/2020/content_5535329.htm，2024-6-26.

健康之间的紧密联系,并培养他们未来自我管理的能力。同时,通过与社会机构、博物馆等单位的协作,学生可以更深入地了解当地社会和不同地区的劳动工具、方式及生产水平,从而增进他们对社会和文明多样性的理解。此外,学校还可以邀请当地技术人员和科学家共同制订劳动技能提升方案或非物质文化遗产传承计划,利用相关资料和学生的研究成果来增强学生的社会责任感。

这种多元化的合作模式,不仅有助于引导学生思考技术进步对生态环境、劳动价值观、社会贫富差距、人际交往以及劳资关系等方面的影响,还能促进学生的社会意识发展。通过这种方式,学生可以形成正确的劳动观念和社会认知,并将这些素养内化为自身的一部分,从而为推动社会更加公平、可持续发展作出贡献。

三、引入社会情感学习,推动人工智能时代劳动教育转型的行动策略

在新时代背景下,为促进社会情感学习引入劳动教育,推动人工智能时代的劳动教育转型,需要劳动教育实施机构从战略层面、教学层面、平台层面、制度层面提供支持,赋能教育管理者、赋能师生、赋能利益相关者,为劳动教育转型提供保障。

(一)战略支持:构建融入社会情感学习的劳动教育转型战略

劳动教育的首要任务是赋能教育管理者,从顶层战略层面推动劳动教育的转型。美国学校网络联合会发布的《2022年基础教育创新驱动力报告》指出:"学校应将社会情感学习框架嵌入其日常实践中,让一些中层管理者参与特定的社会情感学习培训,最大限度推进学校内实施社会情感学习的力度。"[1]一是广泛研讨。劳动教育管理部门针对"人工智能时代的劳动教育

---

[1] CoSN. Driving K-12 innovation:2022 hurdles & accelerators[EB/OL]. https://www.cosn.org/event/cosns-driving-k-12-innovation-summit-1-hurdles-accelerators-2/,2024-6-26.

转型""社会情感学习融入劳动教育"等议题，吸纳教育管理者、业内专家、人工智能方面的技术专家等开展广泛的战略研讨，通过研讨使教育管理者、教育界对人工智能时代的劳动教育转型、对劳动教育融入社会情感学习的内容有充分的认识，从而更新劳动教育理念，为制定清晰的劳动教育转型战略提供保障。二是确立战略目标。在充分学习、研讨的基础上要注重劳动教育的时代变化，确立融入社会情感学习，面向个体发展、面向工作世界、面向社会可持续发展的劳动教育转型目标。同时树立更加全面的劳动教育观，关注受教育者认知、情感、技能的全方面发展、个性化发展、多样化发展和全过程发展，为实现新时代的劳动教育转型提供目标支持。三是确立劳动教育融入社会情感学习的战略要点。鼓励不同层次学校根据具体情况，在劳动教育中融入社会情感学习，提升不同层次学生劳动认知、劳动技能、劳动情感的实施要点。四是进行多层次的战略规划，保障战略规划的全方位统筹指导。教育管理部门应该制定劳动教育转型的区域总体规划，了解本区域内的人工智能发展情况、劳动生产技术发展情况，统筹协调解决区域内教育发展过程中的重点难点问题，从而制定本区域的劳动教育转型规划，为区域内院校开展劳动教育提供指导。各院校、学校层面应该制订劳动教育的校级战略规划方案，对全校劳动教育转型作出规范部署。

（二）教学改革：构建融合社会情感学习的劳动教育教学模式

在战略支持之外，劳动教育的主要任务是进行教学改革赋能师生，为推动劳动教育转型提供根本支撑。一是通过项目化学习，实施情感导向的劳动教育课程建构，赋能学生。项目化学习即以项目为主线，以学生为中心，通过实施完整的项目工作进行学习，如制造一个特定的产品、运行一个劳动实施方案等。通过项目化手段将社会情感学习融入教育中是一些国家的普遍做法，如德国将健康生活、生命观、冲突与和谐、集体生活等内容进行主题式整合，融入各类课程之中，实现劳动教育中情感获得与生活实践的融通。[①]因

---

① 任平，贺阳.连通学校与现代社会生活的桥梁——德国中小学劳动教育实施路径及启示[J].外国中小学教育，2019（8）：28-36.

此，在劳动教育方面，学校可以通过项目化学习，开发高质量的融入社会情感学习的劳动教育项目学习课程，从而推动学生的技能提升。二是开展专业化的教师培训，将社会情感学习融入劳动教育的教师培训中。如开展社交技能和同情、感受情绪、了解自我与他人等多种主题的学习培训，帮助教师在劳动教育中了解自我与他人（学生或同事）的感受，了解不同阶段学生的情绪变化、发展特点和阶段性需求。

（三）平台支撑：构建融合社会情感学习的劳动教育开放办学空间

学校应搭建多样化的平台吸纳劳动教育利益相关者，形成劳动教育的开放办学空间，为劳动教育更好地面向个体提升、面向工作世界、面向未来生活发展提供保障。[①]为此，学校应建立多种平台，以平台为纽带加强学校、家庭、社区的伙伴关系。一是搭建学校家庭合作交流平台，通过学校家庭通力合作，为学生社会情感能力提升创造支持性的系统环境，建立家长学生的劳动共识，形成家校间的合力。二是建设学校企业交流合作平台。通过与区域企业、行业协会等合作开展名校名企访学、实践项目，设立学生实践培训基地等举措，吸引行业企业力量加入劳动教育，为学生提供更多贴近当代大生产的实习实践岗位和创新创业平台机会，提升学生在人工智能时代的劳动技能，加强劳动情感，提升劳动竞争力。三是建设学校社区交流合作平台。充分利用区域资源吸纳社区力量加入劳动教育，通过联系社区开放博物馆、历史遗址、美术馆、展览馆和法院等机构，让学生通过实地考察、访谈、参与社区劳动的方式习得适宜的社会劳动行为，树立服务社区意识。

（四）制度保障：构建融合社会情感学习的劳动教育制度体系

学校应构建融合社会情感学习的劳动教育制度体系，为劳动教育转型提供制度保障。一是构建融入社会情感学习的劳动教育评估制度。将学生的社

---

① CASEL.What Is the CASEL Framework? [EB/OL]. https://casel.org/fundamentals-of-sel/what-is-the-casel-framework/，2024-6-26.

会情感学习纳入学校劳动教育的评估中，构建融入社会情感学习的劳动教育评估标准。相关标准由劳动教育的目标、基准与效果组成，涵盖社会情感学习的相关理念与技能，不仅考查学生的劳动认识、劳动技能，而且考查劳动情感的获得与情感技能的增长，保障学生的劳动学习效果。二是构建投入保障机制。设置一定的资金，支持学校开发、开展、实施融入社会情感学习的劳动教育相关课程与项目。同时，保障一定的资金投入，建立劳动教育的支持性环境，如校园空间建设、项目开展基地等，为社会情感学习的高质量运作提供资金保障。三是构建融入社会情感学习的劳动教育培训机制。将社会情感学习纳入劳动教育的培训范围，定期对家长、战略管理者、教师进行培训，以推动利益相关者在劳动教育融入社会情感学习方面达成共识，为劳动教育融入社会情感学习提供文化保障。

第三节　基于 SEL 的劳动教育方法与评价创新

凡论及教育教学的命题都离不开对教学方法和教学评价的讨论，教育教学改革的着力点也往往聚集在教学方法和教学评价的改进上。[①]教学观念、教学内容、学习需求、管理制度等要素通过教学方法而发生联系。[②]教育评价则具备导向、诊断、激励、改进和甄选等功能。基于 SEL 理论对劳动教育的教学方法和教学评价进行创新，才能让 SEL 理论与劳动教育实践领域的各类要素充分融合，在正确的方向上推动劳动教育体系的创新。

一、教学方法的创新

劳动教育教学方法的创新要立足真实情境，强化学生的实际体验。通过

[①] 徐继存. 教学论研究[M]. 福州：福建教育出版社，2020：123.
[②] 邵士权. 我国高等学校教学方法创新研究[D]. 华中科技大学，2012.

项目化教学法、情景模拟法和案例教学法等方法让学生在亲身实践中掌握劳动技能，在团队协作中实现自我认识、自我管理，提升决策能力和人际交往能力。通过创新教学方法，丰富劳动教育中的情感体验，从而提升学生的劳动能力和社会情感能力。

（一）项目化教学法

在劳动教育课程中，引入具体的劳动项目是一种富有成效的教学方法。这种方法能够让学生在亲身实践中学习并掌握劳动技能，更重要的是，它提供了一个真实的环境，让学生在学习技能的同时，在团队协作中培养社会情感能力。[1]下面以园艺课程中的花卉种植项目为例，详细探讨这种教学方法的实施过程及其对学生能力培养的深远影响。

园艺课程，作为一门实践性强的学科，为学生提供了丰富的动手实践机会。在园艺课程中引入花卉种植项目，可以让学生从选种、播种、养护到收获，全程参与并体验劳动的乐趣。这种全程参与的教学模式，不仅有助于学生深入理解园艺的各个环节，而且能让他们在实践中学习并掌握园艺技能。

选种是花卉种植项目的第一步，也是至关重要的一步。学生需要根据种植环境、气候条件以及市场需求等因素，综合考虑选择适合的花卉品种。在这一过程中，学生不仅需要了解各种花卉的生长习性、花期、花色等信息，还需要学会如何根据实际情况做出合理的选择。这一过程不仅锻炼了学生的信息收集与处理能力，也培养了他们的决策能力。

播种和养护阶段则是对学生耐心和细心的考验。学生需要按照正确的播种方法进行播种，确保种子的成活率。在养护阶段，学生从花卉的需求出发，定期浇水、施肥、除草、防病虫害等，确保花卉能够健康成长。这一阶段的工作烦琐而细致，需要学生具备极强的责任心和耐心。通过这一阶段的实践，学生不仅能够掌握园艺的基本技能，还能学会站在他人的角度思考，更好地理解他人的感受和需求，加深对生命的敬畏和尊重。

---

[1] 区穗玲，杨净静，谢梓红. 项目教学法在高校环境艺术设计教学中的应用[J]. 山西财经大学学报，2023，45（S1）：181-183.

在花卉种植项目的整个过程中，团队协作是不可或缺的。学生需要分组进行合作，共同完成选种、播种、养护等各个环节的工作。在团队协作中，学生需要学会如何与他人沟通、协调、分工合作，以确保项目的顺利进行。这种团队协作的经验，对学生未来的职业发展和社会生活都具有重要意义。

在种植过程中，学生可能会遇到各种问题，如种子不发芽、花卉生长缓慢、病虫害等。面对这些问题，学生需要学会分析问题、查找原因、提出解决方案并实施。这种问题解决的过程，不仅锻炼了学生的思维能力，也培养了他们的创新意识和实践能力。对比不同品种花卉的生长情况、分析不同养护方法对花卉生长的影响等，学生可以深入了解园艺学的相关知识。同时，这种研究型学习方式也有助于培养学生的科学素养和研究能力。

（二）情景模拟法

在劳动教育中，为了使学生更深入地理解劳动的意义和价值，并培养他们的实践技能，教育者经常采用模拟真实劳动场景的教学方法。这种教学方法通过构建一个与真实劳动环境高度相似的模拟场景，让学生在其中进行角色扮演和实际操作，从而学习并掌握相关的劳动技能和知识。[1]本书以模拟餐厅环境为例，详细探讨这种教学方法如何帮助学生提升应变能力和自我调控能力。

模拟餐厅环境是一个具有实际应用价值的劳动教育场景。在这个场景中，学生可以扮演服务员、厨师、餐厅经理等角色，通过实际操作学习餐饮服务流程和礼仪。这种模拟环境不仅提供了一个逼真的实践平台，还让学生在角色扮演中更深入地理解每个角色的职责和挑战。

在模拟餐厅环境中，学生作为服务员需要掌握基本的餐饮服务技能，如点餐、上菜、结账等。他们还需要学习如何与顾客进行有效的沟通，以满足顾客的需求并解决可能出现的问题。作为厨师，学生需要了解食材的处理、烹饪技巧以及菜品的搭配等知识。而作为餐厅经理，学生则需要学习如何管

---

[1] 殷延海. 情景模拟法在物流管理实验教学中的应用探索[J]. 实验室研究与探索，2014，33（11）：226-229+242.

理团队、采取营销策略以及处理突发事件。

在这个模拟环境中，学生不仅能够学习到餐饮服务的基本技能，更重要的是，他们能够在实践中锻炼应变能力和自我调控能力。例如，当面对顾客的特殊需求或突发情况时，学生需要迅速作出反应，找到合适的解决方案。这种应变能力在未来的职业生涯中是非常重要的，因为它能帮助学生更好地适应不断变化的工作环境。

在繁忙的餐厅环境中，学生需要学会控制自己的情绪，保持冷静和专注，以确保服务的质量和效率。这种自我调控能力不仅对学生的个人成长具有重要意义，也有助于他们更好地处理工作中的压力和挑战。

除了以上提到的技能培养外，模拟餐厅环境还具有极高的研究价值。教育者可以通过观察学生在模拟环境中的表现，分析他们在应变和自我调控方面的优势和不足，从而为劳动教育课程的改进提供有力的依据。此外，教育者还可以利用模拟餐厅环境进行跨学科的研究，如探索餐饮服务与心理学、社会学等学科的内在联系。

在实施模拟餐厅环境的教学方法时，教育者需要注意以下几点：首先，要确保模拟环境的逼真度，以便让学生更好地融入角色并体验真实的劳动场景；其次，要提供足够的实践机会，让学生能够在模拟环境中反复练习并巩固所学技能；最后，要注重学生的反馈和评估，以便及时调整教学策略并满足学生的学习需求。

（三）案例教学法

在劳动教育中，引入真实的劳动案例进行深入分析和讨论，是一种富有成效的教学方法。[①]它不仅有助于学生更直观地了解劳动市场的实际运作，而且能深化他们对劳动中道德伦理、法律法规等问题的理解。本书以一起劳动争议案例为切入点，探讨这种案例分析方法在劳动教育中的具体应用及其对学生批判性思维和创新能力培养的影响。

---

① 叶王蓓. 思想政治案例教学的组织与实施[J]. 思想政治课教学，2023（10）：38-41.

劳动争议案例是劳动市场中实际发生的事件，涉及劳动者、雇主以及相关法律法规的复杂互动。选择适当的案例进行分析，可以帮助学生了解劳动市场的现实问题和挑战，以及劳动法规在实际操作中的应用。

例如，在某起劳动争议案例中，一名员工因工作表现不佳被雇主解雇，但该员工认为解雇是不公正的，因为他在工作中并未出现重大失误，且雇主未按照劳动法规定的程序进行解雇。这一案例就涉及劳动法规、劳动合同、解雇程序以及员工权益保护等多个方面。

在分析这一案例时，教师可以引导学生从多个角度进行思考。首先，从道德伦理角度，可以讨论雇主在解雇员工时是否应遵循公正、公平的原则，以及员工在工作中应享有的基本尊严和权益。这有助于学生理解劳动关系中的道德责任和伦理规范。其次，从法律法规角度，教师可以引导学生深入研究相关的劳动法规，如劳动法中关于解雇程序、员工权益保护等条款。通过对法律条文的解读和讨论，学生可以更深入地了解劳动法的精神和实际应用，增强他们的法律意识和法治观念。此外，教师还可以鼓励学生运用批判性思维和创新能力，对案例进行更深入的分析和解读。例如，可以探讨案例中雇主和员工双方的行为是否合理，是否存在改进的空间，以及如何避免类似的劳动争议发生。这种深入的分析和讨论，不仅有助于培养学生的批判性思维，还能激发他们的创新意识，提出更具建设性的解决方案。同时，通过分析真实的劳动争议案例，学生还能更好地理解劳动市场的复杂性和多元性。在现实生活中，劳动关系往往涉及多方利益主体和复杂的法律法规环境。通过案例学习，学生可以更直观地了解这些复杂因素如何相互作用，从而影响劳动关系的稳定和发展。

通过对大量劳动争议案例的收集、整理和分析，教师可以总结出劳动市场中普遍存在的问题和挑战，以及劳动法规在实际操作中的适用情况和改进方向。这些研究成果不仅可以为劳动教育的改进提供有力支持，还可以为相关政策制定和法律法规的完善提供参考依据。在实施案例分析方法时，教师还应注意选择具有代表性的案例，确保案例的真实性和客观性。同时，教师还应注重引导学生的讨论方向，鼓励他们提出自己的观点和见解，培养他们的独立思考能力和创新精神。

二、评价体系的创新

评价体系的创新需要从评价标准、评价主体等方面入手，改变以功利性为导向的评价方式，充分发挥评价的诊断和激励等功能。

（一）多维评价法

除了传统的知识技能评价外，还应将学生的劳动态度、团队协作能力、创新能力等纳入评价体系。这种方法能够更全面地反映学生的劳动教育成果，同时为他们提供更有针对性的反馈和指导。例如，在评价学生的园艺项目时，除了考察花卉的生长情况外，还可以评价学生在项目中的参与度、团队合作精神以及创新思维等方面。

（二）过程性评价与结果性评价相结合

关注学生的劳动过程以及最终的劳动成果。过程性评价可以帮助学生及时发现并纠正自己在劳动过程中的问题，而结果性评价则可以检验学生的劳动技能和成果。两者相结合能够更全面地评价学生的劳动教育效果。例如，在模拟餐厅环境中，教师可以对学生的服务流程、礼仪表现等进行过程性评价，同时根据顾客的反馈和学生的服务效果进行结果性评价。

（三）自我评价与同伴评价相结合

鼓励学生进行自我评价和同伴评价，以提升他们的自我意识和责任感。自我评价可以帮助学生反思自己在劳动过程中的表现和进步，而同伴评价则可以让学生从他人的视角审视自己的表现，从而发现不足并寻求改进。例如，在园艺项目中，学生可以对自己的种植技能、团队协作等方面进行自我评价，同时接受同伴在这些方面的评价和建议。

PART FOUR

第四章

SEL 优化劳动教育实践的策略

第四章　SEL 优化劳动教育实践的策略

任何的理论创新都要落实到实际运用，SEL 理论的引入自然会对劳动教育体系产生影响，其实践运用让人期待。本章将从实践角度，着重探讨 SEL 理论在劳动教育中的运用策略。第一节从劳动教育的现实困境出发，聚焦于 SEL 理论和劳动教育的结合路径，助力落实劳动教育的育人目标以突破困境。第二节将劳动教育的主要实施者——教师作为对象，探讨 SEL 在实践运用中如何助力教师专业发展。第三节从"五育"融合的宏观视角出发，挖掘劳动教育在具体实践中与 SEL 的融合路径。最后一部分，以更为具体、微观的实例，详细阐述 SEL 在劳动教育中的应用路径。本章分四个部分，从宏观到微观，多层次、多角度勾勒 SEL 优化劳动教育的全景图。

第一节　SEL 突破劳动教育现存困境

劳动教育是发挥劳动的育人功能，引导学生热爱劳动、热爱劳动人民的教育活动，对推动劳动创新、建设教育强国意义重大。在习近平新时代中国特色社会主义思想的指导下，劳动教育取得了显著成效。然而，打卡式、观光式劳动教育、劳动和教育"两张皮"等困境阻碍了劳动教育的发展。SEL 理论的引入则为问题解决提供了一个新的思路：在劳动教育的目标指引下，结合 SEL 理论对劳动教育现有困境进行突破。

一、核心素养是劳动教育的目标

2022 年，教育部正式发布了《义务教育课程方案和课程标准（2022 年版）》，其中一项引人瞩目的变革是将劳动教育从综合实践活动课程中独立划分出来，并发布了《义务教育劳动课程标准（2022 年版）》（以下简称《标准》）。《标准》明确指出，劳动教育通过有目的、有计划地组织孩子参加日常生活劳动、生产劳动和服务性劳动等。以劳动项目为载体，以学生的亲身体验为基本要求，全面培育学生的核心素养，即劳动素养。①

劳动素养，作为学生成长过程中的关键要素，是在学习与劳动实践中逐步塑造的。它涵盖适应个人终身发展和社会需求所必需的正确价值观、重要品格和核心能力。作为劳动课程育人价值的集中体现，劳动素养主要包括劳动观念、劳动能力、劳动习惯和品质，劳动精神。

劳动观念是指在劳动实践中逐渐形成的，对劳动、劳动者、劳动成果等方面的认知和总体看法，以及在此基础上形成的基本态度和情感。培养劳动观念要抓住三个核心方面：一要丰富实践体验，实现知行合一的教育目标。让孩子直接参与并感受劳动过程，在观察、探究和实践中逐渐领悟劳动的真谛。这种手脑并用的学习方式不仅有助于形成正确的劳动观念，而且能培养热爱劳动、尊重劳动者、珍惜并乐于分享劳动成果的态度和情感。二要注重培根铸魂，厚植家国情怀。引导孩子深入理解劳动对个人、家庭、社会、国家和人类发展的深远影响，明白劳动是创造人类文明、积累财富、实现美好生活的基石。三要深化劳动情感，树牢劳动观念。通过不断强调劳动的价值和意义，让孩子认识到劳动是最光荣、最崇高、最伟大、最美丽的行为，从而形成坚定的劳动信念，为社会的进步和发展贡献自己的力量。

劳动能力是指顺利完成与个体年龄及生理特点相适宜的劳动任务所需的胜任力，是个体的劳动知识、技能、行为方式等在劳动实践中的综合表现。劳动能力是在日常生活劳动、生产劳动和服务性劳动等实践中逐步培养而成的。在日常劳动中，衣、食、住、行、用等日常琐事能让孩子学会独立生活，加强自我管理能力。在生产劳动中，含有时节特点和地区产业特色的劳动内容则能使孩子学习生产劳动的关键技术和能力。在服务性劳动中，传统手工劳动、公益劳动、现代服务业劳动以及新形态的服务性劳动可以从不同的方面教育孩子学会关注社会，还能激发他们的创新精神和创造力。

---

① 教育部关于印发义务教育课程方案和课程标准（2022年版）的通知[EB/OL]. http://www.moe.gov.cn/srcsite/A26/s8001/202204/t20220420_619921.html，2024-6-26.

劳动习惯和品质是指通过经常性劳动实践形成的稳定行为倾向和品格特征。通过劳动教育，重在培养孩子辛勤劳动、有始有终、吃苦耐劳、勤劳节俭、艰苦奋斗、坚忍不拔、自律自强、诚实守信、团结合作、认真负责、勇于担当等良好习惯和品质。

劳动精神是指在劳动观念、劳动能力、劳动习惯和品质的培养过程中形成和发展的，在劳动实践中秉持的关于劳动的信念信仰和人格特质。勤俭节约、兢兢业业是中华民族的传统美德，是中华民族的宝贵财富；精益求精、追求卓越的工匠精神是劳动者对工作的执着追求和不断超越自我的体现；艰苦奋斗、百折不挠、奉献牺牲的革命精神是我们在面对困难和挑战时的重要品质，也是我们实现伟大梦想的重要支撑；开拓创新、砥砺奋进的时代精神则是社会进步的重要推力。

劳动素养涉及多方面素养的积累与融合，是长期且全面的过程，劳动素养是劳动教育的核心所在，是劳动教育的根本目标和追求。

二、劳动教育如何走出打卡式、观光式误区

打卡式、观光式劳动教育注重形式表现，拍照留痕成了最终目的。这种教育方式大大弱化了劳动教育的功能和价值，降低了育人效果，更会形成不良价值导向。破解这一难题的关键在于如何聚焦劳动素养，开展有效的劳动教育。这需要做到以下几点。

一是引导教师、家长和孩子认识到劳动教育对个人成长和社会发展的重要性。劳动教育不仅关乎个人的终身发展，而且与社会和谐、家庭幸福、人类进步紧密相连，而社会情感能力的培养则是实现这些目标的关键因素。我们应摒弃将劳动教育视为可有可无的观念，避免形式化、简单化的倾向，同时注重培养孩子在劳动中形成的情感认知、情绪调节和人际交往能力。

二是要加强劳动教育的专业化研究和建设。《关于全面加强新时代大中小学劳动教育的意见》《大中小学劳动教育指导纲要（试行）》《义务教育劳动教

育课程标准》等文件加强了劳动教育的地位，让劳动教育拥有了独立课时和单独的《课标》，成为一门独立课程。而接下来则要进一步推动劳动教育的专业化研究和建设，实现 SEL 在劳动教育中的深层次渗透。在课程与教材开发中，注重融入社会情感能力的培养。精选对孩子终身发展有价值的劳动课程内容；在师资培养与培训中，培训内容不仅应包括劳动教育的知识和技能，还应包括社会情感能力的培养方法和策略，使教师能够在劳动教育中有效融入社会情感教育；在评价方式创新中，既要重视劳动过程，关注学生的参与程度、合作能力和情感态度，又要关注劳动成果，评价学生的劳动技能和创造力。

三是要加强劳动教育教学规律的研究，确保劳动教育的内容和方式能匹配孩子的生理特征和心理特征。劳动任务应设定得既具挑战性又可实现，使孩子能够通过努力感受到成功的喜悦，在劳动教育中实现劳动技能和情感能力的双重进阶。

四是要提供丰富多样的实践方式。首先，必须让孩子直接体验、亲身参与，通过动手实践、出力流汗，真正感受劳动的艰辛与快乐，使劳动教育深入内心，转化为实际行动。其次，我们需要创新多样化的教育方式，确保孩子能够手脑并用、知行合一。避免单一的知识讲解和机械训练，鼓励孩子在做中学、学中做，通过实践探索、团队合作等方式，培养他们的实践能力和社会情感能力。同时，为了让孩子更好地体验劳动的乐趣，我们需要创设真实的劳动情境，包括建设班级劳动角、学校劳动园、校外劳动基地等，让孩子在家庭、校园和社会中都能参与真实的劳动活动。让孩子们在生活的各个角落都能体验劳动的情趣，享受劳动的快乐和幸福。最后，让孩子自主研究、学创融通，提高孩子的学习能力，发挥孩子的创造能力，满足国家和社会对多样化人才的需要，对拔尖创新人才的需要。

在培养孩子劳动素养的过程中，结合社会情感能力是非常关键的一环。这有助于突破"打卡式、观光式"劳动教育现实难题，避免劳动教育的形式化，显著提高劳动教育的实效性。

三、劳动教育如何更好地融入整体教育教学

当前,劳动与教育分离的现象——"有劳无教",主要源于对劳动教育深层内涵的忽视。劳动教育不仅传授具体的劳动技能,而且塑造学生的劳动价值观、习惯与品质。这样的教育才能够促进学生全面发展,形成积极向上的劳动精神。

将劳动教育更好地融入整体教育教学是克服"两张皮"现象的关键。需要做到以下几点。

一是学科贯通、"五育"融合。劳动教育要加强顶层设计,确保教劳结合,实现学生的全面发展。一方面,探索劳动课与其他学科融通的切入点和抓手,研究制定劳动教育与学科课程融合的教育教学指南,为各级各类学校的劳动教材编写提供指导和评价依据,构建劳动教育学科渗透的地方和校本课程,创新学科教育与劳动教育的融合方式。如劳动与作文结合、劳动与音乐结合等。另一方面,推动劳动教育与德智体美各育的融合,形成"五育"融合的育人体系。以劳树德,通过劳动实践培养学生的道德品质和责任感;以劳增智,让学生在劳动中发现问题、解决问题,提高创新能力;以劳强体,通过体力劳动锻炼学生的身体素质;以劳育美,让学生在劳动中感受美的创造和欣赏。

二是线上线下相结合。一方面,从国家数字化教育发展战略的角度出发,加强劳动教育的数字化课程建设。以国家力量为主导,鼓励出版社、教育机构等社会力量积极参与,开发涵盖国家级、地方级、学校级的多层次劳动教育数字化平台,形成丰富的劳动教育资源库,实现全国、地方或学校之间的资源共享。另一方面,通过线上线下相结合的方式,最大化地发挥劳动育人的功能。线上平台可以提供理论知识学习、模拟实践、互动讨论等功能,让学生在家或学校外也能进行劳动学习。线下实践则侧重于实际操作和亲身体验,让学生在真实的劳动环境中锻炼技能、培养品质。线上线下相结合形成互补效应,提高劳动教育的实效性。

三是家校社协同育人。通过家长学校、家长教育委员会等组织方式，积极引导家长转变观念，认识到家庭劳动教育不仅是学校教育的延伸，还是培养孩子独立意识、自我管理能力和社会责任感的重要途径。通过家校合作，如共建亲子劳动园、携手参加社会公益劳动等，为家长和孩子提供一个共同参与劳动的场所，让他们在实践中体验劳动的乐趣和价值，增进亲子关系。用社区服务性劳动指导基地建设，丰富学生的劳动体验，在不同劳动领域了解社会运转的机制和规律。[①]

在新时代背景下，劳动教育应深入教育教学的每个环节，旨在培育孩子的劳动观念、技能、习惯与品质，以及塑造他们的劳动精神。我们要在实际的情感体验中引导孩子热爱劳动，尊重劳动人民，实现德智体美劳的全面成发展，将他们培养成为能够肩负起民族复兴大任的新时代青年，这正是新时代劳动教育的精髓所在。

第二节　SEL 促进教师的专业化发展

强教必先强师，培养一批高质量的教师队伍是实现教育高质量发展的关键所在。常规的"大一统"培训模式忽视了教师的个性特点，难以帮助教师切实解决实际教育教学中存在的复杂问题，更无法以此推动教师的专业化发展。[②]在劳动教育中引入 SEL 理论，对教师的专业发展提出了新的目标和要求。这既是一场挑战，也是一次机遇。教师将在新的理论引导下，通过对原有的教学理念、教学手段进行革新，实现专业发展。

---

① 刘杨，李祥. 中小学劳动教育家校社协同：价值定位、现实困境与实践路径[J]. 教育理论与实践，2024，44（11）：14-19.
② 田穗. 教育现代化进程中我国教师培训体系创新[J]. 继续教育研究，2017（7）：92-94.

一、更新教师的教学理念

SEL 理论的引入，在教育领域掀起了一场深远的变革。这一变革触及教育的核心，使教师们不得不重新审视自己长久以来秉持的教学理念。SEL 所强调的，并不仅仅是知识的传授或技能的学习，更加关注学生的全面发展，特别是在情感、态度和价值观方面的培养。

在传统的劳动教育中，教师们往往将重心放在技能的传授上。在这种教学方式下，学生被视为被动接受知识的容器，而教师在其中扮演着知识传递者的角色。然而，随着 SEL 理念的引入，这种传统的教学模式开始受到质疑。教师们逐渐认识到，劳动教育不仅仅是传授技能，还是一种全面的教育过程，应当涵盖学生的认知、情感和社会技能等多个方面。

SEL 的融入，促使教师们开始关注学生的情感体验。在劳动教育中，情感体验是至关重要的。学生在劳动过程中，不仅会遇到各种技能上的挑战，还会面临团队合作、沟通交流等方面的考验。这些都需要学生具备良好的情感体验能力。因此，教师们开始注重在劳动教育中培养学生的情感能力，帮助他们更好地理解和表达自己的情感，增强他们的情感韧性，以更好地面对学习和生活中的挑战。除了情感体验，SEL 还强调社会技能的培养。在传统的劳动教育中，这一点往往被忽视。然而，在当今社会，具备良好的社会技能对于一个人的成功至关重要。通过劳动教育，教师可以帮助学生培养团队合作精神、领导能力、沟通协调能力等，这些技能将对学生未来的职业和生活产生深远的影响。

SEL 的引入也使得教师们开始更加重视学生价值观的培养。在劳动教育中，教师可以通过具体的劳动实践，引导学生树立正确的价值观，如尊重他人、珍惜劳动成果、追求卓越等。这些价值观将伴随学生一生，成为他们为人处世的重要准则。

为了更有效地实施 SEL，教师们还需要不断学习和探索新的教学方法。例如，通过情境教学、角色扮演、小组讨论等方式，让学生在模拟真实的环境中学习如何与他人合作、如何解决冲突等。这些方法不仅能够激发学生的学习兴趣，还能让他们在实践中真正掌握 SEL 所强调的核心技能。教师需要具备敏锐的观察力，及时发现和解决学生在劳动过程中出现的情感和社会问题。同时，教师还需要具备良好的沟通能力和组织协调能力，以便更好地与学生、家长和其他教育工作者进行合作，共同促进学生的全面发展。

SEL 的引入对教师的教学理念产生了深远的影响，不仅促使教师们开始关注学生的全面发展，还推动了教师在教学方法、专业素养等方面的提升。在未来的教育实践中，我们应当继续深入探索 SEL 与劳动教育的有机结合，为学生的全面发展创造更多可能。同时，教师也应当不断反思和提升自己的教学理念和方法，以适应新时代教育发展的需求。只有这样，我们才能真正培养出既具备专业技能又具备良好社会情感技能的优秀人才。

二、丰富教师的教学手段

为了更好地实施 SEL（社会情感学习），教师们面临教学方法的革新与评价方式的挑战。这不仅需要教师具备前瞻性的教育理念，还需要他们在实际教学中灵活应用各种教学策略，构建科学的评价体系，全面、客观地评估学生的 SEL 发展情况。

在实施 SEL 的过程中，情境教学被证明是一种极为有效的教学方法。情境教学通过模拟真实的生活场景，让学生在具体情境中学习、体验和解决问题。这种教学方式不仅能够激发学生的学习兴趣，还能帮助他们在模拟的环境中培养社会情感技能。例如，在劳动教育中，教师可以设置一个团队合作完成某项任务的情境，让学生在实践中学习如何与他人沟通、协作，以及如何解决冲突。这样的教学方式不仅能提升学生的劳动技能，还可以培养他们的团队协作能力、沟通能力和解决问题的能力。

与情境教学相辅相成的是项目式教学。在项目式教学中，学生需要在教师的引导下，以小组的形式解决实际问题或完成实际项目。这种教学方式强调学生的主动性和实践性，能够让学生在实际操作中提升 SEL 技能。例如，在劳动教育中，教师可以设计一个制作手工艺品的项目，让学生通过团队合作完成从设计到制作的全过程。在这个过程中，学生不仅需要运用所学的劳动技能，还需要学会如何分工合作、如何协调团队成员之间的关系，以及如何应对制作过程中出现的各种问题。这些经历都能有效地提升学生的社会情感技能。

然而，教学方法的革新只是实施 SEL 的一部分。为了全面了解学生的发展情况，教师还需要学会如何有效地评价学生的 SEL 发展。传统的评价方式往往侧重于知识技能的考核，而忽视了对学生情感态度、价值观等方面的评价。因此，在实施 SEL 的过程中，教师需要构建一套科学的评价体系，将学生的社会情感技能纳入评价范围。

在构建评价体系时，教师可以采用多元化的评价方式，如观察记录、学生自评、互评以及教师评价等。通过观察记录，教师可以及时了解学生在劳动实践中的表现，对他们的社会情感技能进行客观的评价。同时，鼓励学生进行自评和互评，不仅能够提升他们的自我评价能力，还能帮助他们更好地认识自己和他人在团队中的角色和贡献。

教师还可以利用量表、问卷等工具来量化评价学生的 SEL 发展情况。这些工具可以帮助教师更加客观、准确地评估学生的进步情况，并为后续的教学提供有力的依据。

评价学生的 SEL 发展情况，需要教师定期进行评价，以便及时了解学生的发展动态，并针对存在的问题进行有针对性的指导。同时，教师还需要与家长、学校其他教育工作者保持密切的沟通与合作，共同促进学生的全面发展。

在实施 SEL 的过程中，教师的教学方法和评价能力的提升是相辅相成的。通过不断学习和探索新的教学方法，教师可以更好地激发学生的学习兴趣和培养他们的社会情感技能。而通过构建科学的评价体系并有效地评价学生的 SEL 发展情况，教师可以及时调整教学策略，以满足学生不断发展的需求。这一过程不仅需要教师具备前瞻性的教育理念和专业素养，还需要他们在实践中不断反思和提升自己的教学水平。只有这样，教师才能更好地实施SEL并促进学生的全面发展。

三、提高教师职业素养

SEL（社会情感学习）的实施，无疑对教师职业素养提出了更高的要求。这一变革性的教育理念，不仅关注学生的知识技能学习，而且强调其在情感、社会技能以及心理健康方面的发展。因此，教师需要具备更为全面和深入的专业素养，以适应这一新的教育发展趋势。

在SEL的实施过程中，教师的观察力显得尤为重要。观察力是教师捕捉学生情感和社会问题的重要工具。在劳动教育中，学生可能会遇到各种情感困惑和社会适应问题，如团队合作中的矛盾、自我认知的困惑等。这些问题往往不会直接表现在学生的言行中，而需要教师通过细致的观察发现。因此，教师需要不断锤炼自己的观察力，学会从学生的细微表现中捕捉问题的苗头。例如，教师可以通过观察学生在劳动过程中的表情、动作和言语等，来判断其是否遇到了情感或社交方面的困扰。

与此同时，教师的沟通能力和组织协调能力也是SEL实施中不可或缺的职业素养。在劳动教育中，教师需要与学生、家长和其他教育工作者进行频繁的沟通与协作。良好的沟通能力不仅有助于教师准确理解学生的需求和问题，还能促进教师与学生建立信任关系，从而提高教育的有效性。此外，在SEL的实施过程中，教师还需要组织协调各种教育资源，包括课程安排、教学材料的选择以及教育活动的组织等。这些都需要教师具备良好的组织协调能力，以确保教育活动的顺利进行。

为了提高这些职业素养，教师需要积极参与专业发展和培训活动。通过参加专业培训课程、研讨会和工作坊等活动，教师可以不断更新自己的教育理念和教学方法，提高自己的专业素养。同时，教师还可以通过观摩其他优秀教师的教学实践，学习其成功的教学经验和策略。这些经验和策略不仅可以提高教师的教学效果，还有助于教师在SEL实施过程中更好地应对各种挑战。

SEL 的实施也对教师的心理素质提出了更高的要求。在面对学生的情感和社会问题时，教师需要保持冷静和理性，以专业的态度和方法来解决问题。同时，教师还需要具备自我调适的能力，以便在面对工作压力和挑战时能够保持良好的心态和情绪状态。这些心理素质的提高不仅有助于教师的个人发展，还能为其在教育工作中发挥更大的作用提供有力支持。

除了上述职业素养外，教师还需要具备创新意识和研究能力。SEL 是一个不断发展的教育理念和实践领域，教师需要保持开放的心态和创新的精神，不断探索新的教学方法和策略。同时，教师还需要具备一定的研究能力，能够对自己的教学实践进行反思和总结，提炼出有价值的教学经验和成果。这些经验和成果不仅可以为教师的个人发展提供有力支持，还能为整个教育团队的进步作出贡献。

教师需要具备敏锐的观察力、良好的沟通能力、组织协调能力以及良好的心理素质等多方面的职业素养才能胜任这一新的教育任务。同时，教师还需要保持创新意识和研究能力以适应 SEL 的不断发展。这些职业素养的提高不仅有助于教师的个人发展，还能提高整个教育团队的工作效率和质量，为培养全面发展的人才作出更大的贡献。

虽然 SEL 在劳动教育中促进了教师的专业化发展，但在实施过程中也面临一些挑战。例如，如何平衡技能传授与情感培养的关系、如何根据学生的个体差异制订个性化的教学计划等。为了应对这些挑战，教师们需要不断学习和研究新的教学方法和策略，同时也需要教育部门和学校的支持和引导。

第三节　SEL 在"五育"融合中实现运用

"五育"融合以促进人的全面发展、塑造完整的人为最终目的。中共中央、国务院颁布的《中国教育现代化 2035》提出："更加注重全面发展，大力发展素质教育，促进德育、智育、体育、美育和劳动教育的有机融合。"[1]由此可见，关于全面发展问题，从来不是对"是否发展"的讨论，而是对"何以发展"的讨论。此时，"五育"融合则以一种"育人假设、育人实践、育人理念、育人思维"[2]的定位出现，既是对"何以发展"的回应，也成为实现全面发展育人目标新的落脚点。值得注意的是，在实现人的全面发展中，社会与情感能力的发展是一个巨大挑战。而培养社会与情感能力对人的全面发展具有根基作用，是促进人的全面发展的重要方面，与教育的改革方向相契合。在社会发展急剧变化的现时代，单纯靠以专业知识技能为核心的认知能力已不足以支撑个人的长远发展，坚毅、乐观、合作、尽责、情绪管理、人际交往等社会与情感能力在个人和社会发展进步中的重要性更加凸显。学生唯有在认知能力和社会与情感能力两方面均衡发展，才能更好地应对未来社会发展的挑战。在通过"五育"融合实现学生全面发展的道路上，注重社会与情感能力的培养，成为教育改革实践新的抓手。

一、SEL 在"五育"融合中的价值意蕴

"社会与情感能力"与"非认知能力"同义，是对人的认知能力以外的各种具体能力的概括性表述。该术语经由联合国儿童基金会在全球推行的"社会情感学习项目"（Social and Emotional Learning，SEL）以及经济合作与发展组织（OECD）实施的"社会与情感能力研究项目"（Study on Social and Emotional Skills，SSES）推广开来。根据 OECD 对其内涵的界定，社会与情感能力是指人在实现目标、与他人合作和管理情绪过程中所涉及的能力。个人的社会与情感能力是影响人在事业和生活中取得成功的重要驱动因素，表现为思想、情感和行为模式的一致性，并从正式和非正式的学习经历发展而来。

---

[1] 中华人民共和国中央人民政府. 中共中央、国务院印发《中国教育现代化 2035》[EB/OL]. https://www.gov.cn/zhengce/2019-02/23/content_5367987.htm, 2024-6-26.

[2] 李政涛, 文娟. "五育融合"与新时代"教育新体系"的构建[J]. 中国电化教育, 2020（3）: 7-16.

从社会与情感能力的维度划分来看，学界以心理学领域"大五人格模型"作为理论基础，将人的非认知特征概括为五个维度：外倾性、宜人性、尽责性、情绪稳定性和开放性。每个维度又包含若干要素，这些要素表现为积极和消极两个方面，并且可以根据行为表现测量一个人的人格得分。得分越高，获得事业成功和生活幸福的比例就越高。[1]

OECD 基于"大五人格模型"，结合核心素养框架、社会情感学习（SEL）框架、教育实践中培养的个人特征等相关研究证据，制定了学生社会与情感能力的测评框架。该结构框架包含五个维度的具体能力。一是交往能力，对应大五人格理论的外倾性，主要强调人际交往的重要性，看一个人是否喜欢与他人沟通、友善待人，交往过程中是否具有决断能力，以及是否能保持活力。二是协作能力，对应大五人格理论的宜人性，主要强调合作沟通的方式，能否站在他人的角度来看待问题，能否建立信任、和谐相处。三是任务能力，对应大五人格理论的尽责性，即一个人是否有追求的高标准并努力去实现，能否自律、保持专注，能否做负责任的决定并有毅力坚持做成事情。四是情绪调节，对应大五人格理论的情感稳定性，即个人是否能做好情绪管理，有效地调整焦虑和应对压力，同时对个人生活和社会事业发展抱有积极乐观的态度。五是开放能力，对应大五人格理论的开放性，即个人是否愿意学习和探究新事物，是否能保持不断创新的精神状态，同时能对不同的观点和多样的价值观持开放态度。

在真实的社会情境中，人的活动除了以上具体能力的表现外，各维度的能力还通过有机组合形成复合能力发挥作用，OECD 框架中所指的复合能力主要包括自我效能感、批判性思维和元认知能力，强调人在复杂社会环境中的适应、应变能力，强调人在实现发展目标的过程中应具备的综合能力。由此可见，社会与情感能力是个人品质提升的关键，体现现代人最重要的素质特征，表征人获得事业成功与幸福生活应具备的心理品质、精神品质和人格品质，这些与我国教育发展的人才培养目标高度一致。

---

[1] 袁振国. 什么对事业成功、生活幸福更具影响[N]. 光明日报，2019-07-23（13）.

二、SEL作用于"五育"融合的现实可能性

当前,世界范围内对社会与情感能力的关注并非空穴来风,是基于时代变革对人的能力要求和人实现健康发展与追求幸福的需求而逐步提出的,具有天然的历史生成性与迫切的现实必要性。针对学生能力发展的失衡状态,结合我国教育发展的育人目标,使社会与情感能力的培养有效作用于"五育"融合,可以促进学生的全面发展。

(一)社会与情感能力是学习、生活中的重要能力且具有很强的可塑性

有很多的实证研究证明,社会与情感能力能够预测大量诸多事件,具有很强的可塑性,并能通过教育措施进行有效干预。社会与情感能力是教育成就和工作表现的决定性因素,如在坚毅、可信赖、积极开放、善于合作、愿意接受新事物等社会与情感能力特征上表现更好的学生,学习成绩更加优秀[1][2];在经济学领域的研究中,有学者在总结归纳大量研究的基础上得出结论,真正对个人在劳动力市场中的表现起关键作用的能力多数来自社会与情感能力(80%左右),而不是人们一直默认的认知能力。[3]此外,社会与情感能力在改善与健康相关的结果(肥胖、心脑血管疾病等)和减少反社会行为方面发挥重要作用,同时也有助于保护个人免受攻击性行为的侵害。这些研究表明,提高社会与情感能力对于改善个人和社会结果的影响通常大于提高认知能力产生的相应影响。因此,社会与情感能力非常重要且亟待开发。

社会与情感能力是可以培养的,且发展的空间比认知能力更大。一般来

---

[1] HECKMAN J J, TIM K.Hard Evidence on Soft Skills[J]. Labour Economics, 2012, 19(4): 451-464.
[2] 李丽,赵文龙.家庭背景、文化资本对认知能力和非认知能力的影响研究[J]. 东岳论丛, 2017, 38(4): 142-150.
[3] BOWLES S, GINTIS H, OSBORNE M. Incentive-enhancing preferences: Personality, behavior, and earnings[J]. The American Economic Review, 2001, 91(2): 155-1.

说，在儿童发展早期，社会与情感能力是波动性的，随着年龄的增长，波动性会降低，稳定性增强。这意味着关键期是儿童与青少年时期，通过系统化培养，可以促进孩子的社会与情感能力发展，提高孩子的幸福感与成就动机。神经科学领域的研究证实，社会与情感能力与大脑结构功能具有密切联系，它们的功能在人脑额叶皮层可以找到相应的反应区域，每个区域有不同的神经活动特性并在区域间建立紧密的联结，大脑的功能与结构进化为人的能力培养提供了生理依据。[①]同时，心理学的研究证实人的能力既有个体内的差异，也有个体间的差异，社会与情感能力也要经历由简单到复杂、从基础性社会情感阶段向高级社会情感发展的过程，而这个过程就体现在日常开展的教育活动中，需要及时发现、及时应答，进行针对性塑造。

（二）学生社会情感能力发展状态的失衡是实现全面发展目标的现实难题

从我国当前学生群体的发展来看，最大的现实莫过于认知能力和社会与情感能力发展的失衡，我们的教育体系并不是围绕培养学生的社会与情感能力来组织的，依然侧重认知能力培养，因此导致很多问题出现。首先，表现在评价导向上，唯分数、唯升学依然是评价学生的指挥棒，在倡导人的素质均衡发展的今天，教育实践过程中仍然呈现出"重知识教学而育人不够"的状态，导致学生片面发展而无法适应社会发展对人的能力素质的要求。其次，学生大量存在恐惧、焦虑、抑郁等心理健康问题，存在孤僻、冷漠、不善与人合作等人际交往问题，存在思维与情感不丰富、意志力差等精神品质问题，以及由此产生的校园欺凌、暴力行为、自杀甚至犯罪活动。这些棘手的问题具有破坏作用，会对社会发展和个人的成长产生负面影响。

若从国家整体利益和个体成长维度进行考量的话，上述现实情况和棘手问题的紧迫性和严重性显而易见。问题紧迫的背后凸显的是学生社会与情感能力的严重缺失，而社会与情感能力已经被证实是儿童和青少年心理健康和

---

① 朱小蔓. 关注心灵成长的教育[M]. 北京：北京师范大学出版社，2012：7.

人格品质的核心。因此，教育要正视人在当今社会所面临的种种现实问题，充分重视学生社会与情感能力的培养，积极回应现实问题所带来的挑战，促进学生认知能力和社会与情感能力的均衡发展。

（三）培养社会与情感能力是实现人全面发展的核心过程与目标

社会与情感能力培养是教育的一个本源性问题，关乎人的本性，是个体生命的主体力量，是满足人的生存发展、实现全面发展所需要的根本能力。马斯洛的需要层次理论告诉我们，人的社会情感产生于需要的满足，当生理、安全、归属、审美等需要都能得到满足时，人会强烈地感受到友爱的可贵，渴望在一定的社会集体中建立深厚的伙伴关系，希望自己能够胜任所担负的工作并有所成就，充分发挥自身的潜能，成为一个富有理想、富有创造能力的人，从而促进人生命价值的自我实现。[1]在经济学领域，新人力资本理论的发展将社会与情感能力纳入分析框架并视为人力资本的重要组成部分。[2]并且，有多项研究证明，提升学生社会与情感能力并构建自身的社会网络对于学业发展、职位晋升、工作收入以及其他多方面的社会表现具有重要影响。

联合国教科文组织在《学会生存——教育世界的今天和明天》报告中提出："教育的一个特定目的就是要培养社会情感方面的品质，特别是在人和人的关系中的情感品质。"[3]系统的训练有助于人们学会如何交往，如何在共同任务中合作，在此基础上，"把一个人在体力、智力、情绪、伦理等各方面的因素综合起来"才是一个完善的人、和谐的人。由此可见，一个人在形成人格和自我实现的过程中，就能力需求而言，虽然会以一定的认知能力为基础，但社会与情感能力的发展与完善才是根本。尤其是在人工智能时代，社会与

---

[1] 马斯洛亚伯拉罕. 动机与人格[M]. 许金声，等，译. 北京：中国人民大学出版社，2012：56.
[2] 闵维方. 人力资本理论的形成、发展及其现实意义[J]. 北京大学教育评论，2020，18（1）：9-26+188.
[3] 联合国教科文组织国际教育发展委员会. 学会生存：教育世界的今天和明天[M]. 华东师范大学比较教育研究所，译. 北京：教育科学出版社，1996：194-195.

情感能力作为必备生存能力的重要性愈加凸显。因此，社会与情感能力的发展应该贯穿学生全面发展的全过程。

三、SEL 与"五育"融合中的应用路径

对于全面发展的育人目标来说，社会与情感能力的培养存在其独特性与必要性，是当前较为适切的教育改革实践的落脚点。

（一）将社会与情感能力培养作为融合"五育"的纽带

在日常教学与学校工作中，学生不断发展着的社会与情感能力作为一条无形的纽带，发挥着衔接"五育"、促进"五育"实现融合的作用。"五育"本身是一体的、不可分割的。然而，在真实的教学工作中，学科分工明确，某些学科天然地和某一"育"具有较高的契合度，如语文与德育、数学与智育等，这种倾向性使日常教学中的"五育"也逐渐形成定式，细化分工，高效开展。但违背"五育"本身的融合规律，采用分离、割裂的培养方式，难以培养出能够运用多元综合能力解决实际问题的人。要想实现人的全面发展，必须通过社会与情感能力培养建立"五育"之间的紧密联系，并且将其融入日常教育教学的方方面面。

将社会与情感能力的提升作为"五育"融合的目标，是以学生的能力发展为本，重点培养学生解决实际问题的核心能力，从而促进学生认知能力和社会与情感能力的协调发展。例如，在一堂几何课上，原有的单纯智育的教学目标已被淘汰，有教师表示，几何课堂中的美育在于让学生认识对称美、图形美，劳育则体现在动手操作画圆等。但这些都是表面美，一方面没有将美育、劳育与智育结合，另一方面缺乏对"育"自身的挖掘。而重视社会与情感能力培养就有了明确目标，可以设计相应的课程任务，注重学生的综合素养，将活动过程中学生的合作能力、解决问题能力开发出来，融会贯通，使学生能够在实际情境中解决问题。如"设计车轮"，为什么方的车轮不如圆形车轮？通过算一算、找一找、说一说、画一画，运用多种方式找一找生活

中的圆、为人处世中的圆。这就自然融合了美育、劳育、智育、德育,并且使每一育的育人功能最大化地发挥出来。

以上表明,以社会与情感能力作为纽带与目标,符合"五育"融合的自身特质与规律。不仅如此,社会与情感能力还有助于挖掘各"育"的潜力,深度强化学生核心能力和综合素质的培养;有助于学校构建育人新机制,推动学校特色办学。

(二)寓社会与情感能力培养于"五育"融合的统一过程中

社会与情感能力构成了人的全面发展的主要部分,其培养、提升与"五育"融合的理念目标相契合、内容相耦合、过程相共生、结果相一致。

1. 社会与情感能力组成要素与"五育"融合的育人目标相契合

《中国教育现代化 2035》指出了"五育"融合的育人目标,强调促进德育、智育、体育、美育和劳动教育的有机融合,全面提升学生意志品质、思维能力、创新精神等综合素质。在学生全面发展所涉及的综合能力要素方面,《关于深化教育体制机制改革的意见》明确指出,要注重培养支撑终身发展、适应时代要求的关键能力。[1]其中,"培养合作能力,引导学生学会自我管理、学会与他人合作……培养创新能力,激发学生好奇心、想象力和创新思维,养成创新人格,鼓励学生勇于探索、大胆尝试、创新创造……"的育人要求与本书所述社会与情感能力五个维度"交往能力""协作能力""任务能力""情绪调节""开放能力"的具体内涵一致,这些能力的培养也是通过"五育"融合所要达成的目标。

2. 社会与情感能力培养与"五育"融合的结构相耦合

在"五育"融合的要求下,各育虽有职责分工,侧重的育人维度不同,但更注重"五育"协调发展,以实现全面、完整的人的塑造。社会与情感能

---

[1] 中共中央办公厅 国务院办公厅印发《关于深化教育体制机制改革的意见》[EB/OL]. https://www.gov.cn/zhengce/2017-09/24/content_5227267.htm, 2024-06-26.

力作为综合多种具体能力的整体性能力,是教育教学整个过程的育人目标,体现在"德、智、体、美、劳"实现融合的各阶段、各环节。社会与情感能力的五个维度也同"五育"职责分工有不同侧重一样,有针对性地协调发展,互相支持、互相补充,这是因为社会与情感能力的内容体现了德、智、体、美、劳"五育"内涵及其有机融合。根据 OECD 社会与情感能力结构框架,主要有具体能力与复合技能之分,恰如其分地体现了"五育"的内涵及各育之间的融合。例如,在具体能力层面,"乐群、同理心"等特质体现"德育","果敢、创造力"等特质体现"智育"。在复合技能层面,"批判性思维能力"体现"智育""美育""德育"的共生共融。可见,社会与情感能力本身具有融合性,在内容与结构上与"五育"相耦合。

3. 社会与情感能力培养与"五育"融合的过程相共生

社会与情感能力培养的过程与"五育"融合的实践过程相互交织,社会与情感能力为"五育"融合带来方向指引性;"五育"融合作为一种思维保障、体系保障和社会与情感能力的发展实现共生,不可分割。

具体来看,在德育方面,社会与情感能力的培养是落实立德树人根本任务、发展素质教育的先导性工作,证实了仅有道德认知显然不足以产生道德行为,只有道德意志、道德情感强大到一定程度时才会产生道德行为。这正说明构成社会与情感能力的意志和情感方面是内在动力,社会与情感能力需要通过德育培养,同时又促进德育功能的实现。在智育方面,在倡导核心素养的课堂教学中,除了培养认知能力,学生的创新能力、沟通合作能力、自我效能感也能得到提升。大量的研究从学生的毅力、自信、责任感、成就动机、情绪管理能力等方面探讨与学业成绩的关系,证实了积极的社会与情感能力有助于提升学生的学业成绩。在体育方面,社会与情感能力同样注重"以体育人",强调体育是人健康成长的重要保障,是促进人的能力健康发展的有效途径,在减少行为问题和心理健康问题上有积极作用,通过运动参与锻炼意志力、抗压力、合作能力等,有效提高学生的社会适应能力。在美育方面，美育是对人美的感受能力以及美的创造才能的发展过程，着重培养人的积极情感、审美能力和创造力，一些特定的教育形式，如美术、音乐鉴赏比其他任何形式更加能锻炼大脑前叶联合区，有利于人的情感能力的培养。[①]在劳动教育方面，劳动教育具有综合性育人价值，其落脚点在于使学生学会劳动与生存，具备参加社会生产劳动的实际能力，除了基本的认知学习外，学生的社会与情感能力也在劳动实践中得到有效提升。总而言之，培养学生社会与情感能力与发展"五育"融合具有相通性，辐射教育活动的全程和全域。

4. 社会与情感能力培养与"五育"融合的结果相一致

在现实的教育教学中，偏重智育，"五育"发展不协调的现状没有得到明显改变，大部分学生的认知能力和社会与情感能力发展不平衡依然是实然状态，尚未达到通过"五育"融合培养全面发展的人的要求。由于社会与情感能力的培养与"五育"融合的实践过程不统一，"五育"难以并举、融合，社会与情感能力的培养就难有成效。缺失了社会与情感能力的指引，"五育"融合容易变成一个空泛的概念。因此，社会与情感能力的培养成效与"五育"融合体系建立的成果是一致的，"五育"能够共生共融，社会与情感能力的培养就更可能达到标准，"五育"融合的体系保障也就建立起来了。

（三）以社会与情感能力培养突破"五育"融合的评价之难

要想真正将"五育"融合转化成实践中的育人思维和体系保障，就要突破"五育"融合的实践难点。评价问题，始终是一个困扰任何改革的瓶颈难题。困难的焦点在于：如何化虚为实，让融合通过具体的评价指标、评价方式落地。教育评价要贯穿学生学习的全过程，涵盖学生能力提升的德、智、体、美、劳各个方面。OECD 组织实施的"国际学生社会与情感能力研究项目"已完成首轮测评，这对学生能力的测量与评价提供了重要借鉴。如前文所述，社会与情感能力的内涵、结构框架、评价指标都有了较为清晰、完

---

① 沈祖樾. 社会心理学[M]. 南京：南京大学出版社，1990：110.

备的标准和科学的测评方法，可以有针对性地解决"五育"融合评价内容的缺失。

评价之难，难在哪里？一是难在共识，当前无论是在理论上还是在实践中，对于各育的评价已有共识，也已形成具体的评价标准，缺少的是对于"融合"的共识。如何判断融合程度？如何看出融合效果？如何判断改革成效是由"五育"融合带来的？这些都是亟待落实的问题。而社会与情感能力为此提供了一个很好的突破口，目标、内容、过程、成果的统一性为社会与情感能力作为"五育"融合评价的抓手提供了天然优势。二是难在对各育发展的评价标准或维度过多，解决此难题需要一个系统性的标准或抓手，而社会与情感能力的培养与科学评价便是解决之策。

第四节　SEL 融入劳动教育的实践案例

随着新时代劳动教育的深度实施，改革创新已经成为劳动教育的重要主题。但劳动教育改革的阻力重重，不同地域、学校的改革进度不一，需要更加深入和切合实际的指导。[①]本节将从三个实践案例出发，进一步分析 SEL 融入劳动教育的路径，希望能为高质量推进劳动教育提供可借鉴的样本。

一、上海市的劳动教育创新实践

5月25日，上海市中小学劳动教育推进会在宝山区举行，这是上海市教育系统深入学习宣传贯彻党的二十大精神、推动主题教育各项任务走深走实的重要举措。

---

① 杨培明. 普通高中劳动教育价值实现的路径探索——以南菁高中劳动教育实践基地建设为例[J]. 当代教育与文化, 2020, 12（3）: 110-114.

会议指出，要准确把握市中小学劳动教育面临的形势、任务，坚持系统思维，明确实施重点，抓好关键环节，完善工作机制，推动劳动教育各项举措落地见效。一是认识要再提高，劳动教育是一切教育的基础，要从培养社会主义事业合格建设者的高度认识劳动教育在人的全面发展中的重要意义，提高学校劳动教育的针对性和实效性，在全社会营造劳动教育的良性氛围。二是课程要再优化，各区、各校要因地、因校制宜地设置课程内容，结合学校实际和实践场所资源，整体设计劳动教育实施方式，形成内容全面、载体丰富的劳动教育课程体系。三是资源要再整合，要坚持"开门办劳动教育"，在发挥学校主导作用的同时，统筹全市优质资源形成劳动教育合力，推进家庭劳动教育日常化、学校劳动教育规范化、社会劳动教育多样化。四是责任要再压实，各区要切实加强对劳动教育工作的组织领导，切实加强条件保障、专业支持和督导评估；各学校要对劳动教育进行整体设计、系统规划，形成劳动教育总体实施方案，同时要研究制订"学校学年（或学期）劳动教育计划"。

近年来，宝山区不断加强区域劳动教育顶层设计，加强区"劳动教育研究与指导中心"建设，制订了《上海市宝山区劳动教育课程实施方案》，创设了家庭劳动课程群、校园劳动课程群和社会劳动课程群，形成了百门区域共享精品课程资源库。同时，宝山区以教育数字化转型为抓手，逐步推进"行知行"劳动教育个性化学程与学分制评价。此外，宝山区注重学生身边的劳动教育资源挖掘，围绕智能科创、现代服务、非遗手工传习等创建了一批校外劳动教育实践基地，初步完成了学校"出门三公里劳动教育体验圈"的区域布局。

近年来，上海站在立德树人的高度，把劳动教育纳入人才培养全过程，以一体化理念整体规划各学段劳动教育，贯穿家庭、学校、社会各方面，努力构建体现时代特征的劳动教育体系，为学生终身发展奠基，取得了积极成效。

会前在宝山区罗泾中心校举行了上海市区劳动教育实践宣传展示活动，

生动呈现了各区劳动教育整体推进和微创新项目的丰硕成果。例如，浦东新区设计《浦东新区高中生农村社会实践活动指导手册》，对高中学生学农和各劳动教育基地课程开发进行指导；黄浦区通过综合课程、主题教育、社会服务、场馆学习等不同方式探索劳动新形态，推出"红色工运""财商课堂""劳动思政"等项目；普陀区依托区青少年教育活动中心，借助社会资源与力量，开展"劳动创造美好 M108 职业体验岛活动"，组织学生与现实生活中的职业"零距离接触"；虹口区组织区域优秀教师编撰《虹口学子家庭日常生活劳动手册》，为不同学段学生设计家庭劳动清单；杨浦区研发"杨浦区学生劳动实践电子护照"，探索劳动教育过程和结果评价相结合；宝山区面向全区中小学校开展"我的劳动日记"作品征集活动，鼓励学生用画笔与文字记录真实的劳动过程与体验；闵行区利用实践基地和区域劳动教育共建基地资源，推出"劳动教育共享课程"项目，作为初中六年级社会实践必修课；嘉定区定期对区域内学生劳动教育实践基地进行调研与评估，创新"一校一基地、校校有基地"的劳动教育协同育人共建机制；青浦区立足长三角生态绿色一体化发展示范区资源优势，汇编《青浦区校外劳动教育资源图谱》；崇明区积极探索学生综合性劳动实践基地集群建设，2022 年重点推进长兴岛潘石村劳动实践基地建设，探索劳动教育赋能乡村振兴；奉贤区实施区域中小学劳动教育"美丽行动"，在"美丽校园""美丽家园""美丽贤城"行动中推进新时代劳动教育新发展，编制区域劳动教育指南、区本校本劳动教育指导手册以及开发系列劳动课程；静安区建设"片区式"校外劳动基地，从制度建设、课程建设、队伍建设、资源建设、家校社合作等多个维度积极营造良好的劳动教育生态环境，建设"一刻钟实践圈"；松江区推动劳动教育实践平台创新，着力构建了五大课程体系、三大课程板块，将高中通用技术与农业生产劳动、服务性劳动相结合，形成大劳动教育格局；徐汇区出台《徐汇区学校劳动教育改革和发展三年行动方案》，聚焦"三大领域""九大项目"，以优化劳动教育课程体系为重点，以强化劳动教育队伍建设为抓手，以细化劳动教育协同职责为保障，全面提高学校劳动教育工作水平；长宁区以家校社"三圈联动，三力驱动"的劳动教育实施路径，实施《幼小初高一体化推进劳动教育综合育人项目》，以微课、微视频等形式，形成了传统技艺课程、现代技术课程、劳动实践体验等特色课程；金山区构建家、校、社协同推进的劳动教育体系，制度化推进小学五年级、初中七年级、高中二年级学生为期一周的劳动教育校外集中实践活动和初中其他年级每学年一天的校外劳动教育实践课程的实施落实。

上海通过顶层设计、示范引领，彰显劳动教育综合育人价值。2021年，宝山、金山、黄浦、杨浦四个区入选教育部公布的全国中小学劳动教育实验区名单。同年举行的首届"上海市学生劳动教育宣传周"还公布了全市155所中小学劳动教育特色校，以及第一批上海市学生劳动教育基地。这些区域、学校、基地不断探索劳动教育改革创新，努力发挥示范作用。

金山区做强以农为主的劳动教育区域特色，整合区域内现代农业园区的丰富劳动教育资源，与金山全域和毗邻的浙江嘉兴地区实现联动，还与浙江省平湖市教育局就校外劳动教育合作签署了共建协议书，实现劳动教育资源共享。上海市曹杨第二中学探索形成了以社会实践为载体的"学劳模—懂尊重—强本领—重实践"的四级劳动教育课程链。学校将劳动课列入课表，将高一、高二的劳动周与学校的重大社会实践活动课程体系相融合，双休日与寒暑假组织学生志愿者服务等，创设生动的"劳动生活体验场"。闵行区青少年实践教育基地承担"区中小学劳动教育实践指导中心"职能，依托"共建共享"机制加强对中小学劳动教育的指导、服务、管理和评价，构建"1+N"劳动实践基地矩阵，并打造"双百"线上线下劳动课程群，成为闵行智慧教育背景下融通推进劳动教育必修课的有效途径。

为构建贯通一体、开放协同的劳动教育工作格局，推进"五育融合"高质量发展，上海坚持开门办劳动教育，充分挖掘可利用资源，联合各校外基地共建，协同育人。会上，包括上海植物园、上海百联集团股份有限公司等在内的67家单位被命名为第二批上海市学生劳动教育基地（场所），这是继2021年首批68家市学生劳动教育基地公布后又一批基地（场所）。不断丰富的劳动实践育人大平台，让学生在真实情境中手脑并用，学会劳动技能、养成劳动习惯、增长劳动知识、内化劳动精神。

为了充分发挥专家对学校家庭社会劳动教育的决策咨询、实践指导、教学研究等方面的作用，切实提高学校劳动教育的专业化水平，推动学校劳动教育高质量发展，上海成立了上海基础教育劳动教育指导委员会。

二、传媒学院："媒美工坊"实践教学

"媒美工坊"将自身擅长的传媒教育融入劳动教育当中，以劳动教育为文化基奠，充分发挥"传媒"的传播功效，将新颖、独特的劳动教育带到了大众视野中。这一独特的设计思路和出众的实施效果为劳动教育的实践创新提供了新思路。

（一）设计思路

劳动教育课程作为培养学生实践能力、劳动技能和职业素养的重要环节，其组织与实施方式直接关系到学生的学习效果和综合素质的提升。近年来，"体验+创作+传播+服务"的组织模式在劳动教育课程中得到了广泛应用。该模式层层递进，不仅能够深化学生对传统文化的理解，还能激发他们的创新思维和社会责任感。

在劳动教育的第一阶段，"体验"是至关重要的环节。以苏绣、冬至糕团、御窑金砖等非遗文化和苏式文化为例，通过组织学生开展沉浸式体验实践，让他们亲身感受这些传统文化的独特魅力和深厚底蕴。在体验过程中，学生们不仅学习到了传统技艺的基本操作，还在心灵深处与这些文化元素产生了共鸣。这种体验式的学习方式，极大地激发了学生对传统文化的兴趣和热爱，也为后续的创作环节奠定了坚实的基础。

在体验的基础上，"创作"环节进一步提升了学生的实践能力和创新思维。学生们在掌握一定的传统技艺后，开始尝试将这些元素融入自己的作品中。他们运用所学的知识和技能，结合现代设计理念，创作出了一系列富有创意

和特色的作品。这些作品不仅展示了学生对传统文化的深刻理解,也体现了他们的艺术才华和创新精神。更重要的是,通过创作,学生们学会了如何将传统文化与现代生活相结合,让传统文化在新的时代背景下焕发出新的生机与活力。

"传播"环节则是将学生的创作成果推向更广泛的受众。在当今信息化的社会,传播的力量不容忽视。学生们通过视频、音频、图文等多种方式,将自己的作品和背后的故事呈现给更多的人。学生的媒体运用能力和表达能力得到了锻炼,他们的作品也得到了广泛的认可和关注。在传播过程中,学生们也深刻体会到了作为文化传承者的责任和使命,他们用自己的方式讲好中国故事、传播好中国声音,为传统文化的传承和发展贡献自己的力量。

"服务"环节是劳动教育课程的最终落脚点。通过志愿服务等形式,学生们将自己的知识性劳动成果转化为实际的服务行动。他们走入社区、学校、福利机构等场所,用自己的专业技能和热情为他人提供帮助和服务。在这个过程中,学生们不仅锻炼了自己的社会实践能力,也培养了爱国敬业、追求卓越和知行合一的实践精神。他们以实际行动践行了社会主义核心价值观,成为新时代有理想、有本领、有担当的青年代表。

(二)实施效果

在当今社会,传媒教育和劳动教育的结合显得尤为重要。"媒美工坊"作为这一教育理念的先行者,自创建伊始,便致力于探索两者之间的最佳融合方式,并取得了显著的育人效果。其独特的教育模式和成果,不仅获得了学生、家长及教育界的广泛认可,还多次被国家级和省市级媒体深入报道。

"媒美工坊"的教育理念是将传媒教育与劳动教育紧密结合,让学生在实际操作中学习和掌握传媒知识,同时培养他们的劳动技能和职业素养。这一理念的实施,不仅提高了学生的综合素质,还为他们未来的职业发展奠定了坚实的基础。工坊内设有专业的传媒实践区域,配备了先进的设备,供学生进行实践操作和学习。在这里，学生们可以亲身参与传媒作品的制作过程，从策划、拍摄到后期编辑，每一个环节都能得到实践的机会。

除了实践操作，工坊还注重理论知识的传授。工坊定期邀请业内专家进行授课，让学生们能够接触到最前沿的传媒理念和技能。同时，工坊还鼓励学生自主学习和研究，为他们提供了丰富的图书资料和在线学习资源。在这样的学习环境中，学生们的传媒素养得到了全面的提升。

"媒美工坊"的影响力逐渐扩大，得益于其独特的教育模式和显著的育人效果。工坊的学生们在"讲好中国故事，传播好中国声音"的传媒特色劳动教育方针指引下，积极参与各类传媒类竞赛，并多次获奖。这些奖项证明工坊教育模式是成功的，为学生们未来的职业发展增添了亮丽的色彩。

值得一提的是，"媒美工坊"还积极组织志愿服务活动，让学生们有机会将所学知识应用到实际中。其中，"行之有声"志愿服务团队在第五届中国青年志愿服务大赛中荣获金奖，充分展示了工坊学生的风采和实力。这些志愿服务活动不仅锻炼了学生们的实践能力，还培养了他们的社会责任感和公民意识。

随着"媒美工坊"的不断发展，其教育模式也得到了更多的关注和认可。工坊多次被国家级媒体报道，如《光明日报》"学习强国""央视频"等，以及省市级媒体如《扬子晚报》《苏州日报》等。这些报道不仅提升了工坊的知名度，还为其吸引了更多的优质生源和资源。

"媒美工坊"的成功经验也为其他教育机构提供了有益的借鉴。其将传媒教育与劳动教育相结合的理念，以及注重实践操作和理论知识传授相结合的教学方法，都具有很高的推广价值。未来，"媒美工坊"将继续致力于提升教育质量，培养更多具备高素质、高技能的传媒人才，为社会的发展作出更大的贡献。

同时，"媒美工坊"也面临一些挑战和问题，如如何保持教育模式的创新性和可持续性，如何进一步提高学生的实践能力和职业素养等。针对这些问题，工坊将不断加强与业界的合作与交流，引入更多的优质资源和科学的教育理念，以不断完善自身的教育体系。

三、幼儿园中班关于劳动教育的实践

劳动教育对素质教育建设具有重要意义，是对新时代人才培养提出的要求。对幼儿个体来说，劳动教育对幼儿的全面和谐发展具有不可或缺的重大作用。基于"以幼儿为主体"的教育理念，在幼儿园里开展劳动教育，首先劳动主题要贴近幼儿的日常生活，内容来源于幼儿身边的事物，教育应具有生活化；要让幼儿在感兴趣的前提下进行自发自主的劳动，劳动内容是幼儿喜闻乐见的，是幼儿愿意主动去完成的；需要考虑幼儿的年龄特点和需要，劳动内容不仅符合其年龄班的最近发展区水平，也应该是能满足幼儿活动需要及心理需求的。

（一）进行生活化的劳动教育

劳动教育，作为幼儿全面发展的重要组成部分，近年来受到了越来越多的关注。生活化的劳动教育，即将劳动教育与幼儿的日常生活紧密结合，使幼儿在参与生活实践的过程中体验劳动的乐趣，学习劳动的技能，培养劳动的习惯。这种教育方式不仅有助于幼儿掌握基本的生活自理能力，还能促进其社会性发展，尊重和热爱劳动。

在中班年龄段，孩子们的好奇心和探索欲望逐渐增强，他们乐于模仿成人的劳动，并尝试自己动手做一些力所能及的事情。教师应巧妙利用植物角这一教育资源，开展一系列生活化的劳动教育活动，让孩子们在亲身参与中感受劳动的意义和价值。

活动开展之初，教师便与家长们进行了深入的沟通与合作。在家长们的大力支持下，孩子们从家里带来了自己亲手种植的蒜苗。这些蒜苗不仅是孩子们劳动的成果，也是他们接下来进行劳动教育的宝贵资源。每天的区域活动时间，孩子们都会兴致勃勃地聚集在植物角，给蒜苗浇水、松土，并仔细观察蒜苗的生长情况。

在这一过程中，教师不仅教会了孩子们如何正确地浇水和松土，还引导他们观察蒜苗的生长变化，并用绘画或文字的形式记录自己的发现。这样的活动设计，既让孩子们体验到了劳动的乐趣，又培养了他们的观察习惯和记录能力。

除了日常的照料工作，教师还组织孩子们进行了一系列与蒜苗相关的拓展活动。比如，让孩子们亲手制作蒜苗标本，了解蒜苗的内部结构；或者利用蒜苗进行简单的烹饪实验，让孩子们品尝到自己劳动的果实。这些活动不仅丰富了孩子们的生活经验，还让他们在实践中学习到了更多的知识和技能。

值得一提的是，教师在活动中始终注重培养孩子们的团队合作精神和责任意识。在照料蒜苗的过程中，孩子们需要相互配合，共同完成任务。当蒜苗出现生长问题时，教师会引导孩子们一起查找原因，并想出解决办法。这样的教育方式不仅可以让孩子们学会如何与他人合作，还可以培养他们的责任感和解决问题的能力。

此外，教师还通过故事、讨论等形式，向孩子们传递了劳动的价值和意义。他们让孩子们了解到，劳动不仅是一种生存技能，还是一种生活态度和价值观。通过参与劳动，孩子们不仅可以锻炼自己的能力，还能为社会作贡献，实现自我价值。

在生活化的劳动教育活动中，孩子们学到了许多实用的知识和技能，体会到了劳动的乐趣和价值。这种教育方式不仅有助于孩子们的全面发展，还为他们未来的生活奠定了坚实的基础。生活化的劳动教育并不局限于植物角活动。在日常生活中，教师还可以引导孩子们参与更多的劳动实践，如整理玩具、打扫卫生等。这些活动同样能够培养孩子们的劳动习惯和责任感，促进他们全面发展。

在幼儿教育环境中，植物角是一个集自然观察、实践操作与科学探究于一体的宝贵教育空间。近期，本班植物角中的蒜苗成为孩子们关注的焦点。这些蒜苗在孩子们的精心照料下茁壮成长，它们的生长过程不仅激发了孩子们对自然的兴趣，还为他们提供了一个亲身体验与实践劳动的平台。

随着时间的推移，孩子们发现蒜苗越长越茂盛，那细长的绿叶"就像女孩子的头发一样"，飘逸而富有生命力。这一形象的比喻不仅展现了孩子们对蒜苗的细致观察，还流露出他们对这些小生命的喜爱与关怀。孩子们开始用手或尺子等工具测量蒜苗的长度，这一行为不仅锻炼了他们的动手能力，还培养了他们的数学思维和空间感知能力。

在测量的过程中，有孩子提出了一个富有创意的想法："这个蒜苗可以吃"。这一提议立刻引发了全班幼儿的好奇心和探索欲。孩子们开始围绕着蒜苗的味道、食用方法展开了热烈的讨论。教师抓住这一教育契机，引导孩子们深入了解蒜苗的营养价值、食用方式以及它在传统文化中的意义。

随着冬至节的临近，教师与孩子们共同制订了一个富有意义的计划：在冬至节之前精心照料蒜苗，确保它们苗壮成长，然后在冬至节当天剪下蒜苗，作为饺子的配菜。这一计划不仅让孩子们体验到了劳动的成果，还让他们更加深入地了解了中国的传统节日文化。

冬至节那天上午，孩子们在教师的指导下，拿起小剪刀，小心翼翼地剪下了蒜苗。这一过程中，孩子们不仅锻炼了手部精细动作，还学会了如何尊重生命、珍惜劳动成果。随后，有孩子自告奋勇地去清洗蒜苗，教师在旁提供指导和帮助。在清洗过程中，孩子们表现出了极高的专注度和责任感，他们认真地清洗每一根蒜苗，确保它们干净卫生。

午餐时间到了，孩子们围坐在一起，品尝着美味的饺子和自己亲手种植、浇水、测量、收获并清洗加工的蒜苗。这一刻，他们的脸上洋溢着满满的幸福感和成就感。这一经历不仅让孩子们体验到了劳动的快乐和收获的喜悦，还培养了他们的团队合作意识和自我管理能力。

通过这次活动，我们可以看到生活化的劳动教育在幼儿教育中的重要作用。它不仅能够丰富孩子们的生活经验，提升他们的实践能力和创新思维，还能够培养他们的社会责任感和团队协作精神。同时，这种教育方式也有助于孩子们形成积极向上的生活态度和正确的价值观念。

在未来的教育实践中，我们应该继续探索生活化的劳动教育模式，为孩子们提供更多亲身体验与实践的机会。通过种植、养殖、制作等丰富多彩的活动形式，让孩子们在劳动中感受生活的美好与真谛，促进他们的全面发展与成长。

此外，我们还应该注重家园合作，鼓励家长积极参与到孩子的劳动教育中来。通过家庭与学校的共同努力，为孩子们营造一个充满爱与关怀的成长环境，让他们在劳动中学会感恩、学会分享、学会合作与奉献。

在整个活动当中，孩子是活动的主导者，教师是辅助者，为孩子们提供丰富的材料让其自行使用。在活动进行中，孩子们完成了种大蒜—浇水—测量—收获—加工—品尝的劳动流程，体验了一次"农民伯伯"的角色。这次劳动教育的教育主题来源于幼儿园活动室的植物角，是一种贴近幼儿生活的教育方式。

（二）进行兴趣化的劳动教育

兴趣化的劳动教育是基于幼儿的学习成效提出的。幼儿对于感兴趣的事情会兴致勃勃，玩得不知疲倦；对于不感兴趣的事情则会没精打采、注意力不集中。因此，教师应该寻找幼儿感兴趣的事情来进行劳动教育。

在上文提到的"种蒜苗"的活动中，孩子们兴致勃勃，好奇蒜苗长大的样子，好奇蒜苗的味道是怎样的。幼儿被这些未知的事物吸引，完成了一项又一项劳动任务。

（三）劳动基于幼儿的需要

积极完成一件事情，往往是因为幼儿有需要。例如，在本班孩子刚刚进入户外的美工区很难清理掉的笔迹，于是孩子们开始拿干抹布去清理。

当发现用干抹布擦不掉时，在教师的间接指导下，他们拿水桶打水将抹布打湿，并尝试用刷子刷一刷。后来，经过班级所有人展开的"集体会议"之后，孩子们开始用洗衣粉水、热水等去清理黑板和白板上的污渍。最后，在孩子们的行动时，孩子们想使用白板涂鸦，然而白板上面有很多之前其他班小朋友画上的中，白板上的污渍成功清理了下来。有的孩子表示："老师你看，我们多厉害！"

此次劳动教育是基于幼儿使用白板的需要，是幼儿为了进行下一步的绘画涂鸦活动而进行的准备工作，是幼儿自发的劳动。

在幼儿园中进行劳动教育，应该时刻"以幼儿为主体"，这样才能保证幼儿能够在"做中学"，才能使幼儿在自主体验中获得劳动情感、劳动知识、劳动技能，才能找到生活化、兴趣化并且满足幼儿各类需要的劳动教育内容，才能真正培养幼儿的劳动意识和劳动习惯。

PART FIVE

第五章

基于 SEL 的家校社
协同劳动育人实践

社会情感学习视域下的劳动教育实践研究

2012 年我国正式启动"社会情感学习与学校管理"项目，2013 年与联合国儿童基金会合作开展项目[1]，通过学校教育、家庭教育与社区教育的合作，共同推进少年儿童的社会情感学习能力。[2]2020 年 3 月，中共中央、国务院印发《关于全面加强新时代大中小学劳动教育的意见》（以下简称《意见》），劳动教育有了根本遵循。2022 年 1 月，《中华人民共和国家庭教育促进法》开始实施，进一步强调了开展劳动教育是家庭职责之一，同时明确了学校、国家、社会的各自责任。同年，教育部正式印发《义务教育课程方案》，发布《义务教育劳动课程标准（2022 年版）》，劳动课将正式成为中小学的一门独立课程。劳动教育作为学生德智体美劳全面发展的重要组成部分，不仅需要学校发挥教育主阵地的作用，也需要家庭和社会的协同配合，只有"家校社"三方共同发力，才能强化劳动育人实效，充分发挥劳动育人功能。

SEL（社会情感学习）的核心宗旨是深入洞察学生的内在世界，致力于培养他们的自信心、独立思考的能力、沟通技巧、团队协作精神以及面对挑战时的问题解决策略。SEL 的核心理念可以具体细化为五大核心能力，包括自我认识、自我管理、社会认识、人际交往技能、负责任的决策技能，这些能力是构成 SEL 价值体系的基础。自 20 世纪 90 年代中期以来，社会情感学习在世界范围内为提升教育质量、促进学生理解、适应未来生活、推动人的全面发展提供了根本性表征。在劳动教育领域，同样需要社会情感学习的参与。人类社会发展的现实基础从自然认知转化为对人的发展的诉求。这要求教育超越过于关注人的认知发展的倾向，实现教育情感转向，弥补以往劳动教育存在的短板与不足。当下中国的劳动教育也需要同步超越过于注重学生认知而忽视情感的现状，实现劳动教育的情感转向，以回应在中国社会发展过程中所呈现的现实样态。[3]在当代劳动与教育变革的双重驱动下，劳动教

---

[1] 石义堂，李守红. "社会情感学习"的内涵、发展及其对基础教育变革的意义[J]. 当代教育与文化，2013，5（6）：46-50.
[2] 孙小娟. 我国社会情感学习研究热点、前沿及启示——基于 CiteSpace 的数据可视化分析[J]. 黑龙江科学，2023，14（13）：23-26+31.
[3] 毛亚庆，鱼霞. 超越认知：社会情感学习的认识论基础[J]. 重庆高教研究，2024，12（4）：15-21.

育作为与当代劳动紧密结合的教育，必须适应时代发展中劳动与教育的变化，思考如何通过引入社会情感学习推动劳动教育转型的重大命题。[①]

第一节 基于 SEL 的"家校社"协同的重要价值

社会情感学习是劳动教育的重要实现方式，家庭、学校和社会是劳动教育的重要主体。基于 SEL 的"家校社"协同的重要价值是家庭、学校和社会协同配合，以增强自我认识、提升自我管理、促进社会认识、培养人际交往技能和负责任的决策技能等方式实现劳动教育的育人价值。

一、"家校社"协同增强自我认识

作为个体社会情感能力中的核心能力之一，自我以个体自我为导向，以感知自我、理解自我、记忆自我、思考自我等几种形式帮助个体对自身认知系统、认知结构和工作方式的认识。在劳动教育方面，自我认识有助于学生提升劳动教育所需的社会情感技能，不仅能使个体理解客观事物、监控自身认知和情绪状态，还能将自身思维过程概念化，并对自己的现实能力有精确的评估和充分的自信，进而能够轻松地处理劳动教育过程中出现的事件。[②]

基于社会情感学习的"家校社"协同，通过增强学生的自我认识，为劳动教育注入了深刻的育人价值。这种协同模式旨在通过家庭、学校和社会的共同努力，帮助学生更全面地了解自己的兴趣、优势和潜力，从而在劳动实

[①] 冯孟. 基于社会情感学习的人工智能时代劳动教育转型策略[J]. 职业技术教育，2023，44（25）：28-33.

[②] 王瑜，何苗苗. 指向职业劳动力发展的美国社会情感学习——以特拉华州 SEL-CWD 融合框架为例[J]. 教育与职业，2023，（22）：70-77.

践中培养责任感、独立性、创造力和团队合作精神。在劳动教育中，学生不仅学习到了技能和知识，还通过实际操作和体验，开始思考自己在社会中的角色和价值。通过家校社三方的协同引导，学生能够更加深入地理解自己的内心需求和动机，明确自己的人生目标和追求。家庭、学校和社会三方各自扮演着独特的角色，共同引导学生深入认识自我，形成积极的自我认知。

　　家庭是学生成长的摇篮，家长可以通过日常生活中的劳动实践，引导学生认识到劳动的重要性，并鼓励他们尝试各种劳动活动，从而发现自己的兴趣和优势。家长还可以关注学生的情感体验，帮助他们建立积极的自我认知，增强自信心。学校是教育的主阵地，是增强学生自我认识的主战场。教师可以通过设计丰富多样的劳动教育活动，让学生在劳动实践中感受自己的角色定位以及劳动贡献。学生在这个过程进一步认识自我，提升自信心。学校还可以开设劳动教育课程，传授劳动技能和知识，让学生在课程中认识劳动，并正确认知自己所适合的劳动，为未来的职业规划奠定基础。社会可以为学生提供更多的劳动实践机会，学生通过参与社会实践活动锻炼自我，在实践中学习和成长，在社会中更深刻地认知自我。认识自我的目的是实现自我。社会还可以为学生提供更多的资源和支持,帮助他们实现自己的梦想和目标。基于 SEL 的"家校社"协同劳动认知教育是个体在家庭、学校和社会中通过作用于自我的劳动教育活动进行信息认知加工，对自我意识、劳动活动以及两者之间关系形成最基本的认知，进而能够认知劳动的自我教育。通过"家校社"三方的协同引导，学生能够在劳动教育中更加深入地认识自己，明确自己的人生目标和追求。

二、"家校社"协同提升自我管理

　　自我管理是指在不同的情境下有效地监控和调节自己的思维、情绪和行为，建立目标并监督自己朝着目标努力。例如，自我管理能力强的学生在情绪冲动时能够控制自己的情绪，在面对困难与挫折时能够不畏艰难，坚持不懈，勇往直前。[①]在深入认识自我之后，学生应当掌握情绪调节的技巧，以应对生活和学习中的压力，避免受到冲动行为的驱使，保持坚韧不拔的精神来克服遇到的困难。同时，他们还需明确设立个人生活及学业上的目标，并定期监控自己的进展，以合理且适当的方式表达内心的情感。通过不断提升自我管理能力，学生将能够更有效地掌控自己的生活和学习节奏，实现更为高效的时间管理，从而取得更加卓越的学业成果。基于 SEL 的劳动教育可以通过提高学生的自我管理能力来推动劳动教育的开展，以实现劳动教育的育人价值。基于 SEL（社会与情感学习）的"家校社"协同劳动教育，不仅是一个教育过程，还是一种教育理念和实践模式的创新。它强调家庭、学校和社会三方在劳动教育中的紧密合作与协同发展，通过在不同场域内的实践，共同培养学生的自我管理能力。

在家庭中，家长是孩子的第一任老师，他们的言传身教对孩子的成长有深远的影响。家庭劳动教育应该从小事做起，让孩子在参与家务劳动的过程中，学会责任与担当，培养自我服务和自我管理的能力。同时，家长还应引导孩子正确看待劳动，理解劳动的价值和意义，从而建立起正确的劳动观念。在学校中，学校作为专门的教育机构，应该承担起劳动教育的主要责任。学校可以开设劳动课程，让学生在课堂上学习劳动技能和劳动知识，体验劳动的艰辛与乐趣。此外，学校还可以通过组织各种劳动实践活动，如校园清洁、绿化美化等，让学生在实践中提升自我管理能力。同时，学校还应加强与家长的沟通与合作，共同推进劳动教育的深入开展，多方参与的劳动教育活动能举多方之力提高学生的自我管理能力。在社会中，社会是一个更广阔的学习平台，为劳动教育提供了丰富的资源和机会，社会应该为青少年提供更多的劳动实践机会，如社区服务、志愿服务等。学生在社会这个平台上参与劳动实践活动，能够在多种复杂的劳动场合中学会自我管理技巧，提高自我管理能力。让他们在实践中感受劳动的价值和意义。同时，社会还应加强对青

---

① 崔楠楠. 社会情感学习的应用意义及对我国基础教育的启示[J]. 长春教育学院学报，2016，32（12）：16-18.

少年的劳动教育宣传，提高他们的劳动意识和素养。基于 SEL 的"家校社"协同劳动教育，作为一种创新的教育理念和实践模式，突出了家庭、学校和社会在劳动教育中的紧密协作与同步发展。这种教育模式致力于通过三方合力，有效地培养学生的自我管理能力，全面提高他们的综合素质。

三、"家校社"协同促进社会认识

社会与情感能力的核心还包括个体社会性的发展。个体社会性的发展主要分为三个层次：社会意识、社会支持和社会能力。第一，社会意识意味个体能够理解和分析社会化过程中社会和个人的关系，认可、理解、践行社会道德、行为规范，建立社会和个人相协调的世界观。第二，社会支持是来自个体之外的种种支持的总称，包括政府、社会组织及个人网络的支持，在此主要指来自个人网络的支持，如家庭、学校和社区的资源。第三，社会能力包括能够清晰顺畅地与人沟通、倾听异己观点；与人合作、有意识地选择恰当的交往策略，抵制不当的社会压力、建设性地谈判以解决冲突等。① 基于 SEL 的"家校社"协同的劳动教育可以唤醒学生的社会意识，利用家庭、学校和社区等资源的社会支持提高学生的社会性能力，实现劳动教育的育人价值。

在"家校社"协同的劳动教育模式下，学生不再局限于课堂和书本知识，而是有机会参与更广阔的社会实践。家庭、学校和社区为学生提供了丰富的劳动实践机会，让他们能够亲身体验到劳动的价值和意义，从而唤醒他们的社会意识。通过参与社区服务、环保活动、志愿者工作等，学生开始关注社会问题，思考自己的责任和使命，形成积极的社会责任感。

家庭是学生成长的摇篮，也是劳动教育的重要场所。家长可以通过日常家务劳动，培养孩子的劳动习惯和责任感，让他们学会珍惜劳动成果，尊重他人的劳动，这是社会意识的表现。家长还可以引导孩子关注社会问题，培

---

① 全晓洁，蔡其勇. 从"我"到"我们"：社会情感学习的逻辑向度与实践进路[J]. 中国教育学刊，2021，（2）：12-17.

养孩子的社会意识，让孩子更加了解社会、关心他人，培养他们的批判性思维、独立思考能力和社会适应能力。学校是学生接受系统化劳动教育的主要场所。学校可以组织各种劳动实践活动，如农田劳动、手工制作、社区服务等，让学生在实践中学习劳动技能，提高他们的社会交往能力和团队协作能力。学校还可以利用课程资源，结合劳动教育的内容，开展相关的教学活动，引导学生认识社会、理解社会。社区是学生接触社会的窗口，也是劳动教育的重要实践场所。社区可以提供丰富的劳动实践机会，如环保志愿者、社区服务等，让学生在参与社区建设的过程中，增强社会责任感和公民意识。人是社会性的存在，教育是将自然人培养成社会人的过程，基于"家校社"的劳动教育就是培养社会人的重要途径。家庭、学校和社会的协同配合能够整合个人资源网络中关于劳动教育的社会支持力量，在这个过程中使学生在劳动教育中形成对社会的正确认识，最后通过劳动教育活动提高社会性能力。

四、"家校社"协同培养人际交往技能

人际交往技能是建立和维持健康和支持性关系的能力，以及与不同个人和团体有效驾驭环境的能力，包括清晰沟通、积极倾听、合作、协作解决问题和建设性地谈判冲突的能力。[1]人生最重要的幸福因子，既非金钱名誉，也不是成就与权力，而是人际关系的质量。[2]

基于SEL的劳动教育能够培养学生的人际交往能力，促进学生亲社会能力的发展。学生拥有良好的人际交往能力，不仅可以促进教育者和被教育者之间的沟通交流，还可以促进同伴之间的合作，实现劳动教育作用的最大化。基于SEL的"家校社"协同的劳动教育能够联动家庭、学校和社会三方的力

---

[1] 冯孟. 基于社会情感学习的人工智能时代劳动教育转型策略[J]. 职业技术教育，2023, 44（25）: 28-33.

[2] 丁翌, 张桂玲, 殷涛. 社会情感学习，为学生的终身幸福奠基[J]. 当代教育家，2023, （12）: 40-41.

量，共同提高学生的人际交往能力，从而增长学生的劳动知识，培养学生的劳动习惯，实现劳动教育的科学化发展。

　　家庭作为学生成长的首要场所，对学生的人际交往能力、劳动知识和劳动习惯的培养具有深远的影响。家庭是学生情感发展的摇篮，家长可以通过日常交流、关爱和陪伴，为学生提供情感上的支持和安全感，帮助学生端正人际交往态度。家庭是学生最早接触劳动的场所。家长可以通过安排适当的家务劳动，培养学生的责任感和独立性，让学生体验劳动的乐趣和价值。家长可以和孩子一起开展家务劳动，营造良好的家庭氛围。和谐、良好的家庭氛围，能够让学生在家庭劳动中学会尊重他人、理解他人，提高人际交往能力。学校需要形成相互尊重、理解和支持的人际关系，营造积极的学校氛围。在劳动教育中，温馨、安全、舒适的劳动活动氛围，能够使学生感受到健康、向上、向善的力量，影响学生自身的发展，以及劳动团体成员之间的交往，能够促进学生社会情感能力的发展。学校可通过具体的劳动教育活动来促进师生友好关系的形成，如在劳动教育过程中让学生使用礼貌用语，教师要通过平等与尊重的方式与所有学生进行口头或非口头交流；要建立相互帮助、没有欺凌的学生关系，在开展劳动教育实践活动的时候为学生提供互相学习的机会。学校与家长要进行经常的、积极的交流，帮助他们了解孩子社会情感能力的发展状况。[①]社会作为更广阔的教育环境，在基于 SEL 的"家校社"协同劳动教育中扮演重要的角色。社会为学生提供了丰富的劳动实践平台，如社区服务、企业实习等，学生可以在这些平台上体验真实的劳动情境，提高劳动技能和人际交往能力。社会各界可以为劳动教育提供支持和帮助，如提供实践场所、资金支持、专家指导等。这些支持有助于丰富劳动教育的内容和形式，提高教育效果。良好的社会氛围对劳动教育的实施具有重要影响，社会应倡导尊重劳动、尊重劳动者的价值观，形成崇尚劳动、热爱劳动的社

---

① 毛亚庆，杜媛，易坤权，闻待. 基于学生社会情感能力培养的学校改进——教育部—联合国儿童基金会"社会情感学习"项目的探索与实践[J]. 中小学管理，2018（11）：31-33.

第五章　基于 SEL 的家校社协同劳动育人实践

会风尚，为学生树立榜样。基于"家校社"的劳动教育就是培养人际交往技能的重要途径，无论家庭、学校还是社会，都能发展学生的人际交往技能，不同场域的劳动教育活动对于人际交往技能培养的作用和方式是不一样的，不同场域中获得的人际交往能力经过个体的有机整合能反过来促进劳动教育的发展，提高个体的社会情感能力。

五、"家校社"协同培养负责任的决策技能

负责任决策作为社会情感能力的关键要素，有助于个体增强道德责任感和做出建设性选择。责任作为伦理学的核心，是维系社会关系的重要纽带，也是道德教育的重要内容。负责任决策面对问题和挑战时能够三思而后行，思考行事的利弊，能够对自己、对他人、对团队或集体都负起责任，能够自主权衡道德标准、社会规范和安全因素后再作出较为合适的决策。[1]

基于 SEL 的劳动教育不仅需要塑造学生的劳动价值理性，还要将内化的劳动价值观通过劳动活动外化为学生的自觉劳动行为。就由内到外的劳动价值观转化过程而言，其从学生心理活动转变为实践行为，需要着重培养学生制定负责任的决策这种社会情感学习能力，即要求学生正确考虑是否属于自己所认同和擅长的、是否属于自己的兴趣、是否适合自身的性格特点以及自己是否有能力完成等关于劳动活动的所有因素，并据此制订劳动决策及实践方案，并对该决策负责。同时，劳动实践可以使学生浸润在实际的劳动情境中，以丰富的劳动教育活动深化对于自我的认知和对社会的认识，培养一定的社会情感能力。[2]

基于 SEL 的"家校社"协同的劳动教育需要家庭、学校和社会共同发力培养学生负责任的决策技能，从而实现劳动教育的育人价值。对于家庭来说，

---

[1] 陈兆军，叶正飞，郭建鹏. "博学而约礼"：大学生学习投入潜在类别与负责任决策关系的实证研究[J]. 中国高教研究，2024，（6）：43-50.
[2] 王瑜，何苗苗. 指向职业劳动力发展的美国社会情感学习——以特拉华州 SEL-CWD 融合框架为例[J]. 教育与职业，2023，（22）：70-77.

179

首先需要强化家长的教育意识，通过家长会、家长学校等形式，提高家长对培养孩子负责任决策技能的认识和重视程度。其次，学校需要引导家长正确地教育孩子，鼓励家长在日常生活中引导孩子关注社会、关注他人，培养孩子的同理心和责任感。家长要教会孩子如何权衡利弊、做出明智的决策。对于学校来说，学校可以开设关于决策技能培养的课程，如"决策科学""批判性思维"等，为学生提供系统的理论知识和实践机会。学校可以组织各种实践活动，如模拟法庭等，让学生在实践中锻炼自己的决策能力。学校还应建立与家长的沟通机制，及时了解学生在家庭中的表现和需求，共同制订教育计划。对于社会来说，社区、企业等社会组织可以为学生提供各种实践机会，如志愿者服务、实习等，让学生在真实的社会环境中锻炼自己的决策能力。社会应营造一个良好的育人环境，为学生提供正面的示范和榜样。同时，还要加强对不良信息的监管和打击，避免学生在决策的时候受到负面影响。基于 SEL（社会情感学习）的"家校社"协同劳动教育模式，旨在通过家庭、学校和社会三方的共同努力，培养学生负责任的决策技能，以促进对学生的劳动教育，实现劳动教育的全面育人目标。

家校社协同培养负责任的决策技能是一项长期而艰巨的任务。只有家庭、学校和社会共同努力，形成合力，才能为学生的全面发展提供有力保障。社会情感学习的实施需要走出学校，走向家庭、社区、政府，因为它们是支持和保障社会情感学习实施的重要主体。家庭和社区对于劳动教育基于社会情感学习实现育人价值起很大的促进作用，政府的政策、技术和资金支持极大地推动实施社会情感学习的进程。我国劳动教育在家庭—学校—社区关系的构建中缺乏紧密协作，各级教育部门对社会情感学习的认识有待进一步提高。因此，学校在劳动教育的社会情感学习实施中应主动与家庭、社区和政府等保持沟通，争取支持和合作。①

---

① 王少勇，许世华，赵清清. 美国基础教育社会情感学习的发展历程、实施路径及启示[J]. 教学与管理，2024，（15）：95-102.

第二节　基于 SEL 的"家校社"资源的有效整合

传统的劳动教育忽视家庭和社会的参与，造成家庭、学校和社会的资源没有被充分利用，以致学校的劳动教育只停留于表面，没有深入实质。要实现劳动教育育人价值的最大化，就需要家庭、学校和社会三方资源的有效整合。SEL 的核心理念在于关注学生的内心世界，培养他们的自信、独立思考、沟通、合作意识和解决问题的能力。基于 SEL 的"家校社"资源的有效整合不仅能够实现资源的最优、最大化使用，而且能够使劳动教育深入学生的内心，实现劳动教育全面发展的目标。

一、巧用家庭资源，养成劳动良好习惯

在学生成长的过程中，家庭教育扮演着举足轻重的角色，家长作为学生最初的教育者，其影响深远且持久，不仅塑造学生的性格，还对其行为习惯的养成起到关键作用。加强家长与教师之间的沟通，合理开发和利用家长资源，对于优化学校劳动课程教育、培养学生健康的身心发展以及提升学生的社会情感能力具有不可或缺的作用。家长资源在劳动教育过程中的优势显而易见：其丰富性体现在家长们来自各行各业，拥有不同的专业知识和人生经验，能为学校的劳动教育提供了宝贵的资源；其亲情性则表现在家长对学生的深切关爱和期望，这种情感连接能够增强学生的学习动力，促进其德智体美劳的全面发展；其便利性则是因为家长是学生生活中最亲近的人，可以为学生的劳动教育提供支持和指导。

在未来的劳动教育实践中，学校应该更加注重家长资源的挖掘和利用，创新劳动教育的方式方法，为学生提供更为全面、系统的劳动教育支持。同

时，也要不断加强家校之间的沟通与合作，使学生加强对社会情感的学习，使学生的心理和生理得到健康发展。一方面，家长资源的有效利用还可以体现在对学校劳动教育的补充和丰富上。家长们来自不同的行业和背景，他们的劳动经验和劳动知识可以为学校的劳动教育提供更多的视角和不同的劳动内容。例如，在职业教育方面，学校可以邀请从事不同职业的家长来分享他们的工作经验和行业知识，让学生更直观地了解各种职业的特点和要求，从而为他们未来的职业规划提供有益的参考。另一方面，家长资源的利用还有助于构建更为和谐的家校关系。家长只有真正参与学校的教育活动中，才能深刻地了解学校开展劳动教育的价值和意义，能为学校开展劳动提供更加丰富的社会支持，有助于增强家校之间的互信和合作。这种合作关系的建立，又能够进一步促进学生的全面发展，形成良性循环。

家庭是学生成长的第一站，学生社会情感学习能力的基础力量来自于家庭环境的熏染。整合家庭的劳动教育资源以提升学生的社会情感技能，不仅需要增进家长对社会情感学习的理解，还需要提高家长的社会情感教育能力。只有家庭充分理解并学习社会情感，劳动教育才能最大化地促进学生的全面发展。

二、善用学校资源，塑造劳动教育特色

学校作为劳动教育的主阵地，需要赋能教育管理者，从教育者层面开展劳动教育。美国学校网络联合会发布的《2022年基础教育创新驱动力报告》指出："学校应将社会情感学习框架嵌入其日常实践中，让一些中层管理者参与特定的社会情感学习培训，最大限度推进学校内实施社会情感学习的力度。"[1]第一是深化研讨交流。劳动教育管理部门聚焦"社会情感学习在劳动教育中的整合"等核心议题，积极组织教育行政人员、劳动教育领域的权威

---

[1] CoSN.DrivingK-12innovation：2022hurdles&accelerators[EB/0L].（2022-08-13）[2022-12-05]. https://www.cosn.org/event/cosnsdriving-k-12-innovation-summit-1-hurdles-accelerators-2/.

专家等进行深入的探讨和交流，旨在帮助教育管理者和教育界全面理解劳动教育的转型方向，以及劳动教育如何与社会情感学习相融合，进而更新劳动教育的指导理念，为制定具有前瞻性的劳动教育转型策略奠定坚实基础。第二是明确战略目标定位。在广泛学习和深入研讨的基础上，紧密关注劳动教育在新时代的发展趋势，确立将社会情感学习融入劳动教育、促进学生个体发展、适应未来工作世界、服务社会可持续发展的战略目标。树立更为全面、多维的劳动教育观，关注学生在认知、情感、技能等多方面的均衡发展，以及他们的个性化、多样化和全过程成长，为新时代劳动教育的转型与发展提供明确的目标导向。第三是细化战略实施要点。鼓励各级学校根据自身的实际情况，在劳动教育过程中巧妙融入社会情感学习的元素，制定出具体可行的实施策略。这些策略应关注如何提升学生的劳动认知、劳动技能和劳动情感，确保不同层次的学生都能在劳动教育中获得全面的发展和成长。[1]

实施情感导向的劳动教育课程建构。在劳动教育的深化与发展中，学校可采取一系列富有创新性的举措。利用项目化学习的模式，精心打造一系列高质量的劳动教育项目课程。这些课程不仅专注于学生技能的提升，还巧妙地将社会情感学习的要素融入其中，促进学生的综合素质与能力的全面发展。其次，为了更有效地实施这些劳动教育项目，学校应组织专业化的教师培训。这些培训将聚焦如何将社会情感学习理念与劳动教育实践相结合。培训内容将广泛涵盖社交技能的培养、同理心的提升、情绪的感知与理解，以及自我与他人的认知等，目的是让教师们能更深入地理解学生在劳动教育过程中的情感变化、发展需求以及个体差异，从而为他们提供更加人性化、更有针对性的教育指导。

学校应建立多种平台，以平台为纽带，加强学校、家庭、社会的协同合作，构建一个全方位、立体化的教育生态系统。一是搭建学校家庭合作交流平台。通过定期召开家长会、设立家长学校、建立家校联络群等方式，加强

---

[1] 冯孟.基于社会情感学习的人工智能时代劳动教育转型策略[J].职业技术教育，2023，44（25）：28-33.

与家庭的紧密沟通与合作。这种合作不仅限于学业成绩的交流，还应关注学生在社会情感能力方面的发展。学校可以引导家长认识到社会情感能力对孩子成长的重要性，并提供相关资源和指导，共同为学生社会情感能力的提升创造支持性的系统环境。同时，建立家长和学生的劳动共识，让家长成为孩子劳动教育的积极参与者，形成家校间的合力，共同促进孩子的全面发展。二是建设学校社会交流合作平台。学校应积极与社区、企业、社会机构等建立联系，开展多种形式的交流合作。例如，可以邀请社区志愿者、企业导师等进校园，为学生传授劳动技能、分享职场经验，帮助学生更好地了解社会、认识职业。同时，学校也可以组织学生参与社区志愿服务、企业实习等实践活动，让学生在实践中体验劳动的艰辛与快乐，提高他们的社会责任感和实践能力。学校还可以与社会机构合作，共同开发劳动教育资源、举办劳动教育主题活动，丰富劳动教育的内容和形式，提高劳动教育的效果。通过建设这些平台，学校可以加强与家庭、社区、社会等各方面的联系与合作，共同构建一个多元化、开放性的教育生态系统。在这个系统中，学校不仅是知识传授的场所，还是学生成长成才的摇篮；家庭不仅是学生成长的港湾，还是学生情感发展的重要支撑；社区和社会则为学生提供了广阔的实践舞台和丰富的教育资源。三者相互补充、相互促进，共同为学生的全面发展提供有力保障。

三、借力社会优质资源，创设劳动实践场所

在当前的教育背景下，劳动教育的重要性愈发凸显，不仅关乎学生技能的培养，还与社会情感学习和社会情感能力的发展紧密相关。社会情感学习强调个体在人际交往中理解、管理自我情感，发展移情能力，并据此作出积极决策。当前学校劳动教育面临资源单一和劳动时间有限的问题，这在一定程度上制约了劳动教育在促进学生社会情感学习和社会情感能力发展方面的功能发挥。为了突破这一限制，建构全社会全领域的劳动教育资源，形成多元立体、丰富适切的劳动教育学习空间显得尤为重要。在这样的空间中，学

生可以通过参与不同领域、不同形式的劳动活动，学习劳动技能，在劳动过程中体验团队合作、沟通协作的重要性，学会理解和尊重他人的劳动成果，发展移情能力和共情心。同时，通过劳动实践，学生还能更好地理解社会的运作机制，增强社会责任感和公民意识。

其中，社区资源作为学校开展劳动教育的重要补充，具有不可忽视的潜力。学校与社区的合作，特别是与特色社区资源的结合，为劳动教育注入了新的活力。借助社区资源，学校可以开设富有操作性和劳动体验丰富的课程，如"学军自主拓展课程"。这类课程不仅能让学生学习军人的本领，还能让他们在实践活动中养成良好的劳动习惯，形成对自我的正确认知，增强自我管理的能力，深刻理解劳动的价值和意义，加深对社会的认识。以某地区小学为例，该校在2020学年暑假期间，组织学生走进军营，亲身体验部队生活。学生们参与部队的升旗仪式，观看军人的日常训练，并在教官的带领下参观了官兵宿舍。在这个过程中，学生们对军人严谨的生活态度和整齐有序的环境产生了深刻的印象，从而丰富了对自我的认识。在感受部队优良传统和严谨作风的同时，学校结合学生的身心特点，分年级设置了"学军成长营"自我服务性劳动课程。这一课程的核心是提升学生的生活整理能力，让他们分年级、分项目地向军人学习劳动技能。从一年级的系鞋带到五年级的叠被子，每个年级都有针对性的学习内容。为了提高教学效果，学校还邀请解放军叔叔拍摄劳动课程小视频。这些小视频将各项劳动技能进行分解演示，让学生能够通过反复观看视频进行学习和练习。例如，在一年级的系鞋带劳动课程中，系鞋带的动作被分解成抽拉、交叉、打结三个步骤，通过视频展示和讲解，学生们能够更直观地掌握这一技能。这种教学模式不仅能传授技能，还能帮助学生树立劳动观念。通过学习和实践，学生逐渐领悟到幸福生活是基于辛勤劳动的，从而树立积极的劳动观念。此外，"学军成长营"的小课堂还鼓励学生进行自我挑战和跨年级学习。当学生掌握了基本的劳动技能并熟能生巧后，他们就能够更高效地保持生活和学习环境的干净整洁。这种自我服务劳动能力的提高，不仅增强了学生的自信心和成就感,还让他们在劳动中体验到快乐和满足,学习社会情感,提高社会情感技能。

"学军成长营"劳动教育模式的创新为学校劳动教育的发展提供了新的思路。通过与社区资源的深度融合,学校能够打破资源单一和时间有限的限制,为学生提供更为丰富和多样的劳动教育体验。这种模式的推广和实践,有助于培养更多具有独立性、责任感和劳动观念的新一代青少年。从宏观的角度来看,此种劳动教育模式的推广和实践还有助于推动整个社会对劳动教育的认识和重视。

第三节 基于 SEL 的"家校社"协同的劳动教育

在学生的劳动教育中,学校、社区和家庭占据主要地位。在开展劳动教育活动中,家庭、学校和社会三方需要相互合作,共同为学生社会情感能力的发展提供支持和帮助,最大限度地把社会情感技能应用到日常劳动中,提高学生的劳动技能水平。因此,要注重学校、社区和家庭的协同合作,在三方的协调配合中,家校联动和校社合作显得更为重要。学校作为劳动教育的主阵地,是联系家庭和社会的关键一环,要想实现家庭、学校和社会的协同发展,家校联动和校社合作是至关重要的。家校联动能够充分发挥家庭的辅助作用,而校社合作则能充分实现社会的多方资源整合作用。基于 SEL 的劳动教育需要家庭、学校和社会三方的有效协同才能实现其育人价值。

一、家校联动,合作育人

个体社会情感能力的提高多在学校之外的情境下发生,家庭作为个体成长重要的微观生态系统,家长的社会情感水平、亲子相处方式以及家庭情感氛围等因素都对学生社会情感学习具有重要的影响。①家庭劳动教育具有举足轻重的地位，家长在学生劳动习惯的养成中扮演不可或缺的角色，家校携手共同育人成为构建学生劳动教育共同体的关键一环。劳动教育的开展不仅需要学校发挥教育主阵地的作用，家庭的参与也是至关重要的，学校和家庭的有效联合才能实现劳动教育的育人价值。

可以采取多种策略与方法来充分发挥家长在学生劳动教育中的重要作用，协同培养学生的社会情感能力。第一是学校开办了"家长学校"。通过讲座的形式向家长们传播和普及家庭劳动教育的理念，以及劳动教育提升学生社会情感能力的重要意义。这些讲座不仅阐述学生劳动教育增强自我认识、提升自我管理、促进社会认识以及培养人际交往和负责任的决策技能的重要意义，还教家长们如何在家中配合学校进行劳动训练，家长在这个过程中能够更加深刻地理解劳动教育的意义，从而实现家校协同推进劳动教育的目标。第二是学校坚持每学期召开家委会会议和家长会，家长将有机会全面了解学校劳动教育的核心理念，以及劳动课程的具体内容和独特的教学方式。这样的体验将极大地提升家长们对学校劳动教育的理解和信任，从而共同树立一个明确的目标：家校携手，共同致力于学生社会情感能力的全面发展。通过这种方式，家长们能够更好地参与到学校的管理中来，与学校共同配合，进行有针对性的劳动教育以培养学生的社会情感能力。这种参与式的管理模式不仅可以增强家校之间的互动与沟通，还可以提高家长们对劳动教育的认识和重视程度。第三是学校可以充分利用现代科技手段来加强家校之间的联系。通过校园网、钉钉班级群等平台，家长们可以足不出户地了解孩子在校的最新情况，与教师进行一对一的网上互动交流，及时探讨和解决学生在劳动教育中遇到的问题。这种即时的沟通方式大大提高了家校合作的效率和效果。第四是学校可以在暑假期间开展亲子劳动大比拼活动，鼓励每位同学在家庭成员中寻找一个劳动搭档，共同设立劳动岗位、制订劳动计划，并互相督促

---

① 屈廖健，伍倩倩. 中小学社会情感学习如何落地——日本 SEL8S 项目的保障措施与实施策略[J]. 外国教育研究，2023，50（12）：96-108.

和帮助坚守劳动岗位，在家庭劳动活动中培养一定的自我管理能力。在劳动过程中，学生们不仅可以养成良好的劳动习惯，还可以记录自己的劳动成果和劳动创意，从而加深对自我的认知和社会的认识，培养人际交往能力和负责任的决策技能。与此同时，亲子间的家庭劳动教育活动可以提高学生和家长的劳动意识和劳动技能，让家庭亲子关系变得更加和谐融洽。第五是开设家校共育工作坊，每月定期开展提升家长社会情感能力的劳动教育专题讲座，在家庭生态层面塑造尊重、民主、温暖的劳动教育支持环境。学校根据劳动教育的内容规划家庭劳动课程，向家长发放与劳动教育相关的社会情感课程手册和学习材料，鼓励家长主动参与促进学生社会情感提升的劳动教育活动，协助学生完成情感课程作业及情感能力挑战。①

家庭教育和学校教育并非孤立存在，而是相互影响、相互促进的。家庭劳动教育作为学校劳动教育的重要延伸和补充，其在培养学生良好劳动习惯、增强学生实践能力、培养学生社会情感能力方面的作用不容忽视。家长们的积极参与和配合也为学校开展基于 SEL 的劳动教育提供了有力支持，有了家长的配合和支持，学校的劳动教育才能更进一步发展，学生的社会情感能力才能得到进一步提升。家校合作在劳动教育中的深入实践，不仅对学生个体的全面发展具有显著意义，而且与培养学生的社会情感能力紧密相关，对社会整体的劳动文化和价值观也会产生深远的影响。SEL 强调学生内在情感、认知和社会性的均衡发展，而劳动教育则是这一过程中不可或缺的一环。加强家校合作，可以共同为学生创造一个既注重技能培养又强调情感发展的学习环境。在劳动实践中，学生不仅能学习到实用的技能和知识，还能学会如何与人合作、沟通、解决问题，并培养责任感和自信心，这些都是社会情感能力的重要组成部分。家校携手共同推进劳动教育，不仅有助于培养学生良好的劳动习惯和实践能力，还能促进他们在社会情感能力方面的成长。在这样的教育模式下，学生可以更加深入地理解劳动的价值和意义，学会尊重劳

---

① 屈廖健,伍倩倩. 中小学社会情感学习如何落地——日本 SEL8S 项目的保障措施与实施策略[J]. 外国教育研究，2023, 50（12）：96-108.

动、珍惜劳动成果，从而形成积极向上的劳动价值观。只有家庭和学校共同努力、密切配合，才能为学生的全面发展奠定坚实的基础，培养出具备良好社会情感能力和劳动习惯的新时代青少年，为构建和谐社会注入源源不断的活力。

二、社校联合，共同育人

在当今的教育体系中，劳动教育的重要性日益凸显。为了更全面地培养学生的劳动技能和劳动意识，基于社会情感学习的劳动教育是个不错的选择。学校积极拓展劳动教育的空间，从传统的学校、家庭环境延伸到更广阔的社会领域，这种空间的开放与拓展，为学生提供了一个更为真实、多元的学习环境。学生在学校学习中认识自我，在社会实践中认识社会，社校的联合发展有助于学生在劳动实践中深化对劳动价值的理解，培养热爱劳动、尊重劳动的良好习惯，提高自我管理的能力。

学校与部队的合作是一个典型的案例，双方共同开发的"学军成长营课程"基于学生对自我和社会的认知需求，源于学校和社区等社会支持资源。校外延伸的实践基地，课程设计丰富多样，授课学习形式灵活多变，学习内容更是贴合学生身心特点，且具有独特性，学生更是在学习劳动中培养了爱劳动、坚持劳动、做好劳动的自我管理技能。"学军成长营课程"不仅为学生树立了劳动的榜样，还通过评选优秀班级和"内务小标兵"等活动，极大地提高了学生劳动的积极性。学生在这个过程中能够提升自信心，不断深化对于自我的认知。这种军民融合的教育模式，既体现了劳动教育的实践性，又增强了学生的集体荣誉感和责任感等社会情感能力。学校还定期组织学生前往社会实践基地进行实践活动。敬老院、消防队、红色教育基地等，都成为学生们亲身体验和学习的场所。在这些实践活动中，学生们不仅能够观察到各种劳动场景，还能亲身参与其中，加深对社会的认识，从而更直观地理解劳动的意义和价值。这种"走出去"的学习方式，极大地丰富了劳动教育的内容和形式，也使学生们在多样的教育熏陶中逐渐养成了热爱劳动、尊重劳动的好习惯。

　　校社联动能够提供更全面的教育资源，学校和社会各自拥有独特的教育资源。通过社校联合，这些资源可以得到有效整合和利用，为学生提供更加丰富多样的学习机会。劳动教育依托所在地区丰富的社会资源，为劳动教育的实施提供了广阔的舞台。组织开展主题多元的劳动教育特色活动，不仅可以丰富学生的学习体验，还能促进他们社会情感能力的发展。在这些活动中，教师首先提出劳动活动课程的具体需求，随后学校和社会各方共同参与策划，确保活动能够充分体现地域特色和学校的教育目标。这种校社联合的方式，让劳动教育活动更加贴近学生的生活实际，也更容易引起学生的兴趣和共鸣。劳动教育活动的主题多样，从传统的农业生产到现代的手工艺制作，从社区服务到环保实践，为学生提供了丰富的选择。这些活动不仅让学生体验到了劳动的艰辛和乐趣，也让他们在实践中提高了合作、沟通、解决问题等社会情感能力。更为重要的是，校社联合的劳动教育活动将社区和学校紧密地联系在一起，形成了一个劳动教育的协同网络。学生可以在这个平台上展示自己的劳动成果，分享自己的经验和感受，从而进一步提高他们的社会情感能力。总的来说，劳动教育依托社会资源开展的特色活动，丰富了学生的学习生活，促进了他们社会情感能力的发展。

　　例如，社会可以提供广阔的实践机会，如实习、志愿服务等，让学生将理论知识应用到实际中，加深对知识的理解和运用。校社联动还可以促进学生的全面发展，学生的成长不仅包括知识的积累，还包括品德、智慧、身体、美感等多个方面的发展。社校联合可以确保这三个方面都得到充分关注。家庭可以培养学生的情感和价值观，学校提供专业的教学和培养学生的综合能力，社会则培养学生的社会适应能力和创新能力。不仅如此，社校联合可以让学生在学习过程中获得更多的支持和鼓励，从而激发学习动力，提高学习兴趣。家庭可以给予学生鼓励和支持，帮助他们克服困难，学校提供良好的学习环境和激励机制，社会提供实践机会，让学生体验学习的实际应用价值。

学校和社会的联动配合能够培养学生的社会责任感和团队合作精神，在现代社会，个人的发展离不开团队的支持和合作。社校联合有助于培养学生的社会责任感和团队合作精神。通过社会实践和团队合作活动，学生可以学会如何与他人合作、如何承担责任，从而为他们未来的职业发展和社会生活打下坚实的基础。社校联合是推动教育高质量发展的必然要求。通过整合学校、家庭和社会的力量，可以形成合力，共同解决学生成长中的突出问题。例如，可以针对学生的心理健康、身体素质、创新能力等方面的问题，制订针对性的教育计划和措施，提高学生的综合素质，增强竞争力。

PART SIX

第六章

SEL 视域下劳动教育实践再优化

第六章　SEL 视域下劳动教育实践再优化

　　SEL 的五种核心社会情绪能力，包括自我认知、自我管理、社会认知、人际交往技能和负责任的决策能力，可以提高个体的情绪管理技能和社会交往技能。①在探讨劳动教育的深化与发展路径时，SEL 的融入为这一传统教育领域带来了新的活力与视角。本章旨在深入剖析 SEL 视域下劳动教育实践的再优化策略，展现劳动教育与 SEL 相结合所带来的教育理念与实践的双重革新。第一节将聚焦如何在劳动教育的具体实践中，运用 SEL 的理论与方法进行再优化，提高劳动教育的效果与质量。第二节进一步探讨劳动教育与 SEL 如何深度融合，共同促进学生在劳动技能、情感态度、社会责任感等多方面的发展，实现教育目标的再升级。两节内容相辅相成，共同勾勒出 SEL 视域下劳动教育实践再优化的全景图。

第一节　SEL 在劳动教育实践的再优化

　　在劳动教育实践中融入 SEL，旨在通过提高学生的自我管理能力，包括时间管理、情绪管理以及自我激励和自我管理技能的综合运用，进一步增强学生的团队合作意识，实现倾听、理解、尊重和人际关系技能与团队协作的深度融合。同时，此过程还着重培养学生的责任感，并致力于提高学生解决问题的能力，以使 SEL 在劳动教育实践中得到再优化。

一、提高学生的自我管理能力

　　提高学生的自我管理能力，是劳动教育实践中的重要一环。②这不仅涉及时间管理和情绪管理的技巧，还包括自我激励和自我管理技能的综合运用。

---

① 王福兴，段婷，申继亮. 美国社会情绪学习标准体系及其应用[J]. 比较教育研究，2011，33（3）：69-73.

② Goals of SEL[EB/OL]http://www.isbe.net/ils/social emotional/standards.htm，2024-4-10.

193

通过这一系列的训练与培养，学生能够更好地掌控自己的生活与学习，为未来的劳动与成长奠定坚实的基础。

（一）时间管理

对时间压力而言，时间管理技能无疑是影响时间压力应对的重要因素。时间管理是一系列有助于有效利用时间完成任务和实现目标的行为，需要确定工作目标的优先级、规划工作任务和监控目标进度。[1]在劳动过程中，时间无疑是一项至关重要的资源。对于学生而言，学会如何在有限的时间内高效地完成劳动任务，不仅关乎任务的质量，而且对其未来的学习和生活具有深远的影响。自我管理技能（SELF），包括时间管理、情绪管理和自我激励的技能。SELF 中的时间管理技能训练，正是一种旨在帮助学生建立对时间的敏感度和掌控力的有效方法。SELF 时间管理技能训练的核心在于教导学生如何合理规划和使用时间，其中包括制订详细且切实可行的时间计划，设定清晰、明确的目标，以及持续监控和调整自身的工作进度。通过这一系列训练，学生不仅能够更好地管理自己的时间，还能在劳动过程中表现出更高的效率和个人责任感。

制订合理的时间计划是时间管理的第一步。一个完善的时间计划能够帮助学生清晰地了解任务的进度和安排，从而避免时间的浪费。在制订计划时，学生需要充分考虑任务的性质、难度和紧急程度，以及自身的能力和条件。例如，在园艺劳动中，学生可以根据植物的生长周期和自身的时间安排，制订出一个详细的园艺计划，包括种植、浇水、施肥、修剪等各个环节的时间节点和负责人。这样，学生就能在保证植物健康生长的同时，锻炼自己的时间管理能力。

设置清晰的目标是时间管理的关键。一个明确的目标能够帮助学生保持专注和动力，从而更好地完成任务。在劳动过程中，学生应该根据自己的实

---

[1] Peeters, M.A...&Rute, c.G.（2005）.Time management behavior as a moderator for the job demand-control interaction.Joural of 0ccupaional Health Psychology, 10(1).64-75.

际情况和劳动要求，设定一个具体、可衡量的目标。这个目标可以是完成某个具体的劳动环节，也可以是达到某个预定的质量标准。通过设定目标，学生可以更加明确自己的方向和努力的重点，从而提高劳动效率和质量。

监控和调整自身的工作进度是时间管理的重要环节。在劳动过程中，学生需要时刻关注自己的进度和效果，根据实际情况进行及时的调整。如果发现自己进度滞后或者效果不佳，就需要及时调整计划和方法，以确保任务的顺利完成。例如，在园艺劳动中，如果学生发现自己无法按时完成浇水任务，就可以考虑增加人手或者调整浇水的时间安排，以确保植物得到充足的水分和养分。

SELF 时间管理技能训练的实践应用是多种多样的。教师可以通过具体的劳动任务来教导学生如何制定时间表、如何分配时间以完成各个劳动环节，并学会根据实际情况灵活调整计划。例如，在园艺劳动中，教师可以引导学生思考如何在有限的时间内合理安排种植、浇水、修剪等环节的工作，以确保植物的健康生长。教师还可以鼓励学生在园艺劳动的实践中不断尝试和优化自己的时间管理方法，从而提高劳动效率和成果质量。除了园艺劳动外，SELF 时间管理技能训练还可以广泛应用于其他劳动场景中。例如，在手工制作课程中，教师可以教导学生如何制订制作计划、分配时间和资源以完成各个制作步骤，并学会根据实际情况调整计划和进度。在烹饪课程中，教师可以引导学生思考如何在有限的时间内合理安排食材的准备、烹饪和装盘等工作，以确保菜肴的口感和营养价值。这些实践应用不仅能够帮助学生掌握时间管理的精髓和在方法论基础上提高的实践技能，还能够培养他们的团队协作能力、创新思维和责任感。

通过 SELF 时间管理技能训练的实践应用，学生可以逐渐掌握时间管理的精髓和在方法论基础上提高的实践技能。他们不仅能够更好地管理自己的时间和任务安排，还能在劳动过程中展现出更高的效率、更强的责任感和更好的综合素养。这种训练不仅对学生的个人成长和发展具有重要意义，还能为他们的未来职业生涯打下坚实的基础。SELF 时间管理技能训练还能够培养学生的自律性和团队协作能力。有研究还发现，时间管理技能对于时间压力、阻碍评估和主动工作行为的关系具有调节作用。[①]在劳动过程中，学生需要自觉遵守时间安排和任务要求，这可以培养他们的自律性和责任感。学生还需要与团队成员紧密合作、共同完成任务，提高他们的团队协作能力和沟通能力。

（二）情绪管理

有学者认为，自我认知目标的重要性在于教给学生如何了解自己的情绪，如何管理情绪和合理地表达情绪。[②]通过这些学习可以使学生学会应对压力、控制冲动，激发学生克服各种困难。在劳动过程中难免会遇到挫折和困难，如何在这种情况下保持积极的心态和稳定的情绪，显得尤为重要。SELF中的情绪管理技能训练，就是一套旨在帮助学生识别、调节和表达情绪的方法，使他们在劳动中能够保持最佳的心理状态并保持稳定的情绪，从而更好地应对各种挑战。

情绪管理技能训练的核心在于教会学生如何正确认识和处理自己的情绪。在劳动过程中，学生可能会因为遇到难题或者任务无法顺利完成而产生焦虑、沮丧等负面情绪。在这种时候，SELF情绪管理技能训练就派上了用场，能让学生正确地处理自己的不良情绪并保持情绪稳定。教师可以通过情景模拟、角色扮演等方式，让学生在安全的环境中体验并学习如何处理这些负面情绪。在情景模拟中，教师可以设定一些与劳动相关的场景，如工具损坏、任务延期等，让学生置身于这些情境中，并引导他们思考如何应对。通过这种方式，学生可以在安全的环境下学习到如何应对真实劳动中可能出现的困难，从而培养他们的抗压能力和随机应变能力。角色扮演则是一种更加生动的教学方式，教师可以让学生扮演不同的角色，如工人、组长、项目经

---

① 杜林致, 陈雨欣. 时间压力促进还是抑制员工主动工作行为——认知评价的中介作用和时间管理技能的调节作用[J]. 中国人力资源开发, 2023, 40（4）: 6-20.
② 王福兴, 段婷, 申继亮. 美国社会情绪学习标准体系及其应用[J]. 比较教育研究, 2011, 33（3）: 69-73.

理等，并设置一些情绪冲突的情节，让学生在扮演过程中体验和学习如何处理各种情绪问题。这种教学方式不仅能够帮助学生更好地理解和处理自己的情绪，还能够提高他们的同理心和团队协作能力。除了情景模拟和角色扮演，SELF情绪管理技能训练还包括积极的心理暗示和自我激励方法的学习。教师可以通过讲解和示范，教会学生如何使用积极的语言来暗示自己，从而提高自信心和抗压能力。例如，在面对困难时，学生可以对自己说："我一定能够克服这个难题！"或者"我已经做得很好了，继续努力！"这样的积极暗示能够帮助学生调整心态，保持冷静和乐观。自我激励方法则是另一种重要的情绪管理技能。教师可以通过分享成功人士的故事或者引导学生制定个人目标等方式让学生正确地认识自己，激发他们的内在动力。在劳动过程中，当学生遇到困难或者感到疲惫时，可以通过回顾自己的目标和成果来激励自己继续前进。这种方法不仅能够帮助学生保持持久的劳动热情和动力，还能够培养他们的自我管理能力。

SELF情绪管理技能训练的实践应用是多种多样的。教师可以在劳动课程中融入这些训练内容，让学生在真实的劳动场景中学习和运用这些技能。例如，在园艺劳动中，当学生遇到植物枯萎或者病虫害等问题时，教师可以引导他们运用情绪管理技能来保持冷静并寻找解决方案；在手工制作课程中，当学生遇到制作难题或者作品不如预期时，教师可以鼓励他们使用积极的心理暗示和自我激励方法来调整心态并继续努力。

在劳动教育过程中，学生可能会面临各种挑战和困难。情绪管理技能训练可以帮助学生培养积极的心态来面对这些挑战，减少负面情绪的影响，从而增强他们的心理调控能力和抗压能力。情绪管理能够帮助学生有效管理自身的情绪状态，减少因情绪波动而导致的分心或焦虑，使他们能够更专注地投入到劳动教育中，提高学习效率。在劳动教育中，学生往往需要与他人合作完成任务。情绪管理技能能够帮助学生更好地控制自己的情绪，减少冲突和摩擦，促进团队成员之间的和谐关系，提高团队的凝聚力和协作效果。通过情绪管理的学习和实践，学生可以更好地了解自己的情绪状态，并学会根据不同情绪状态进行自我调节和管理。这有助于培养学生的责任感，使他们在面对劳动任务时更加认真负责。情绪管理技能中的积极思考和认知重建可以帮助学生从积极的角度看待问题，找到解决问题的办法。这种思维方式可以激发学生的创造力和创新意识，使他们在劳动过程中更加勇于尝试和创新。情绪管理技能是职业素养的重要组成部分。通过情绪管理技能的训练，学生可以更好地控制自己的情绪，以更专业的态度面对工作中的挑战和压力，为未来的职业生涯打下坚实的基础。

（三）自我激励

劳动的过程往往伴随着艰辛和挑战，对于学生来说，如何在这个过程中保持持续的积极性和动力，是一个需要面对和解决的问题。SELF 中的自我激励技能训练，就是为了帮助学生建立内在的驱动力，以更好地克服劳动中遇到的困难和挑战，继续保持前进的动力。自我激励是一种强大的心理资源，可以帮助学生在面对困难和挫折时，依然能够坚持不懈，勇往直前。在劳动中，自我激励的作用尤为重要，因为它直接关系到学生的劳动积极性和成果质量。通过 SELF 自我激励技能训练，学生可以学会如何在劳动中保持持久的热情和动力，从而更好地完成任务，实现自我价值。

教师可以通过多种方式来激发学生的自我激励能力。首先，设定明确的劳动目标是关键。一个明确、具体、可衡量的目标能够为学生提供清晰的方向和动力，教师应该与学生共同制定劳动目标，确保目标是具体、可衡量的，并鼓励学生为之努力。当学生看到自己的进步和成果时，他们的自我激励能力自然会得到提升。其次，提供及时的反馈和奖励也是重要的自我激励的方式。在劳动过程中，教师应该及时关注学生的表现，并给予积极的反馈和奖励。这种正向的激励机制能够让学生感受到自己的价值和被认可，从而增强他们的自信心和自我激励能力。同时，教师还可以通过榜样示范、分享成功经验等方式，进一步激发学生的自我激励潜能。除了教师的引导，学生自身的努力也是提升自我激励能力的关键。学生应该学会如何设定个人目标，并制订实现目标的详细计划，一个明确的目标和可行的计划能够让学生更加有信心和动力去完成劳动任务。学生还应该学会自我反思和自我调整。在劳动过程中，难免会遇到各种问题和挑战，这时学生需要冷静分析问题的原因，并调整自己的方法和策略。通过这种自我反思和自我调整的过程，学生可以不断优化自身的劳动表现，提升自我激励能力。

SELF 自我激励技能训练的实践应用是广泛的。无论是在学校的劳动课程中，还是在家庭、社区等场合的劳动实践中，学生都可以运用这种技能来保持持久的积极性和动力。例如，在学校的园艺劳动中，学生可以通过设定明确的种植目标、制订科学的种植计划，并在遇到问题时及时调整策略，从而保持对园艺劳动的热情和动力。在家庭的家务劳动中，学生也可以运用自我激励技能来克服懒惰和拖延等问题，更好地完成家务任务。

SELF 自我激励技能训练对学生的劳动教育具有重要意义，自我激励技能训练能够帮助学生认识到自己内在的驱动力和目标，从而激发他们对劳动教育的积极态度。当学生了解到劳动教育的价值和意义，并能够将个人目标与劳动教育相结合时，他们会更加主动地参与其中，形成持久的内在动力。通过自我激励技能训练，学生可以学会如何调整自己的心态，将挑战视为成长的机会，从而保持对劳动教育的高度热情。这种热情能够促使学生更加投入地参与劳动，提高学习效果和满意度。自我激励技能训练强调设定目标、制订计划并坚持不懈地执行。在劳动教育中，这种品质尤为重要。学生需要面对各种困难和挑战，只有具备坚持不懈的品质，才能够在困难面前不退缩，持之以恒地完成任务。自我激励技能训练鼓励学生主动思考、自我管理和自我评估。在劳动教育中，这种自主学习能力能够帮助学生更好地规划自己的学习进程，合理安排时间，提高学习效率。同时，学生还能够通过自我评估来反思自己的学习成果，不断调整和优化自己的学习策略。通过自我激励技能训练，学生不仅能够提高劳动教育的参与度和学习效果，还能够促进个人成长和发展。他们可以在劳动实践中培养自我管理与约束能力、责任感、团队合作精神、创新意识和实践能力等综合素养，为未来的职业发展打下坚实的基础。

（四）自我管理技能的综合应用

在劳动教育中，时间管理、情绪管理和自我激励是相互关联、相互促进的重要技能。这三者之间的紧密关系使得学生在劳动实践中能够更好地应对挑战，增强劳动效果。

时间管理是劳动教育中的基础技能。合理的时间规划能够确保学生高效地完成劳动任务，避免拖延和浪费时间。在制订劳动计划时，学生需要合理分配时间。这不仅包括每个任务所需的时间，还包括休息和放松的时间，以保持身心的健康和平衡发展。例如，在园艺劳动中，学生需要计划好种植、浇水、施肥等各个环节的时间，确保植物得到适当的照料。同时，也要预留出时间用于观察植物的生长情况，以便及时调整劳动策略。在这个过程中，学生的身心也可以得到放松。

与时间管理紧密联系的是情绪管理。在劳动过程中难免会遇到各种问题和挑战，学生需要学会调节自己的情绪，保持冷静和乐观。情绪管理技能可以帮助学生在面对困难时保持积极的心态，从而更好地解决问题。例如，在手工制作劳动中，当学生遇到制作难题或者对自己的作品不满意时，可以运用情绪管理技能来调整心态，避免因情绪波动而影响劳动效果。通过深呼吸、放松训练、调整思维模式等方法，学生可以平复情绪，消除负面情绪，重新审视问题，并找到解决方案。

自我激励则是劳动教育中的核心技能。在面对困难和挑战时，自我激励能够帮助学生保持积极性和动力，坚持不懈地完成任务。通过设定明确的劳动目标、制订实现目标的计划以及及时自我反思和调整，学生可以不断地优化自身的劳动策略和技能。例如，在清洁劳动中，学生可以设定一个明确的清洁目标，并制订详细的清洁计划。在执行过程中，当遇到困难或者疲惫时，可以通过自我激励来保持前进的动力。同时，在完成任务后，学生还需要进行自我反思和调整，分析自己在劳动过程中的表现和不足之处，以便在下次劳动中改进，这就实现了自我激励的良性循环。

时间管理、情绪管理和自我激励在劳动实践中是相互作用、相互影响的。合理的时间管理能够让学生更好地安排劳动任务和休息时间，从而避免过度疲劳和减少情绪波动；有效的情绪管理能够让学生在面对困难和挑战时保持冷静和乐观，提高解决问题的能力；而自我激励则能够让学生在劳动过程中保持持久的积极性和动力，坚持不懈地完成任务。这三者之间的紧密结合将使学生在劳动教育中取得更好的成果。为了更好地运用和调整这些技能以实现最佳的劳动效果，学生需要在实践中不断地进行尝试和反思。教师可以通过组织丰富多样的劳动活动来为学生提供实践机会，并引导他们学会如何在实践中运用时间管理、情绪管理和自我激励技能。同时，教师也要鼓励学生之间进行交流和分享，让他们在互相学习和借鉴中不断成长和进步。此外，家庭和社会也应该为学生营造良好的劳动教育环境。家长可以鼓励孩子参与家务劳动或者社区服务等活动，培养他们的劳动意识和责任感。社会则可以通过开展各种公益劳动或者实习项目来为学生提供更多的实践机会和成长空间。

二、增强学生的团队合作意识

当今社会越来越需要具有较好的合作能力和较强团队精神的高素质人才，据"高职院校学生团队精神和合作能力培养教育研究"课题组 2009—2010 年对北京、上海、河北 100 多家用人单位的调查显示，敬业精神、团队合作精神、人际沟通能力等"软实力"已经成为用人单位最看重的毕业生素质。[1] 在劳动教育过程中，团队协作是一个至关重要的环节。劳动，尤其是复杂或繁重的劳动任务，往往需要多人协同完成，这时候团队协作的配合度和效率影响着劳动成果的质量。而团队协作的核心，不是各自技能的叠加，而是团队成员之间相互理解、信任和沟通。SEL 所强调的人际关系技能能够很好地应对团队协作当中发生的各种情况。

---

[1] 周景辉，丁菊，柳西波. 高校设计人才团队精神和合作能力培养研究[J]. 中国人才，2010（22）：205-206.

（一）倾听在团队协作中的价值

倾听，这一行为看似平淡无奇，实则蕴含了极大的智慧和艺术。在复杂多变的团队协作环境中，它更是一项不可或缺的技能。每一个团队成员，无论其角色如何，都拥有自己独特的观点、想法和建议。这些个体的思想差异，正是团队多样性和创造力的源泉。然而，要激发这种团队潜力，每位成员都应该真诚地倾听。

倾听在团队协作中的重要性远超过简单的社交礼仪。它首先体现了一种对他人观点和思想的尊重。这种尊重能够增强团队的凝聚力和互信度，为实现共同的目标奠定坚实的基础。更重要的是，倾听是获取信息的有效途径。在倾听的过程中，我们可以洞察他人的知识、经验和直觉，这些都是宝贵的团队资源，有助于我们做出更全面、更准确的决策。有学者提出，要想真正将课堂变成以"学"为中心的课堂，就必须下功夫对学生进行学习方法的指导和小组活动的训练与强化，使其真正形成"自学思考、合作讨论、倾听分享"的习惯。[1]特别是在劳动过程中，倾听的作用更是被放大了数倍。劳动，无论是体力劳动还是脑力劳动，都涉及一系列复杂、细致的任务分配和执行。在这个过程中，团队成员之间的沟通和配合至关重要。假设一个园艺劳动项目，团队成员各司其职，翻土、播种、浇水等环节环环相扣，那么工作将能井然有序地推进；反之，如果团队成员各自为战，缺乏沟通和倾听，那么整个项目的进展将变得混乱而无序。举例来说，负责翻土的成员如果没有倾听负责播种的成员关于土壤湿度和土质的要求，那么他可能会进行不必要的或过量的翻土工作，这不仅浪费了时间和资源，还可能对后续的播种工作造成不利影响。同样，如果负责浇水的成员没有了解播种的进度和植物的具体需求，他可能会在不恰当的时间进行浇水，或者在浇水的量和频率上出现偏差，进而直接影响到植物的生长状况和项目的成果质量。而通过有效的倾听，团队成员可以实时了解其他环节的工作状态和进度，从而对自己的工作计划做

---

[1] 任光升. 建立"活动、合作、反思"的学习方式 塑造生命灵动的课堂——"小组合作分享式"学习探究[J]. 基础教育，2007（12）：22-24.

出相应的调整。这种动态的、实时的团队协作方式，不仅可以显著提高工作效率，还能在一定程度上减少误解和冲突，增进团队的和谐。

在劳动过程中，难免会遇到各种预料之外的困难和挑战。当某个成员遇到问题时，如果他能够及时向团队其他成员寻求帮助，并通过倾听他人的建议和经验分享来找到解决方案，那么整个团队应对挑战的能力将得到极大的提升。倾听还能促进团队成员之间的知识和经验共享。在劳动中，每个成员都可能积累了一些独特的技巧和方法。通过倾听和交流，这些宝贵的经验得以在团队内部传播和应用，从而提高整个团队的专业水平和创新能力。倾听在团队协作和劳动过程中具有不可替代的作用。它不仅是一种基本的社交技能，还是团队智慧和创造力的源泉。通过倾听，我们可以更好地理解他人、尊重他人，并从他人的观点和经验中获得启发和成长。在劳动中，倾听更是我们优化工作流程、提高工作效率、解决问题和创新发展的关键所在。因此，每一个团队成员都应该将倾听视为一项重要的职责和能力，不断地在实践中加以提升和完善。

（二）理解在团队协作中的意义

理解，这一人类交流的核心要素，在团队协作中扮演着举足轻重的角色。尤其在劳动过程中，当不同的个体聚集在一起，为了共同的目标而努力时，理解就如同一座坚实的桥梁，连接着每一个团队成员，确保信息的顺畅流通与高效合作。在团队中，成员们拥有不同的背景、工作习惯和思维方式。这些多样性为团队带来了丰富的观点和创意，但同时也可能引发沟通的难题。不同的工作习惯可能会导致任务执行时不协调，而各异的思维方式在碰撞中可能产生误解甚至冲突。在这样的情境下，理解的重要性便凸显出来。

理解意味着尊重和接纳，意味着换位思考。在团队协作中，每个成员都是独一无二的，他们的工作方式和思考模式都是其个性和经验的体现。通过深入理解彼此，团队成员能够学会欣赏这种多样性，而不是将其视为障碍。这种尊重和接纳的态度，能够极大地减少团队内部的摩擦和冲突，营造一个更加和谐的工作氛围。同时，理解也是预测和适应的基石。在团队协作中，了解队友的工作习惯和反应模式至关重要。这不仅可以帮助我们更好地互相配合，还能在遇到问题时迅速作出调整，确保任务的顺利进行。例如，在一个烹饪团队中，如果有的成员习惯于事先准备好所有食材，而有的则倾向于即兴发挥，那么通过相互理解，大家就可以了解彼此的想法，在工作方式上找到平衡点，实现优势互补。以烹饪劳动为例，这是一个需要高度协作和精确配合的领域。在这个环境中，不同的厨师可能有截然不同的工作方式和偏好。有的厨师可能会坚持按照食谱一步一步来，提前准备好所有的食材，确保烹饪过程的井然有序；而有的厨师则可能更喜欢灵活应变，根据烹饪的进展随时调整食材和调料的比例。在没有相互理解的情况下，这两种截然不同的工作方式很容易引发冲突，甚至可能导致烹饪的失败。然而，当团队成员之间形成默契的理解后，情况就会截然不同。大家会开始意识到，尽管工作方式不同，但每个人的目标都是一致的：制作出美味的佳肴。基于这种共同的目标，团队成员会开始寻找融合两种工作方式的平衡点，理解在这个时候就发挥作用。也许，那些习惯于提前准备的厨师可以在准备阶段就为即兴发挥的厨师预留出一定的灵活空间；而那些喜欢即兴发挥的厨师也可以在烹饪过程中更加注重与团队的协调，确保自己的创新不会打乱整体的节奏。

这种基于理解的协作，不仅能够减少劳动团队内部的冲突，还能极大地提高团队的劳动效率。因为每个成员都清楚地知道其他人在做什么、需要什么，所以可以在第一时间提供必要的支持和协助。这种高效的协作模式，不仅能够确保任务的顺利完成，还能在紧张的工作中培养出团队成员之间的深厚友谊和默契。更为重要的是，理解还能促进团队成员之间的知识共享和技能互补。在深入理解彼此的工作方式和思维模式后，大家会更容易发现彼此的优点和不足。这种发现不仅有助于团队成员之间的互相学习，还能帮助团队在面对新的挑战时迅速找到最合适的应对策略。所以，在团队协作中，我们不应仅仅停留在表面的沟通和配合上，而应该深入地去理解每一个团队成员，发掘他们的潜力和特长，寻找平衡点，共同为团队的成功贡献力量。只有这样，我们才能真正实现团队协作的高效与和谐，共同创造出更加美好的未来。

在劳动教育中，培养学生的理解能力同样至关重要。通过参与各种团队协作的实践活动，学生能够亲身感受到理解的重要性，学会如何在多样化的团队中找到自己的位置，并与其他成员和谐共处。同时，教师也应该在教育中强调理解的价值，引导学生学会换位思考，尊重他人的观点和习惯，进行优势互补，从而培养出具有高度协作精神和适应能力的新时代复合型人才。

（三）尊重在团队协作中的作用

在任何形式的劳动中，无论是体力劳动还是脑力劳动，每位团队成员都是构成整个团队不可或缺的部分。他们的每一份努力，无论大小，都是对团队目标的实质性贡献。因此，他们的努力和贡献都应得到充分的肯定和尊重。只有充分的尊重才能让团队活动得到顺利开展。首先，尊重为团队营造了一个积极、健康的工作氛围。在这样的环境中，每个成员都感到被重视，他们的声音能被听到，他们的努力能被看见。这种被尊重的感觉极大地激发了团队成员的积极性和创造力，使他们愿意投入更多的热情和精力到工作中，为团队的成功贡献自己的力量。尊重还能促进团队成员之间的相互接纳和欣赏。每个人都有自己的长处和短处，我们学会尊重他人，就更容易地看到他人的优点和成就。这种正向的情感不仅有助于增强团队的包容性，还使得团队成员之间可以形成一种向心力，共同朝着团队的目标努力。

以清洁劳动为例，看似是一个简单且重复性的任务，其中包含每个团队成员的辛勤付出。有的成员可能负责扫地，他们默默地清扫着每一个角落，确保地面的整洁；有的成员可能负责擦窗户，他们精心地擦拭每一块玻璃，使窗户明亮如新；还有的成员可能负责清理垃圾，他们不辞辛劳地搬运和处理废弃物。这些工作虽然看似平凡，但每一个细节都体现了团队成员的努力和责任心。在这样的劳动中，相互尊重显得尤为重要。每个成员都应该意识到，无论工作内容如何，每个人的努力都是平等且宝贵的。通过相互尊重，团队成员可以更好地认识到彼此的价值和贡献，从而更加珍惜和尊重彼此的劳动成果。这种尊重不仅体现为言语上的赞扬和鼓励，还体现为实际行动上的支持和帮助。

每个人都有自己的工作方式和节奏，尊重就是要允许这些差异的存在，而不是试图将所有人塑造成一个模子。在清洁劳动中，有的成员可能更喜欢按照一定的顺序进行清扫，而有的成员则可能更善于应对突发情况。通过尊重和运用这些差异，团队成员可以更好地协同工作，发挥出各自的优势。在一个充满尊重的环境中，团队成员更愿意分享自己的想法和建议，因为他们知道这些意见会得到重视。这种开放的沟通氛围有助于及时发现问题并共同寻找解决方案，从而提高团队的整体效能。

（四）人际关系技能与团队协作的深度融合

在劳动教育中，人际关系技能与团队协作是密不可分的。一个优秀的团队成员必须同时具备良好的人际关系技能和团队协作精神。这需要教育者在劳动教育中注重培养学生的人际关系技能，如倾听、理解和尊重等，并将其与团队协作紧密结合起来。随着社会的发展，团队协作意识作为对传统"团结"精神的回归，也已经成为现代社会对个人发展的必然要求。[1]

具体而言，教育者可以通过设计具有团队协作性质的劳动任务，让学生在实践中体验和学习如何运用人际关系技能来提高团队协作的效率。同时，教育者也可以引导学生通过反思和讨论等方式来深入理解和掌握这些技能在团队协作中的具体应用和效果。通过这种方式，学生可以更加全面地认识到人际关系技能在团队协作中的重要性，并学会如何在未来的学习和工作中更好地运用这些技能来提高团队协作的效率和成果质量。

在劳动教育的实践中，人际关系技能与团队协作的深度融合不仅是一种教育理念，还是一种实践策略。教育者应当将这种融合贯穿于劳动教育的各

---

[1] 王玲. 高校学生团队协作意识的培养与提升研究[J]. 吉林广播电视大学学报, 2017 (6): 151-152.

个环节，让学生在参与劳动的过程中，真正感受到人际关系技能对团队协作的推动作用，从而在未来的学习和工作中更加自觉地运用这些技能。为了进一步深化这种融合，教育者可以设计一系列具有针对性的劳动任务。例如，可以组织学生进行园艺种植、手工制作或社区服务等活动。在这些活动中，教育者可以设定具体的团队协作目标，让学生分组完成。通过分工合作、互相协作，学生们将学会如何倾听他人的意见和建议，理解他人的需求和感受，并尊重他人的劳动成果。同时，教育者可以鼓励学生进行团队内的交流和讨论。在完成劳动任务的过程中，学生们会面临各种问题和挑战。这时，教育者可以引导他们通过团队内部的讨论和交流来寻找解决方案。这种讨论和交流不仅可以帮助学生解决问题，还可以促进他们之间的情感交流。此外，教育者还可以将劳动教育与课程教学相结合。在课堂上，教育者可以讲解人际关系技能和团队协作的理论知识，并通过案例分析、角色扮演等方式来帮助学生理解这些知识的实际应用。同时，教育者还可以邀请具有丰富经验的行业专家或企业家来校讲座或举行分享会，让学生更加深入地了解人际关系技能和团队协作在职业发展中的重要性。人际关系技能与团队协作的深度融合能够促进劳动教育的进一步发展。教育者应当通过设计具有针对性的劳动任务、引导学生进行团队交流和讨论、将劳动教育与课程教学相结合以及组织展示和评价活动等方式来进一步深化这种融合。这样不仅可以提高学生的团队协作能力和人际关系技能水平，还可以为他们未来的学习和工作打下坚实的基础。

三、培养学生的责任感

在这一节中，我们将深入探讨如何通过不同维度和策略有效地培养学生的责任感。首先，我们将从 SEL 视角出发，对责任感进行深度解读，理解其在学生个人成长和社会发展中的重要性。接着，我们将探讨学生在不同角色定位下的责任感表现，以及如何通过明确角色期望来增强学生的责任感。此外，我们还将分析团队贡献与责任感之间的关系，探讨如何通过团队活动培养学生的协作与责任意识。劳动成果是衡量责任感的重要指标，我们也将详细讨论如何通过劳动教育来提升学生的责任感。最后，我们将关注 SEL 对责任感培养的长期影响，探讨如何通过持续的社会情感学习实践，为学生的终身发展奠定坚实的基础。

（一）SEL 视角下的责任感解读

在 SEL 的框架下，责任感的培养显得尤为重要，与学生对自我角色的认知、对团队贡献的重视以及对劳动成果的珍惜紧密联系。SEL 理念强调，教育不仅要关注学生的知识技能学习，还要注重培养他们的社会技能和情感素养，而责任感正是情感素养中的核心要素。在劳动中，每个学生都扮演着特定的角色，这个角色可能是团队中的领导者、执行者或协作者。学生能够清晰地认识到自己在团队中的角色定位，明确自己的职责和使命，就会更加聚焦于完成自己的任务，从而培养出对工作认真负责的态度。这种对角色的认知不仅让学生了解到自己在团队中的独特性，还能帮助他们建立起自我身份感和归属感，进而增强责任感。

在团队协作中，每个学生不仅需要对自己在团队中的角色定位有清楚的认知，还需要意识到自己的贡献对团队目标的重要性。明晰自身的角色定位能够帮助学生了解自己在团队中不可替代的作用，当他们看到自己的工作能够直接影响到团队的成果时，就会更加珍惜每一次劳动的机会，努力表现自己，以期对团队产生更大的正面影响。这种对团队贡献的重视不仅可以激发学生的团队协作精神，还能让他们在追求个人目标的同时，更加注重团队的整体利益，从而增强他们的责任感。在劳动过程中，学生会付出辛勤的努力和智慧，当自己的劳动成果得到展现并被认可时，他们就会感受到前所未有的满足感和成就感。这种珍惜劳动成果的态度让他们更加珍惜每一次劳动的机会，也让他们更加明白责任的重要性，这是一种良性循环。因为只有真正负责任的人，才能创造出有价值的劳动成果。

学生能够在劳动中深刻理解自己的角色定位、明确自己在团队中的价值和意义时，就更有可能产生强烈的责任感。这种责任感像一盏明灯，照亮他们前行的道路，让他们在学习和生活中都能够认真负责、积极进取。这种责任感不仅仅局限于个人任务的完成，还会激发学生为团队的整体目标贡献力量。在团队协作中，每个学生都会意识到自己的表现直接影响到团队的整体表现。因此，他们会更加努力地提升自己的能力，以期在团队中发挥更大的作用；他们也会更加关注团队中其他成员的表现，愿意提供必要的帮助和支持，以确保团队目标的顺利实现。

在培养学生的责任感过程中，教育者扮演着至关重要的角色。他们需要通过设计有意义的劳动任务、明确任务目标和期望成果来帮助学生建立正确的角色认知和责任感。同时，教育者还需要关注学生的情感需求和心理变化，及时给予正面的反馈和鼓励，以增强他们的自信心和责任感。在 SEL 框架下，责任感的培养是一个系统而全面的工程，需要学生从自我角色的认知出发，重视团队贡献和珍惜劳动成果。只有这样，学生才能真正建立起强烈的责任感，并在未来的学习和生活中发挥出更大的潜力。

（二）角色定位与责任感

在劳动教育中，角色的分配不仅是一项组织任务的方式，更深远的意义在于它是一种责任教育的手段。每个学生被赋予特定的角色和任务。每一个角色、每一项任务，都承载着一份期望与责任，让学生在劳动的过程中学会担当与成长。以园艺劳动项目为例，不同的学生扮演着不同的角色，如"组长""种植员"等，每个角色都有其独特的职责和重要性。担任"组长"的学生，需要全面负责协调和分配任务，确保每个团队成员都能明确自己的工作内容和目标。这一角色的重要性不言而喻，要求学生具备全局观和领导力，能够确保团队的高效运转。而负责"种植"的学生，则需要专注于植物的栽培和养护，他们的工作同样重要，因为植物的健康成长直接关系到整个园艺项目的成果。

这些角色的设定，不仅让学生在劳动中有所收获，还让他们认识到个人责任的重要性。每个学生都需要对自己的工作内容负责，这种责任感会促使他们更加认真地对待每一项任务，努力提高自己的工作质量和效率。通过SEL的引导，学生进一步意识到自己在团队中的每一个决策和行动都会影响整体表现。这种对团队影响的认知，让学生更加明白自己的责任所在，他们开始学会从团队的角度出发，思考如何更好地为团队作贡献。

在这种责任感的驱使下，学生会变得更加谨慎和认真。他们不再仅仅满足于完成任务，而是开始主动寻求提高效率和质量的方法。因为他们知道，只有将自己的环节做到最好，才不会影响团队劳动成果的质量，才能为团队的整体成功贡献力量。这种责任感的培养不仅对学生的个人成长具有重要意义，而且有助于他们未来在社会中的发展。一个具有强烈责任感的人，无论在学习、工作还是生活中，都会更加注重细节和品质，更加努力和坚持，从而更容易取得成功。

劳动教育中的角色分配和责任担当，不仅有助于锻炼学生的实践能力，还会潜移默化地培养他们的责任感。这种责任感会伴随他们的一生，成为他们追求卓越、实现自我价值的重要动力。在劳动过程中，每个学生都需要与其他团队成员紧密合作，共同完成任务。通过不断沟通与协作，学生会逐渐学会如何更好地与他人合作，如何在团队中发挥自己的优势，如何为团队的共同目标而努力。这种团队合作精神和协作能力，不仅对学生的个人发展有益，对他们未来的职业生涯也会产生积极影响。

（三）团队贡献与责任感

在团队协作的劳动中，每个学生的贡献都是至关重要的，这不仅体现在他们各自的任务完成上，还体现为他们对团队整体目标的共同追求。SEL理念在这个过程中起到了关键的作用，可以帮助学生认识到，每个人的努力都是团队成功的重要组成部分，从而激发他们的责任感和团队精神。当学生们全身心投入团队协作的劳动时，他们会深刻感受到自己的每一次努力都在为团队的目标添砖加瓦。以制作手工艺品的劳动项目为例,每个学生都扮演着特定的角色,负责完成一个特定的步骤。在这个过程中,每个步骤的顺利与否都直接关系到项目的进度和最终产品的质量。如果某个学生未能按时或按质完成任务,那么整个项目的流程就会被打乱,进度会受到影响,甚至最终的产品质量也会大打折扣。

通过 SEL 的培养,学生们开始更加明白自己的责任所在。他们意识到,自己的每一次努力不仅仅是为了优化个人的成长和表现,更是为了实现团队的共同目标。这种责任感让他们更加珍视每一次劳动机会,更加专注于自己的任务,以确保能够为团队的成功贡献自己的力量。在这个过程中,学生们也会逐渐学会如何更好地与他人协作。他们开始理解到,团队协作不仅是一种工作方式,还是一个相互支持、共同成长的过程。当看到自己的劳动成果对团队目标实现产生积极影响时,他们的心中会涌起一股强烈的成就感,这种成就感反过来又会进一步增强他们的责任感。

SEL 在团队协作的劳动中起到了举足轻重的作用,帮助学生认识到每个人的努力都是团队成功的重要组成部分,从而激发他们的责任感和团队精神。在这个过程中,学生们不仅提高了自己的实践能力和解决问题的能力,还学会了如何更好地与他人沟通和协作。这些经验和技能将伴随他们一生,成为他们追求卓越、实现自我价值的宝贵财富。更重要的是,这种责任感不仅驱动他们认真负责地完成个人任务,还会让他们意识到为团队的整体目标贡献力量是一种荣誉和责任。他们看到自己的付出能够助力团队取得更好的成绩时,内心的满足感和自豪感会油然而生。这种正面的反馈机制会进一步激励学生以更高的标准和更严谨的态度来对待每一次团队协作,从而形成一种良性循环。

(四)劳动成果与责任感

劳动的成果确实是学生责任感最直接的体现。学生亲眼见证自己的努力转化为可见、可感的成果,那种由衷的自豪和满足感会油然而生。这种成就感不仅是对他们辛勤付出的肯定，而是一种强大的动力，激励他们在未来的劳动中投入更多的热情和精力。在 SEL 的学习过程中，学生会积极去反思自己的劳动过程和结果。这种反思既包括技能层面的总结和提升，也包括对自己在团队中扮演的角色和肩负的责任的认识和思考。通过这样的反思过程，学生不仅能够提升自己的劳动技能，还能在心灵深处播下责任感的种子，并让这颗种子在未来的日子里生根发芽，茁壮成长。

具体来说，在劳动过程中，学生会逐渐认识到自己的每一个决策和行动都会影响到团队的整体表现，进而影响到最终的劳动成果。这种对团队和成果的责任感会让他们更加谨慎和认真地对待每一个任务，努力提升自己的工作效率和质量。同时，他们也会更加关注团队中其他成员的表现，愿意提供必要的帮助和支持，以确保整个团队的协作顺畅，共同达成目标。劳动成果最终呈现出来时，学生会从中看到自己的付出和努力得到了回报。这种回报既有物质上的满足，也有精神上的慰藉和激励。这种成就感和自豪感会进一步激发他们的责任感，让他们更加珍惜每一次劳动机会，更加努力地投入到未来的劳动中。

SEL 还鼓励学生将这种责任感延伸到生活的方方面面。无论是在学习、生活还是未来的工作中，他们都会以高度的责任感去对待每一个任务和挑战。他们会学会为自己设定明确的目标和计划，并努力去实现这些目标，这些目标的完成情况驱动着他们反思自己的行为过程并总结自己的不足。同时，他们也会更加关注自己对他人和社会的影响，以更加负责任的态度去处理各种关系和事务。在这个过程中，学生的个人成长和团队发展也会相互促进。他们会逐渐学会如何在团队中发挥自己的优势和作用，为团队的成功贡献自己的力量。同时，他们也会从团队成果的完成情况中不断改进和提升自己，实现个人和团队的共同进步。

通过 SEL 的学习，学生会反思自己的劳动过程和结果，从中学习和成长。通过这种方式，学生不仅可以提升自己的劳动技能，还可以在内心深处培养强烈的责任感。这种责任感将伴随他们的一生，成为他们追求卓越、实现自我价值的重要动力。同时，这种责任感也会对他们的未来产生深远的影响，使他们在未来的生活和工作中更加注重细节、追求品质和承担责任，为社会的发展和进步作出积极的贡献。

（五）SEL对责任感培养的长期影响

SEL在劳动教育中对责任感的培养具有深远的意义，不仅关注学生当前的劳动任务完成情况，而且着眼于学生的长远发展和全面素质的提升。通过不断实践和反思，学生逐渐内化这种责任感，在未来的学习、工作和生活中持续展现出高度的责任心和敬业精神。

在劳动教育中，SEL可以帮助学生认识到责任感的重要性，并通过各种实践活动让他们亲身体验到承担责任的意义。这些实践活动包括在团队中扮演不同角色、面对挑战和解决问题等复杂情境。通过这些实践，学生深刻感受到自己的每一个决策和行动都会对团队和劳动成果产生影响，进而增强他们的责任意识。同时，SEL鼓励学生进行深入的反思和总结，让他们从自己的劳动过程和结果中汲取经验教训，不断提升自己的能力和素质。这种反思不仅包括对技能的反思，还包括对自己在劳动中表现出的态度、行为和情感的审视。通过这种反思，学生能更加清晰地认识到自己在劳动中的优点和不足，从而明确自己未来的努力方向。

随着时间的推移，学生会逐渐将这种责任感内化为自己的价值观和行为准则。他们开始意识到，承担责任不仅是一种义务，还是一种荣誉和使命。在未来的学习、工作和生活中，无论面对何种挑战和困难，他们都会以高度的责任心和敬业精神去应对，努力实现自己的目标和价值。具有强烈责任感的学生更容易赢得他人的信任和尊重，建立起良好的人际关系。他们懂得关心和理解他人，愿意为团队和社会的进步贡献自己的力量。这种积极向上的态度和行为不仅有助于学生的个人成长，还有助于营造一个和谐、积极的社会环境。

SEL对责任感的培养并不是一蹴而就的，而是一个持续不断的过程。它需要学生在实践中不断摸索、总结和提升，逐步将这种责任感融入自己的血液之中。因此，教育者应该为学生提供丰富多彩的实践活动和反思机会，帮助他们不断锤炼自己的责任心和敬业精神，为未来的全面发展打下坚实的基础。在劳动教育的每一个环节中，SEL 都致力于引导学生深入理解并践行责任感。从分配任务时的积极承担，到完成任务过程中的坚持不懈，再到对成果的珍视和维护，学生都在逐步领会责任感的真谛。SEL 在劳动教育中对责任感的培养是一种全面的、深入的教育过程，不仅关注学生的当前表现，还着眼于他们的长远发展。通过不断实践和反思，学生逐渐将责任感内化为自己的性格特质，从而在未来的学习、工作和生活中展现出高度的责任心和敬业精神。

四、提高学生解决问题的能力

社会认知技能与负责任的决策技能在劳动教育中的作用举足轻重，应将这两种技能有效结合，以全面提升学生在面对实际问题时的分析与解决能力。

（一）社会认知技能在劳动中的应用

社会认知技能在劳动过程中起着至关重要的作用，是个体理解和管理自己与他人的情感、动机和行为的关键能力。对于学生来说，具备这一技能不仅可以帮助他们更准确地识别和解读在劳动中遇到的问题，还能使他们预测和评估不同解决方案可能带来的后果，从而作出明智的决策。

以木工劳动为例，当学生需要削平一块木头以符合特定规格时，社会认知技能就开始发挥作用。木材的纹理、湿度等多种因素都会影响削平的过程，使其变得复杂且充满挑战。面对这些困难，具备社会认知技能的学生会首先尝试理解问题的本质。他们会深入分析木材的物理特性，如纹理的走向、湿度的变化等如何具体影响削平操作的过程。这种对问题本质的洞察，使他们能够更准确地找到困难的根源，为后续解决问题奠定坚实的基础。在理解了问题的本质之后，进一步考虑如何调整自己的操作策略以适应木材的这些特性。他们可能会尝试改变削平的角度、力度或速度，甚至可能会选择不同的工具或方法。这种灵活应变的能力，正是社会认知技能在劳动过程中的重要体现。

社会认知技能还包括对他人行为的洞察和理解。在团队协作的劳动项目中，这一点显得尤为重要。学生需要理解团队成员的行为动机和意图，以便更好地进行协调和配合。一个具备社会认知技能的学生，能够敏锐地捕捉到团队成员的非言语信号，如肢体语言、面部表情等，从而更准确地解读他们的想法和感受。这种对他人行为的理解和分析能力，使学生在面对分歧和冲突时能够迅速找到有效的解决策略。他们可能会采取主动沟通的方式，明确表达自己的想法和需求，同时也倾听并尊重他人的观点。通过这种方式，他们不仅能够化解矛盾，还能促进团队的和谐与统一，共同朝着目标前进。

在劳动过程中，社会认知技能的培养是一个持续不断的过程。学生需要通过不断实践、反思和学习，逐渐提高自己的社会认知能力。教育者在这个过程中扮演着重要的角色，他们可以通过设计具有挑战性的劳动任务、提供必要的指导和支持等方式，帮助学生锻炼和提升自己的社会认知技能。同时，我们也应该认识到，社会认知技能的培养并不仅仅局限于劳动教育领域，在日常生活中，学生也可以通过参与各种社交活动、观察他人的行为表现等方式来锻炼自己的社会认知能力。这种跨领域的学习和实践，有助于学生更全面地掌握社会认知技能，为未来的学习和生活奠定坚实的基础。社会认知技能在劳动过程中发挥着举足轻重的作用，不仅能帮助学生更准确地识别和解读遇到的问题，还能使他们预测和评估不同解决方案的可能后果。通过培养这一技能，我们可以帮助学生更好地适应复杂多变的社会环境，为他们的未来发展奠定坚实的基础。同时，我们也应该意识到，社会认知技能的培养是一个长期而持续的过程，需要教育者、学生和家长的共同努力和配合。只有这样，我们才能真正培养出具备高度社会认知能力的学生，为社会的进步和发展作出积极的贡献。

（二）负责任的决策技能在劳动中的应用

负责任的决策技能是个体在面对选择时不可或缺的能力，要求人们在决策过程中综合考虑各种因素，包括自身利益、他人利益，以及可能产生的长远后果。在劳动过程中，这种技能显得尤为关键，因为它不仅影响劳动成果的质量，还直接关系到团队协作的效率与和谐。园艺劳动便是一个绝佳的例证，其涉及的每一个决策都可能对植物的生长和园艺的最终效果产生影响。在园艺劳动中，学生往往需要选择种植的植物种类、施肥的方式与时机，以及浇水的频率和量等。这些看似简单的选择，实际上需要学生综合考虑诸多因素。例如，土壤的条件、气候的特点、植物的生长习性，以及团队资源的分配情况等。

一个具备负责任决策技能的学生，在面对这些选择时，会进行全面的分析和权衡。他们不仅会考虑植物在当前环境下的生长情况，还会预见到未来可能遇到的问题，并制定相应的应对策略。这样的决策过程，既保证了园艺劳动的成果质量，也体现了学生对劳动任务的认真态度和责任心。更重要的是，它要求学生对自己行为的后果有清晰的认识和预判。在劳动过程中，每一个决策都可能对团队或项目产生直接或间接的影响。比如，不恰当的资源分配可能会导致资源的浪费，不合理的操作方式可能会对环境造成破坏。因此，学生在进行决策时，必须充分考虑这些因素，确保自己的选择既符合个人目标，又不会对集体利益造成损害。这种对后果的预判能力，不仅要求学生具备丰富的知识和实践经验，而且需要他们拥有一种全局性的思维方式。学生需要学会从长远的角度来审视自己的决策，考虑到各种可能的结果和影响。只有这样，他们才能做出真正负责任的决策，为团队的协作和项目的顺利进行提供有力的保障。

在劳动教育中，培养学生的负责任决策技能至关重要。教育者可以通过设计具有挑战性的劳动任务，引导学生在实践中锻炼自己的决策能力。同时，教育者还可以借助案例分析、角色扮演等教学方法，帮助学生理解并掌握负责任决策的核心要素和基本原则。通过这些努力，我们可以期待学生在未来的劳动过程中，能够作出更加明智和负责任的决策。

此外，我们还应鼓励学生将这种负责任的决策技能应用到生活的各个方面。无论是在学习、工作还是在日常生活中，作出负责任的决策都是个体成长和社会进步的重要表现。通过不断实践和反思，学生可以逐渐内化这种技能，使其成为自己性格和处事风格的一部分。这样，在未来的道路上，无论面对何种挑战和选择，他们都能以高度的责任心和敬业精神去应对，作出对自己、对他人、对社会都负责任的决策。负责任的决策技能是学生在劳动过程中必备的重要能力，要求学生在面临选择时能够综合考虑各种因素作出明智且负责任的决策。通过园艺劳动等实践活动的锻炼和教育者的引导，这种技能可以得到有效提升和应用。这不仅有助于学生在劳动中取得更好的成果，还能培养他们的责任心和敬业精神。

（三）社会认知与负责任决策技能的结合应用

在劳动过程中，社会认知技能和负责任的决策技能并不是孤立的，而是相互联系的，二者需要结合才能发挥最大的效用。社会认知技能帮助学生准确识别和理解问题，而负责任的决策技能则能指导学生在众多解决方案中选择最合适的一个。

例如，在一个烹饪劳动项目中，学生可能会遇到食材不新鲜、烹饪设备出现故障等问题。这时，学生需要首先运用社会认知技能去分析问题产生的原因和影响，如食材不新鲜可能是因为储存条件不佳或者采购环节出了问题。然后，学生需要运用负责任的决策技能去选择解决方案，如是否需要更换食材、是否需要调整烹饪方法等。在这个过程中，学生还需要考虑多个因素，如时间、成本、团队协作等。他们可能会与团队成员讨论，利用社会认知技能去感知和理解每个人的观点和立场，从而确保决策能够兼顾所有人的利益。假设食材不新鲜的问题被确认，学生可能会选择更换食材。这时，他们就需要运用负责任的决策技能去评估不同食材的成本、口感和可获取性，并考虑这些决策对最终菜品质量的影响。同时，他们还需要考虑时间因素，确保更换食材不会耽误整个烹饪项目的进度。如果烹饪设备出现故障，学生同样需要运用社会认知技能去了解设备故障的具体原因，并与团队成员沟通以确定是否具备自行修复的能力。如果不具备，他们需要做出决策是否需要寻求外部帮助，如联系维修人员或者更换设备。在这个过程中，他们还需要考虑成本因素，确保决策在经济上是可行的。

通过这个例子，我们可以看到社会认知与负责任决策技能在劳动过程中紧密结合的重要性。这种结合不仅有助于学生在实践中解决问题，还能够培养他们的团队协作能力和社会适应能力。因此，教育工作者应该注重培养学生的社会认知技能和负责任的决策技能，并在实践教学中加强这两个方面的结合应用。

第二节　劳动教育与 SEL 结合的再优化

这一节旨在探索如何将劳动教育与社会情感学习（SEL）更紧密地结合，以实现教育效果的再提升。通过情景模拟与角色扮演、小组合作与反思、案例分析与讨论等多种教学策略，深入探讨劳动教育与 SEL 融合的最佳实践，以期在培养学生劳动技能的同时，进一步促进其社会情感能力的优化与发展。

一、情景模拟与角色扮演

劳动教育作为全面培养学生实践能力和社会责任感的重要手段，其教学方法的创新显得尤为重要。近年来，情景模拟和角色扮演的教学方法在劳动教育中得到了广泛的关注和应用。有研究提出，实践教学应采用多样化、互动式的教学方法，如通过案例分析、角色扮演、情景模拟、小组讨论、社调查等活动，鼓励学生积极参与、主动探究，培养他们的团队协作能力和批判性思维。①这两种方法通过模拟真实的劳动场景和角色，使学生在一个相对安全、控制的环境中体验和学习，从而更好地理解和应对实际的劳动挑战。在这个过程中，学生可以积极运用 SEL 技能，更有效地解决问题、协调团队关系，进而更好地完成劳动任务。

（一）情景模拟与角色扮演的教学价值

情景模拟是通过创设一个与真实环境相似的场景，让学生在其中进行学习和实践。在劳动教育中，教师可以根据教学目的和学生的实际情况，设计不同的劳动场景，如工厂生产线、农田劳作、餐厅服务等。通过情景模拟，学生可以在一个接近真实的环境中感受劳动的艰辛与乐趣，了解各种劳动技能和规范。

角色扮演则是一种让学生扮演特定角色，模拟真实情境中的人际互动的教学方法。在劳动教育中，学生可以扮演工人、农民、服务员等不同的劳动角色，通过模拟实际工作情境中的交流、合作与冲突解决，提升学生的劳动技能和人际交往能力。

（二）SEL 技能在情景模拟与角色扮演中的运用

在情景模拟和角色扮演的过程中，学生需要运用 SEL 技能来应对各种挑战和问题。具体来说，这些技能包括自我认知、自我管理、社会认知、人际交往和负责任的决策等。

第一，体现在自我认知与自我管理技能上。在模拟的劳动场景中，学生需要对自己的能力、兴趣和价值观有清晰的认识，以便更好地选择适合自己的劳动角色和任务。同时，他们还需要学会管理自己的情绪和行为，以应对劳动中的压力和挑战。例如，在餐厅服务的情景模拟中，学生可能面对顾客的各种需求和抱怨，此时他们需要保持冷静和礼貌，提供优质的服务。

---

① 武珍. 高校思政课实践教学设计要求与特点——评《高校思政课实践教学设计》[J]. 中国教育学刊，2024（4）：116.

第二，体现在社会认知技能上。在角色扮演中，学生需要学会理解和尊重他人的观点和情感。通过扮演不同的角色，学生可以更深入地了解不同劳动群体的需求和困境，从而培养他们的同情心和社会责任感。此外，社会认知还能帮助学生更好地理解团队协作的重要性，学会在团队中发挥自己的作用。

第三，体现在人际交往与负责任的决策技能上。在模拟的劳动场景中，学生需要与团队成员进行有效的沟通和协调，以完成共同的劳动任务。这需要他们运用人际交往技能来建立信任、分享信息和解决冲突。同时，在面对劳动中的问题和挑战时，学生需要作出负责任的决策，考虑到团队的整体利益和长远目标。例如，在工厂生产线的情景模拟中，学生可能需要与团队成员协商生产计划和分工，以确保生产效率和产品质量。

（三）情景模拟与角色扮演对劳动教育的意义

通过情景模拟和角色扮演的教学方法，劳动教育不仅可以传授给学生具体的劳动技能，还可以培养他们的 SEL 技能和社会责任感。这种教学方法使学生能够在实践中学习和成长，更好地迎接未来进入真实劳动市场的挑战。同时，通过模拟真实的劳动场景和角色互动，学生还可以更深入地了解社会的多样性和复杂性，从而培养他们的全球视野和跨文化沟通能力。

情景模拟允许学生置身于一个逼真的劳动环境中，面对各种可能遇到的挑战和问题。这种环境能够激发学生的主动性和创造性，促使他们主动思考并寻找解决方案。在解决问题的过程中，学生不仅能够巩固和应用所学的劳动技能，还能够培养自己的批判性思维和问题解决能力。而角色扮演则要求学生扮演不同的社会角色，通过角色之间的互动来模拟真实的社会场景。这种教学方法有助于学生了解不同职业的特点和要求，理解社会的运作规则和人际交往的重要性。在角色扮演的过程中，学生需要学会倾听、理解和尊重他人的观点，这不仅能够培养他们的同理心和沟通技巧，还能够增强他们的团队协作能力和领导力。更重要的是，情景模拟和角色扮演的教学方法能够帮助学生培养全球视野和跨文化沟通能力。通过模拟不同文化背景下的劳动场景和角色互动，学生能够更深入地了解不同文化的价值观和行为规范，从而增强自己的文化敏感性和包容性。这种跨文化沟通能力的培养对于学生在全球化时代中立足和发展至关重要。

二、小组合作与反思

（一）小组合作：劳动中的团队协作与实践

小组合作学习是实现学生自主学习、合作学习和探究学习的重要手段。[1]小组合作是劳动教育中常用的一种教学方法。通过将学生分成小组，并分配具体的劳动任务，教师可以模拟真实工作环境中的团队协作场景。在这样的环境中，学生不仅需要完成自己的任务，还需要与团队成员进行有效的沟通和协调。在小组合作中，每个学生都扮演着不可或缺的角色。他们需要根据自己的特长和兴趣来分配任务，确保每个人都能在团队中发挥最大的作用。这种分工合作的过程不仅锻炼了学生的组织协调能力，还培养了他们的团队合作精神。例如，在园艺劳动中，教师可以安排学生分组进行植物的种植和养护。每个小组需要共同完成土地准备、种子挑选、播种、浇水、施肥等一系列任务。在这个过程中，学生需要协作，确保每个环节都能顺利进行。

（二）反思：问题的理解与SEL技能的应用

任务完成后，引导学生进行反思是劳动教育中至关重要的一环。通过反思，学生可以回顾整个劳动过程，分析遇到的问题，并探讨如何运用SEL技能来解决这些问题。

在反思过程中，教师可以引导学生分析遇到的问题及其原因。在劳动过程中，学生可能会遇到各种各样的问题，如工具使用不当、团队协作不畅等。

---

[1] 张加龙.深度学习视域下阅读教学中小组合作学习的反思与策略[J].初中生世界，2022（24）：34-37.

通过反思，学生可以寻找这些问题的根源，并思考如何避免类似问题的再次发生。

在解决问题时，学生需要运用 SEL 技能中的自我认知、自我管理、社会认知、人际交往等能力。例如，面对团队协作中的冲突，学生需要运用人际交往技能来化解矛盾；在面对困难时，学生需要运用自我管理能力来调节情绪，保持冷静和专注。通过反思，学生可以更清晰地认识到这些 SEL 技能在劳动中的重要性。

在反思中，学生可以分享各自在劳动过程中采取的解决方案，并讨论其有效性。这不仅有助于学生之间相互学习，还能激发他们的创新思维，探索更多可能的解决方法。

（三）小组合作与反思在劳动教育中的重要性

通过小组合作与任务后的反思，学生可以更深入地理解 SEL 技能在劳动中的重要性。这些技能不仅有助于学生更好地完成劳动任务，还能培养他们的社会责任感和团队协作能力。在未来的学习和工作中，这些能力将成为学生综合素养中不可或缺的重要部分。例如，在团队协作中，学生需要运用社会认知技能来理解团队成员的需求和期望，以便更好地协调和沟通；在面对挑战时，学生需要运用自我管理和负责任的决策技能来做出明智的选择，确保团队的共同目标得到顺利实现。

通过小组合作与任务后的反思，劳动教育得以进一步升华其教育价值。小组合作不仅让学生们在劳动中互相学习、互相帮助，而且在无形中培养了他们的团队合作精神和人际交往能力。在共同完成任务的过程中，学生们学会了倾听他人的意见，尊重他人的选择，这些都将对他们未来的人生道路产生深远的影响。任务后的反思则是一个重要的自我提升环节。学生们在反思中审视自己在劳动中的表现，思考如何更好地发挥自己的长处，改正自己的不足。这种自我反思的能力，不仅有助于他们在劳动中取得更好的成绩，而且能在他们的学习和生活中发挥积极作用。通过反思，学生们可以更加清晰地认识自己，了解自己的优势和不足，从而有针对性地提升自己的能力。在劳动教育中，SEL 技能的培养显得尤为重要。通过小组合作，学生们能够在实践中学习和运用这些技能，如情绪管理、自我认知、人际交往等。这些技能不仅有助于他们在劳动中更加顺利地完成任务，而且能在他们的日常生活中发挥重要作用。例如，情绪管理的能力可以让学生们在面对困难时保持冷静，从而更好地解决问题；自我认知的能力可以让学生们更加了解自己的兴趣和能力，从而选择适合自己的发展方向。

三、案例分析与讨论

（一）真实劳动案例的教学价值

真实劳动案例是指在实际劳动过程中发生的具体事件或问题。将这些案例引入课堂，可以让学生更加直观地了解劳动世界的复杂性和多样性。通过对案例的深入剖析，学生能够接触到实际工作中的挑战和困境，从而为他们未来进入职场做好更充分的准备。此外，真实劳动案例还具有极高的教育价值。它们不仅包含丰富的劳动知识和技能，还涉及人际交往、团队协作、问题解决等多个方面。这些案例有助于提高学生的综合素质。

（二）SEL 技能在案例分析中的运用

在真实劳动案例分析中，SEL 技能发挥着至关重要的作用。学生需要运用这些技能来剖析案例中的问题，并提出有效的解决方案。

首先是自我认知与自我管理。只有剖析自我，认识到自己的优势和不足，才能趋利避害，从而在交往中给他人留下好的第一印象，即首因效应。[①]在分析案例时，学生需要对自己的知识、技能和态度进行客观评估，以便更好地理解和解决案例中的问题。同时，他们还需要学会管理自己的情绪和行为，保持冷静和理性，避免情绪化地作出判断或决策。

---

① 陈品艳. 构建大学生和谐人际关系的途径[J]. 传播与版权, 2019(4): 169-170+173.

其次是社会认知与人际交往。学生需要学会从他人的角度思考问题，理解案例涉及的各方的需求和利益。通过与团队成员的有效沟通，他们可以共同分析案例，分享观点，并寻求最佳解决方案。这种人际交往能力在劳动过程中尤为重要，因为它直接关系到团队协作的效率和成果。

最后是负责任的决策。在提出解决方案时，学生需要考虑到各种可能的后果和影响，作出负责任的决策。这不仅需要他们具备扎实的劳动知识和技能，还需要他们拥有高度的社会责任感和职业道德。

（三）案例分析对劳动教育的意义

引入真实劳动案例进行分析和讨论，对劳动教育具有深远的意义。首先，有助于学生将理论知识与实践相结合，更好地理解和应用所学的劳动技能。其次，通过案例分析，学生可以锻炼自己的问题解决能力和创新思维，为未来的职业生涯打下坚实的基础。最后，这种教学方法还能培养学生的团队合作精神和社会责任感，使他们在面对复杂劳动环境时能够迅速适应并融入其中。案例分析在劳动教育中具有不可忽视的重要性，不仅能够帮助学生将理论知识与实践相结合，还能够锻炼学生的问题解决能力和创新思维，培养他们的团队合作精神和社会责任感。在未来的学习和工作中，这些能力将成为学生不可或缺的重要素质，可以帮助他们更好地适应复杂多变的劳动环境。

（四）实施策略与建议

在实施真实劳动案例分析时，教师应注重以下几点策略与建议：一是精心挑选具有代表性的案例，确保案例的真实性和教育性；二是引导学生进行深入剖析和讨论，激发他们的思维活力和创新意识；三是注重培养学生的SEL技能，帮助他们在案例分析中不断提升自己；四是关注学生的个体差异和多样化需求，提供个性化的教学支持和辅导。

参考文献

［1］ 侯红梅，顾建军. 我国小学劳动教育课程的时代意蕴与建构[J]. 课程·教材·教法，2020，40（2）.

［2］ 凌静. 家园共育下开展幼儿劳动教育的策略探究[J]. 山西教育（幼教），2022（3）.

［3］ 中华人民共和国教育部. 教育部关于印发《大中小学劳动教育指导纲要（试行）》的通知[EB/OL]（2020-07-09）[2024-6-28]. http：//www.moe.gov.cn/srcsite/A26/jcj_kcjcgh/202007/t20200715_472808.html.

［4］ 中华人民共和国教育部. 义务教育劳动课程标准（2022年版）[EB/OL]（2022-04-08)[2024-08-05]. http://www.moe.gov.cn/srcsite/A26/s8001/202204/W020220420582367012450.pdf

［5］ 陈林，卢德生. 小学劳动教育的路径及保障[J]. 教学与管理，2019（17）.

［6］ 钟飞燕. 新时代学校劳动教育研究[D]. 长春：吉林大学，2021.

［7］ 王丽媛. 高职教育中培养学生工匠精神的必要性与可行性研究[J]. 职教论坛，2014（22）.

［8］ 曲霞，刘向兵. 新时代学校劳动教育的内涵辨析与体系建构[J]. 中国高教研究，2019（2）.

［9］ 赫钦斯罗伯特. 学习型社会[M]. 林曾，李德雄，蒋亚丽，译. 北京：社会科学文献出版社，2017.

［10］ 马克思，恩格斯. 马克思恩格斯全集：第25卷[M]. 中共中央马克思恩格斯列宁斯大林著作编译局，译. 北京：人民出版社，2001.

［11］ 恩格斯在马克思墓前的讲话[J]. 毛泽东邓小平理论研究，2018（3）.

[12] 柳夕浪. 论中国特色社会主义劳动教育的地位作用[J]. 中国教育学刊, 2023（4）.

[13] 徐长发. 新时代劳动教育再发展的逻辑[J]. 教育研究, 2018, 39（11）.

[14] Keynes J. A treatise on money [M]. London：Macmillan，1930.

[15] 托马斯·皮凯蒂. 21 世纪资本论[M]. 北京：中信出版社，2014.

[16] 习近平. 正确认识和把握我国发展重大理论和实践问题[J]. 创造，2022，30（7）.

[17] 张金凤. 美国社会情感学习课程的研究与实践[A]//中国心理学会发展心理专业委员会. 中国心理学会发展心理专业委员会第十三届学术年会摘要集[C]. 东北师范大学教育学部心理学院，2015.

[18] 李敏，殷世东. 基于"做中学"的中小学劳动课程设计与实施 [J]. 教学与管理，2023（9）.

[19] 商颖. "双减"背景下学校劳动教育课程的实践研究[J]. 基础教育论坛，2022（5）.

[20] 陈志旗. 多元评价视角下的教学评价改革[J]. 教学与管理，2011（36）.